中国经济外交案例解析

主 编：张翠珍
副主编：竺彩华

经济科学出版社

图书在版编目（CIP）数据

中国经济外交案例解析/张翠珍主编.—北京：
经济科学出版社，2015.9
ISBN 978 - 7 - 5141 - 6063 - 5

Ⅰ.①中…　Ⅱ.①张…　Ⅲ.①对外经济关系 - 案例 -
中国　Ⅳ.①F125

中国版本图书馆 CIP 数据核字（2015）第 217372 号

责任编辑：柳　敏　于潇潇
责任校对：杨　海　王肖楠
责任印制：李　鹏

中国经济外交案例解析

主　编：张翠珍
副主编：竺彩华

经济科学出版社出版、发行　新华书店经销
社址：北京市海淀区阜成路甲 28 号　邮编：100142
总编部电话：010 - 88191217　发行部电话：010 - 88191522
网址：www. esp. com. cn
电子邮件：esp@ esp. com. cn
天猫网店：经济科学出版社旗舰店
网址：http://jjkxcbs. tmall. com
北京盛源印刷有限公司印装
787×1092　16 开　13.25 印张　280000 字
2015 年 12 月第 1 版　2015 年 12 月第 1 次印刷
ISBN 978 - 7 - 5141 - 6063 - 5　定价：40.00 元
（图书出现印装问题，本社负责调换。电话：010 - 88191502）
（版权所有　侵权必究　举报电话：010 - 88191586
电子邮箱：dbts@ esp. com. cn）

本书获"中央高校
基本科研业务费专项资金"资助

序

经济实力的上升推动中国走向世界外交舞台的中心。同时，外交中的经济成分持续增加，经济外交成为中国整体外交的重要组成部分，经济外交的研究需求也凸显出来。作为外交部直属的唯一高校，外交学院国际经济学院将经济外交确立为自己的学科建设定位与发展方向，成立了"经济外交研究中心"，举办了"经济外交论坛"及"经济外交研讨会"。2009年开始连续出版《中国经济外交年度报告》，全面总结，系统梳理中国经济外交取得的积极进展、成就及前景，为中国经济外交决策提供有益参考和借鉴。

提升在国际货币基金组织的份额、"一带一路"建设倡议、多双边自贸区战略等都是实践中的中国经济外交，也是国际经济专业的学生课上课下讨论的热点话题。2014年上半年，如同往常一样，本科各年级的学生在积极申报国家级"大学生创新创业训练计划项目"（简称"大创项目"）。何不借此带领同学们做经济外交案例调研呢？经过报名与筛选，国际经济学院组成了九个经济外交案例调研小组，主题分别为中美轮胎"特保案"、中国－东盟自贸区建设、五矿集团海外收购、三一胜诉奥巴马案、中美汇率博弈、巴塞尔协议谈判及实施中的国家利益安排、中国援建坦赞铁路、中国清洁发展机制国际合作、中国在国际货币基金组织中的经济外交等。每个项目组由一名指导教师、4~5名学生组成，指导教师负责项目的统筹、协调，并最终对项目质量负责。2014年7~9月，国际经济学院四十几位师生开展了形式丰富的调研，在图书馆查阅资料，与相关人士面对面地交谈。在此基础上，各项目组在9月底完成了调研报告初稿。2014年10月底，国际经济学院组成大创项目评审小组，对调研报告进行答辩，并提出修改意见。此后，报告几经修改，最终成果就是呈现在大家面前的这本《中国经济外交案例解析》。

虽然稚嫩，但由于是师生初次合作的成果，我们倍加珍惜。更重要的是，通过这个项目，同学们体验了研究的全过程，也通过听取受访者的讲述感受了经济外交的魅力与意义，希望参与的同学们因此爱上经济外交，爱上研究。此外，也由于是初次尝试，案例分析的全面性、准确性，甚至案例解析的结构，都有瑕疵，敬请读者指正。此次经济外交案例调研由始至终得到了外交学院教务处的大力支持与帮助，在此一并致谢。

张翠珍

2015年6月30日

目　　录

案例一

中美轮胎"特保案"分析

指导教师：陈 阳

项目组成员：韩玥昊 徐 岳 李剑然 刘世洁

摘要： 本案例以中美轮胎"特保案"为研究对象，详细考察了案件的缘起和发展过程。中美轮胎"特保案"本质上是国际金融危机贸易保护主义抬头的一种表现形式，最后以中国败诉告终，中国败诉主要归因于贸易保护主义、WTO 相关规则缺陷和中国轮胎无序出口等。虽然轮胎"特保案"的裁决是中国败诉，但根据比较优势分析和关税的福利效应分析，轮胎"特保案"的结局是中国和美国"双输"。因此，本文认为未来要降低贸易摩擦对中国的负面影响，应从政府、行业和企业多层面入手，从充分理解国际规则，积极进行行业规范，调整外贸出口秩序等方面进行改进。

引言

2009 年 4 月 20 日，美国钢铁工人联合会以近年来中国乘用车和轻型卡车轮胎对美出口激增、扰乱了美国市场为由，要求美国国际贸易委员对中国输美轮胎启动特别保障措施调查。奥巴马总统于 2009 年 9 月 11 日决定，对源自中国的进口乘用车及轻型卡车轮胎实施为期三年的提高关税措施，即在 4% 税率的基础上，第一年加征从价税 35%，第二年 30%，第三年 25%。① 为了应对此案，中国政府于 2009 年 9 月 14 日启动了 WTO 争端解决程序。但 2010 年 12 月 13 日，WTO 驳回了中国提出的美国对其销美轮胎征收反倾销惩罚性关税的申诉。2011 年 9 月 5 日，世界贸易组织（WTO）裁定中国败诉。

这一案值 17 亿美元的中美轮胎"特保案"在中国国内引起了轩然大波，美国业界和舆论也对此案展开了争论，在国际市场上也引发了"多米诺效应"。轮胎"特保案"调查前后，各国也跟风似地发起了针对中国产品的特保调查：2009 年 5 月，印

---

① 叶晓东：《中国应如何应对中美轮胎"特保案"》，载《企业家天地》2009 年第 10 期。

度财政部保障措施局应印度轮胎工业协会的申请,对中国客车轮胎发起特保调查;巴西决定对从中国进口的65、70两个系列的13寸、14寸,型号为165、175、185的小汽车用轮胎征收每公斤0.75美元的附加税,实施期限为5年。① 由此可见,美国通过"特保案"向全世界发出了贸易保护主义信号,在国际上树立了坏榜样。WTO成员对进口中国轮胎的限制,不利于中国扭转金融危机中的出口局面,甚至可能延缓我国外贸出口局势好转。在全球经济仍未走出金融危机阴影的大背景下,美国这种不公正、带有歧视性的贸易保护行为无疑开了一个不好的头。这种做法不利于轮胎行业发展,不符合中美两国的共同利益,更不利于全球经济的复苏。

本文以中美轮胎"特保案"作为中国遭遇贸易摩擦的典型案例进行分析,从经济学角度探讨中美轮胎"特保案"的影响,总结中国败诉的经验教训,并从政府、行业和企业层面提出应对措施。

一、轮胎"特保案"事态发展过程

(一)轮胎"特保案"的背景

1. 中国出口激增背景下的各国贸易保护主义倾向

中美轮胎"特保案"以2008年国际金融危机导致全球贸易保护主义抬头为背景,世界上很多国家都倾向于保护本国脆弱的国内经济,纷纷出台贸易保护政策。中国作为一个正在崛起的大国,受到全球贸易保护的影响尤为严重。根据2009年WTO发布的数字,2008年全球共发起反倾销调查208起,比2007年的163起高出1/4还多,其中1/3以上涉及中国。来自商务部统计数据显示,2008年10月~2009年5月,我国遭遇贸易救济调查69起,涉案金额91.56亿美元;2009年前6个月遭遇的各类贸易救济调查则达到60起,涉案金额82.67亿美元,考虑到2008年的总涉案金额为62亿美元,2009年中国外贸遭遇的贸易摩擦数量之多、涉案金额之大,均称得上是前所未有,这对正在崛起的中国产生了很多不利的影响。②

2. 中美轮胎"特保案"的缘起

中美轮胎"特保案"是在中国对美轮胎出口量在2004~2008年大幅度上升的背景下发生的。2009年4月20日,美国钢铁工人联合会代表美国国内13家轮胎工厂1.5万名工人,向美国国际贸易委员会提出申诉称,中国汽车轮胎对美出口大幅度增加,与2004年相比,2008年出口量上涨215%,达4 600万条;金额上涨295%,达17.88亿美元;2004~2008年,5家美国轮胎工厂关闭,5 100名美国工人失业,

① 朱妮娜、吕世平:《"轮胎'特保案'"与新贸易保护壁垒》,载《国际贸易》2009年第10期。
② 廖菲菲:《金融危机以来我国遭遇到的贸易摩擦现状及其对策——以输美轮胎"特保案"为视角》,载《中国商界(下半月)》2009年第10期。

2009年失业现象更加严重。

（二）轮胎"特保案"的发展

1. 美国发起诉讼

在美国钢铁工人联合会起诉之后，美国国际贸易委员会发布公告，启动对中国轮胎产品的特别保障措施调查。商务部随后表示，这是对中国产品的歧视性做法，是对特保措施的滥用。随着事件的发酵，美国轮胎产业协会发表声明，反对美国钢铁工人联合会向美国国际贸易委员会提出限制中国轮胎进入美国市场的做法。

然而，就在2009年6月29日，美国国际贸易委员会的6位委员投票结果认定，中国轮胎产品进口的大量增加，造成或威胁造成美国国内产业的市场扰乱。于是美国国际贸易委员会发出公告，建议对中国输美乘用车与轻型卡车轮胎连续三年分别加征55%、45%和35%的从价特别关税。[①]

就在这一建议发布的几天后，商务部公平贸易局负责人也指出中国政府高度关注并坚决反对美采取限制中国轮胎产品的措施。而美国轮胎产业协会也公开致函奥巴马总统，并抄送美贸易代表柯克，强烈要求奥巴马否决任何对中国轮胎采取限制措施的建议。

2. 美国国内反对声音

由美国六家轮胎进口商组成的美国轮胎自由贸易联盟致函柯克，明确反对采取特保。一周之后，代表克莱斯勒、福特与通用三大美国汽车巨头利益的美国汽车贸易政策理事会以及代表美国规模最大的零售商、产品制造商和服务供应商利益的美国零售业领导者协会皆致函美国贸易代表柯克，反对采取特保。

3. 中方激辩与斡旋

事件发生后，中国橡胶协会和中国五矿商会向奥巴马提供证据，说明中国的轮胎出口根本没有影响到美国本土轮胎销售。与此同时，商务部公平贸易局负责人表示，希望美国政府认真研究考虑来自美国国内业界的呼声，客观公正地做出不采取措施的决定。随后，由中国橡胶工业协会、中国五矿商会和7家国内轮胎企业组成的游说团赴美进行抗辩和申诉，并在华盛顿举行了记者会。2009年8月7日，中国输美轮胎"特保案"听证会在华盛顿举行，中美各界代表各抒己见。商务部副部长钟山也率团赴美，就轮胎"特保案"与美国有关部门进行交涉，表达中国政府坚决反对特保措施的立场和关切。

4. WTO做出裁决

2009年9月11日，中美轮胎"特保案"迎来了最终的裁决：对从中国进口的所有小轿车和轻型卡车轮胎实施为期三年的惩罚性关税；税率为第一年35%，第二年30%，第三年25%。两日后，商务部也做出决定，对美国部分进口的汽车产品和肉

---

① 李娟：《"美国对华轮胎'特保案'"述评——以WTO相关规则为参照系》，载《法商研究》2010年第1期。

鸡产品启动反倾销和反补贴立案审查程序。从金额上看，中美反倾销案的金额相当，均约 20 亿美元。与此同时，商务部召开例行的新闻发布会，在场媒体几乎把焦点都投向了美国对华轮胎"特保案"，发布会变成了专题会。中国政府就美国采取的相关措施在世界贸易组织争端机制的框架下提出磋商请求，正式启动 WTO 争端解决程序。2009 年 9 月 26 日，美国海关开始对上述产品征税。

2010 年 12 月 13 日，WTO 驳回中国提出的美国对其销美轮胎征收反倾销惩罚性关税的申诉，仲裁小组表示，美国在 2009 年 9 月对中国销美轮胎采取"过渡性质保护措施"征收惩罚性关税未违反 WTO 规定。2011 年 9 月 5 日，世界贸易组织（WTO）裁定中国败诉。

二、中国在轮胎"特保案"中败诉的原因

（一）美国国内政治博弈与贸易保护主义使中国成为牺牲品

加入 WTO 后，我国对外贸易额迅速增长，2004 年对外贸易额达到 11 548 亿美元，超过日本成为仅次于美国、德国的第三大贸易国。① 与此同时，对外贸易顺差不断扩大。而反观美国，20 世纪 80 年代以来，贸易账户赤字日益恶化，1996～2006 年贸易账户赤字年均高达 4 291.8 亿美元。巨额的贸易赤字使美国国内贸易保护主义不断加强，尤其体现在贸易当局针对那些对美贸易顺差较大且出口增长迅速的国家加强采取诸如反倾销的贸易救济措施上。90 年代后，中国对美出口扩大，对美贸易顺差日益增长。2000 年中国跃升为美国最大的贸易逆差国。随着中国加入 WTO，中美贸易不平衡问题再次凸显。2006 年美国对华贸易逆差高达 1 442.6 亿美元，占美国外贸逆差总额的 19.01%，中国成为美国重点关注的出口迅速增长的贸易顺差国。2008 年美中贸易逆差达到创纪录的 2 680 亿美元，激起了美国企业要求保护性措施的呼声。为阻止中国产品更多地进入美国市场，美国贸易当局则加大对华反倾销力度，中国成为遭受美国反倾销最多的发展中国家。

就本案而言，2004～2008 年是美国国际贸易委员会（ITC）的调查期。在这期间，中国轮胎行业增长极为迅速，增长了两倍多。根据美国国际贸易委员会调查报告，在此期间，中国是世界上第一大对美轮胎出口国，2004～2008 年，美国对中国的轮胎进口额增长了三倍多，② 从 2004 年的 14 600 000 美元到 2008 年的 46 000 000 美元。由于进口额的迅速增长，中国轮胎在美国市场上的份额从 12% 增长到 16.7%。

中方的进口冲击使得美方 2004～2008 年的轮胎行业经济指标出现全面下滑。美国损失了 13.7% 的市场份额，这几乎都被中方进口商抢占。行业的生产总量下降了

---

① ②　杨洁：《浅析中国输美轮胎"特保案"的根源及其影响》，载《中国商界》2009 年第 10 期，第 211～213 页。

12.6%，生产力利用率下降了 10.3%，行业净销售量下降了 28.3%。美国遭受了生产力水平下降 11.5%，这导致该行业减少了 14.2% 的劳动力。由于中国廉价商品的冲击，国内行业的盈利能力在 2004~2008 年间大幅下降。总利润下滑了 33.6%，营业收入利润额下降了 4.8%。这必然引起美国国内行业的不满（见表 1）。

表 1　　　　美国 2004~2008 年轮胎表观消费量（Apparent Consumption）

项目	年份				
	2004 年	2005 年	2006 年	2007 年	2008 年
按数量（单位：1 000 个轮胎）					
美国国内生产总量	194 731	181 756	163 814	155 675	136 825
美国从国外进口					
中国	14 574	20 790	27 005	41 503	45 975
其他国家总计	98 179	102 424	100 601	98 913	92 902
美国进口总量	112 753	123 214	127 606	140 416	138 877
表观消费量	307 484	304 970	291 420	296 091	275 702
按价格（单位：1 000 美元）					
美国国内生产总量	9 424 164	9 490 860	9 480 330	9 964 359	9 534 664
美国从国外进口					
中国	453 288	691 924	931 704	1 493 052	1 788 387
其他国家总计	3 968 366	4 625 833	4 826 687	5 045 295	5 137 015
美国进口总量	4 421 654	5 317 756	5 758 391	6 538 347	6 925 402
美国表观消费量	1 845 818	14 808 616	15 238 721	16 502 706	16 460 066

资料来源：Certain Passenger Vehicle and Light Truck Tires From China Investigation No. TA－421－7。

　　提出起诉的美国钢铁工人联合会（United Steelworkers Union）是美国强大的工会（USW）组织之一，其全称是"钢铁、造纸、林业、橡胶（资讯，行情）、制造业、能源以及相关工业与服务业的国际工会"，目前有大约 70 万会员。该工会起家于钢铁业，后来逐渐与其他工会组织合并，成为北美最大的工会，包括美国和加拿大的 85 万名会员。该工会具有较强的政治实力与影响，也是美国总统奥巴马大选中的重要支持者。奥巴马在大选中也曾做出"保护制造业工人利益"的承诺。在金融危机下，美国失业率节节攀高，奥巴马不愿在此时维护自由贸易原则而激怒劳工团体。同时，在金融危机的背景下，常年保持巨额对美贸易顺差的中国成为美国转移国内矛头的对象，是贸易保护主义首当其冲的牺牲品。

（二）WTO 规则不合理性导致中国遭遇不公平对待

　　特别保障措施是世界贸易组织（WTO）成员利用特定产品过渡性保障机制

(Transitional Product – specific Safeguard Mechanism) 针对来自特定成员的进口产品采取的措施，即在 WTO 体制下，在特定的过渡期内，进口国政府为防止来源于特定成员方的进口产品对本国相关产业造成损害而实施的限制性保障措施。针对中国的特别保障措施实际上是"发达国家把中国当作非市场经济国家对待的产物"。

我国是关贸总协定（GATT）1947 年创始缔约国，但由于历史原因，长期游离于GATT 之外。1986 年，我国正式提出恢复 GATT 席位的申请，但是因为种种原因未能在 1994 年年底前结束谈判，1995 年 WTO 成立后，又开始漫长的加入谈判。以美国为代表的一些西方国家对中国要价太高，"一致要求中国接受特别保障措施条款"，谈判十分艰难。经过多次反复，我国政府权衡利弊，采取务实和灵活的态度，最终于1999 年与美国达成包含了特别保障措施条款的关于中国"入世"的双边协议，2001年中国"入世"时被确定为《中华人民共和国加入议定书》的正式条款。因此，在某种程度上，特别保障措施是美国贸易利益的直接体现，是中美双方利益均衡和政治妥协的结果。该特别保障措施仅针对来源于中国的产品，适用于什么产品及何时适用完全取决于进口国，具有强烈的选择性和针对性。

根据《议定书》第16 条的规定，实施特别保障措施的条件是来源于中国的产品数量增加（包括绝对增加和相对增加）给进口国造成或威胁造成市场扰乱或造成重大贸易转移。只要一项产品的进口快速增长，无论是绝对增长还是相对增长，从而构成对生产同类产品或直接竞争产品的国内产业造成实质损害或实质损害威胁的一个重要原因，即可认定为市场扰乱。但是，《议定书》对实质损害和实质损害威胁并无明确的定义和说明；对国内产业造成实质损害或实质损害威胁的标准也远低于实施保障措施条件的"严重损害或严重损害威胁"的标准；同时，只要实质损害或实质损害威胁是"重要原因"而不需要是"主要原因"即可认定，这实际上也放宽了适用特别保障措施的条件，因为进口国只要证明来源于中国的产品进口大量增加，就可以提起特别保障措施调查，有很大的随意性。《议定书》第16.6 条规定了中国有权针对实施特别保障措施的 WTO 成员的贸易暂停实施 GATT1994 项下实质相当的减让或义务的两种情形：一是因中国产品的进口水平的相对增长而采取的特别保障措施持续有效的期限超过 2 年；二是特别保障措施是由于进口的绝对增长而采取的，且持续有效的期限超过 3 年。而根据《保障措施协议》，对于因进口相对增长采取的保障措施，被诉 WTO 成员有权在保障措施实施生效后的任何时间采取报复措施。由此可见，特别保障措施条款实质上限制了中国采取报复措施的权利。由于特别保障条款具有以上特性，是典型的不公平条款，该条款成为外国贸易保护主义针对中国的有利工具。

因为条款的模糊性，在条文的适用与统计数据的采用上存在很多争议。

在中美轮胎"特保案"中，关于条文的适用，是否有实质性损害，是双方争论的焦点。根据第16 条，某一成员需要对从中国进口的产品认定为"增长迅速"（相对地或者是绝对地），以至于对国内产业造成实质性损害或者有这样的威胁的。考虑到客观因素，例如说进口额，进口对相关竞争产品价格的影响以及对国内产业的影响。ITC 完全根据这一议定书进行了细致的分析和研究。而不像中方说的那样，美方忽视议定书的相关规定，随意发起"特保案"。特保法案（the Safeguards Agreement）中规定的"相当严重的损害"所指的程度要远高于 GATT 中反倾销协定与反补贴协定（the Antidumping Agreement，and the SCM Agreement）规定的"实质性损害"。过渡机制中规定的损害为"实质性损害"，而特保法案中规定的是"更为严重的损害"，所以美方并不认同中方的"议定书中的标准比特保法案更为严格"的说法，美方认定中方的质疑是没有根据的，关于条款适用的争论是无用的。

中方要求陪审员不使用美方的 ITC 调查报告而使用最近两年的季度数据，美方强烈反对，理由主要是：中美双方的统计口径和方法不一样，而双方都认为自己的方法有道理，美方认为中方的方法违背了国际上的惯例，因此应该不予采纳。例如，中国的统计方法忽略了 2007 年以前的进口数据，这样很难计算 2007～2008 年的增长率。

关于中国方面的"美国的国内产业生产下降的原因是由于需求下降即金融危机的影响"这一陈述，美方给予了一定的回应。美方认为：中国方面的陈述并不具有法律上的逻辑性。虽然受金融危机的影响，美国国内需求下降，但是进口中国轮胎的数额并未减少，而且在调查期间，该进口额上升了 3 倍。另外，行业生产销售额下降的比率远远超过了国内需求下降的比率。对于中国的另一理由"进口额上升和国内产业遭受影响只是一个巧合，并不具有因果关系"，美方认为：连续 5 年的进口额上升伴随国内产业遭受影响的结果表明，这一在概率上很小的事件，并不是一个完全的巧合，一定有因果关系。因此，中方的说法站不住脚。

（三）我国对外出口结构失衡、企业间无序价格竞争是遭到诉讼的导火索

从产品结构上看，目前中国出口较多的为纺织、机电及化工等劳动密集型产品，附加值相对偏低，缺乏自主品牌，而且原料与劳动力价格低廉使中国产品具有低成本的价格优势，本身容易被误认为倾销。改革开放以来，我国出口企业数量增长过快，又多为规模不大的中小企业。这些企业在国际市场营销中急功近利，没有长远规划，一旦发现某种产品在国外市场有利可图，便盲目上马，过度投入。大部分中小企业管理模式落后，销售策略单一，在国际市场营销中一味采取"薄利多销"的低价竞争策略，竞相展开价格战，且降价幅度不断升级，致使产品价格变得更低。

中国国内轮胎产业同样存在中国企业普遍存在的弊病。由于企业急功近利，盲目扩张生产规模，导致中国轮胎业产能过剩，彼此间削价恶性竞争，"窝里斗"的现象十分严重。2004～2008 年，中国对美轮胎出口量占总轮胎出口量的 30%。对于美国这一重要市场，国内轮胎企业的竞争十分激烈。① 在应对特保诉讼时，单个企业往往只追求自身获得比国内竞争对手更低的税率以取得出口市场上的竞争优势，行业间难

① 《2001－2008 年中国轮胎出口量在产量中的占比》，中商情报网，http://www.askci.com/data/viewda-ta126103.html，2014 年 11 月 12 日登录。

以实现团结一致的应诉，消耗了自身力量，也造成了中国企业在"特保案"中的失利。

以本案为代表，中国的初级产品在类似案件中受害较多，这提醒我们要注重产品转型升级。而中国企业在应对类似案件中的"短视"行为也是败诉原因之一，对于美国这一重要市场，国内轮胎企业的竞争十分激烈。在应对特保诉讼时，单个企业往往只追求自身获得比国内竞争对手更低的税率以取得出口市场上的竞争优势，行业间难以实现团结一致的应诉，消耗了自身力量。很多企业心口不一，单纯打价格战，说一套做一套，缺乏远见，不愿联合，结果被各个击破，造成了中国企业在"特保案"中的失利。

（四）我国企业对反倾销调查的消极态度助长了对华反倾销气焰

中国企业对贸易摩擦发生的情况的信息了解的不及时、自我防护意识差，加重了我国在贸易摩擦中的损失。在对我国发起的反倾销诉讼中，约有50%的案件无企业应诉。美国反倾销法规定，商务部在无法使用被调查企业所提供的数据信息的情况下，可以使用能获得的最佳信息来进行裁决。中国企业不应诉，美国商务部就有可能全盘采纳申诉方的主张或其他不利于中方的资料数据进行最终幅度裁决，判定中国产品存在倾销并对中国企业施加最高惩罚性关税。这在客观上助长了其对华反倾销的气焰。轮胎"特保案"初起之时，因为企业法律意识相对薄弱，而我国行业协会在应对贸易摩擦问题上还缺乏经验。该案并未引起我方有关企业和行业协会应有的重视，后来仓促应对，但为时已晚，十分被动。

三、轮胎"特保案"的影响

（一）对中国企业与行业的影响

1. 中国轮胎出口的比较优势

根据李嘉图模型和 H－O 模型的分析，A 国在轮胎生产中相较于 B 国具有比较优势，而美国在生产科技资本密集型的产品较中国具有比较优势。因此，在理想条件下，A 国出口轮胎而进口科技资本密集型的产品，同时，B 国出口科技资本密集型的产品而进口轮胎这种劳动和原材料密集型的产品。在长期，根据两国的资源禀赋（根据 H－O 模型）考虑，资本 K 和劳动力 L 是可以自由流动的，中国的轮胎行业的劳动力价格和原材料价格相对比较便宜，而美国的劳动力价格相对较高，中国属于劳动力丰富的国家，而美国属于资本金融丰富的国家，因此，中国可以从出口劳动力密集型的产品中获利，而美国可以从出口资本密集型的产品中获利。同时，中国国内，从事资本密集行业的人员的福利会受损，而美国国内从事劳动密集型行业的工人的福利会受损。从上述模型我们可以得出，中国出口轮胎，美国出口高科技产品是市场自动选择的结果，并非中国或者美国政府和组织的有意操纵。而且，前文介绍表明，美国劳动密集型行业通常有很强大的工会，因此，这些团体的政治影响力不容小觑。21世纪以来，国际舞台上政治与经济越来越密不可分。政治对经济的影响力越来越大的同时，经济也以越来越多的途径和方式影响着政治的运行。

轮胎"特保案"的提出是基于政治团体的特殊政治利益，而非真正的市场作用。市场将中国轮胎带进了美国市场，而政治却将其逐出美国市场。这对于一向以自由市场经济标榜的美国，不得不说是一个讽刺。

2. 中国企业与行业的影响总结

（1）美国的特保措施扰乱了中国市场和世界市场。美国决定对从中国进口的轮胎实施特保措施的消息，导致 2009 年 9 月 14 日 A 股 6 家轮胎上市企业股价大幅下跌。其中上交所橡胶行业指标股、双钱股份、S佳通开市直接跌停，而且全天交易量几乎为零，换手率仅 0.59% ~3.12%；青岛双星、黔轮胎 A 收盘跌幅均超过 6%。绝无机构敢于护盘，无一基金逆反抄底。天然橡胶是汽车轮胎的主要生产原料，消息当天全球天然橡胶价格剧烈波动，一片恐慌。世界三大天胶定价中心——东京、泰国、新加坡交易所的天然橡胶价格出现大幅度下跌，而中国已经成为最大的天然橡胶进口国和消费国。"特保案"极大地挫伤中国轮胎企业生产热情，从而大幅削减胶进口量。2008 年中国进口天然橡胶 168 万吨，自产量 53.31 万吨（仅占全部需求的 20% 左右），一旦中国需求下降，便会严重波及全球天然橡胶需求。①

（2）中国轮胎企业对外出口短期受影响较大，但长期保持稳定。此案是 2007 年以来美国对华的一次最大"特保案"，涉及金额达 17 亿美元、企业 20 多家，使中国轮胎出口的国际贸易环境进一步恶化，中国产小轿车和轻型卡车轮胎将因此全面退出美国市场，对国内轮胎产业以及相关上下游产业的生存和发展造成巨大冲击。2010年，中国轮胎产量达到 3.5 亿条，年出口量占总产量 40% 以上，30% 出口美国。"特保案"迫使我国企业削减输美轮胎出口量，意味着我国会出现 12% 的剩余轮胎产能，在 2009 年下半年对中方企业造成了强烈冲击，引发中国有关各方强烈反响。②

轮胎"特保案"对我国的轮胎出口产生了很大的影响，据海关统计，2009 年前10 个月，我国累计出口新的充气橡胶轮胎（以下简称"轮胎"）2.4 亿条，价值 62亿美元，比 2008 年同期（下同）分别下降 9.6% 和 10.5%；出口平均价格每条为25.4 美元，下跌 1%。

出口的主要特点为：

第一，2009 年 10 月单月出口降至近 6 个月来最低值。从 2008 年 11 月起，我国轮胎出口已连续 12 个月出现同比下降。其中，继 2009 年 9 月单月出口达到 2009 年以来月度最大值后，10 月份出口回落至 6.3 亿美元，为 2009 年近 6 个月单月出口最

---

① 张牡霞、秦菲菲：《期价股价大跌美特保搅乱全球市场》，载《上海证券报》2009 年 9 月 15 日版。
② 张旭东、徐冰：《轮胎"特保案"致上半年中国对美国轮胎出口下降20.1%》，新华网，2010 – 09 – 17。

低值，同比下降 3.1%，环比下降 17.1%。

第二，"特保案"后首月对美国出口大幅锐减。2009 年前 10 个月，我国对美国出口轮胎 18.1 亿美元，下降 12%，占同期我国轮胎出口总额的 29.2%，其中，自 9 月 26 日特保裁定正式生效后，10 月份我国对美国出口仅 1.3 亿美元，同比下降 37.5%，为 2006 年 3 月以来的 44 个月中的出口值新低，为入世以来我国轮胎对美出口单月最大降幅。此外，2009 年前 10 个月我国轮胎对欧盟和澳大利亚分别出口 9.4 亿美元和 2.4 亿美元，分别下降 15.5% 和 2.1%；对阿拉伯联合酋长国和东盟分别出口 3.3 亿美元和 3.1 亿美元，分别增长 7.4% 和 5.8%。

第三，客货机动车辆用轮胎和小客车用轮胎等主要品种出口量价齐跌。2009 年前 10 个月，出口客、货机动车辆用轮胎 3 047 万条，价值 27.9 亿美元，分别下降 12.8% 和 14.6%，出口值占同期我国轮胎出口总值的 45%，出口均价为每条 91.6 美元，下跌 2.1%。同期，机动小客车用轮胎出口 9 365 万条，价值 26.3 亿美元，分别下降 0.7% 和 1.5%，出口值占同期我国轮胎出口总值的 42.4%；出口均格为每条 28.1 美元，下跌 0.8%。[①]

可以看出，美国的对华轮胎"特保案"对中国的轮胎出口短期内产生了很大的影响。无论是在出口轮胎的数量上还是出口轮胎的价格上，中国轮胎出口企业都遭受了很大的损失。

具体到企业来分析，我们可以看一下江苏昆山的轮胎出口企业。：昆山目前有正新橡胶（中国）有限公司、建大橡胶（中国）有限公司和库博建大轮胎（昆山）有限公司 3 家轮胎生产厂，均为外商大型独资企业，产品 70% 出口，主要输往美国、欧盟、南美等国家和地区。包括轿车轮胎、卡客车轮胎、自行车轮胎、摩托车轮胎、工业车辆轮胎等，其中轿车轮胎、轻型卡客车轮胎是昆山轮胎出口主要品种。受国际金融危机和美国轮胎"特保案"影响，2009 年昆山共出口轮胎 6 101 批，金额为 40 009 万美元，与 2008 年 7 081 批 53 019 万美元相比，批次下降 13.8%，金额下降 24.5%。[②]

虽然因为轮胎"特保案"败诉，美方对中国轮胎企业施加高额惩罚性关税对中方企业造成了较大的冲击。但中国轮胎企业产能惊人（实际上存在产能过剩），从长期来看，在数量上实际并未受到很大影响。

轮胎作为初级橡胶加工产品，其技术含量相对较低，属于劳动密集型产品。根据贸易中的比较优势理论与资源禀赋理论，中国劳动力工资率较低，轮胎企业规模大，产能高。中国在轮胎贸易中是拥有比较优势的一方。从这个角度看，中国轮胎走向世界，出口量不断增长是必然的潮流。美方的贸易保护措施只会在短期对中国轮胎行业造成冲击。从中国 2009 年后出口量的数据来看，中国轮胎企业迅速摆脱了"特保案"对行业的不良影响，轮胎出口量呈现稳步增长的态势（见表 2、表 3）。

---

① "2009 年前 10 个月我国轮胎出口量价齐跌"，中国轮胎网，2010 - 01 - 06。
② 翔鸣："2010 年第一季度江苏昆山轮胎出口突破 1 亿美元"，江苏新闻网，2010 - 04 - 08。

表2   2008～2012年中国总轮胎出口量

年份	新的充气橡胶轮胎出口数量（万条）
2008	31 227.00
2009	30 214.00
2010	36 962.00
2011	39 733.00
2012	41 349.00

资料来源：中华人民共和国国家统计局网站。

表3   涉案轮胎类别总出口量

年份	类别与海关编码	出口量（条）
2009	机动小客车用新的充气轮胎401110	3 119 442
	客车或货运机动车辆用新的充气轮胎401120	3 516 505
2010	机动小客车用新的充气轮胎401110	4 048 701
	客车或货运机动车辆用新的充气轮胎401120	5 047 759
2011	机动小客车用新的充气轮胎401110	5 561 882
	客车或货运机动车辆用新的充气轮胎401120	7 397 329
2012	机动小客车用新的充气轮胎401110	5 879 507
	客车或货运机动车辆用新的充气轮胎401120	8 058 850
2013	机动小客车用新的充气轮胎401110	6 184 238
	客车或货运机动车辆用新的充气轮胎401120	8 132 678

资料来源：中国海关年度统计数据。

（3）中国轮胎企业在美国市场份额逐年下降。美国对中方轮胎企业征收高额关税，一方面提高了美国汽车行业进口中国轮胎的成本；另一方面压缩了中国轮胎出口美国的利润，致使中国轮胎出口中美国市场的份额逐年下降。到今年特保措施尘埃落定之时，对美轮胎出口量下降到中国轮胎出口量的10%。这一方面使中国轮胎企业损失了大量的对美出口的利润，但另一方面也优化了我国轮胎行业的出口结构，对美国市场的依赖减小。美国特保措施结束后，我国轮胎企业面临着一个全新的机遇。

（二）从福利效应分析轮胎"特保案"对美国企业与行业的影响

1. 基于保护关税的福利效应分析

贸易保护政策提高了贸易成本，降低了贸易效率。假设对所有进口商品都征收统一关税（Uniform Tariff），设为 T，并且设这些商品的进口需求的弧弹性也是相同的，设为 α，可以得到这种贸易保护占该国国内生产总值 GDP 的比例，即 $\dfrac{贸易保护成本}{GDP} = \omega\alpha\beta$

$\left(\dfrac{T}{1+T}\right)^2$。其中，$\omega$ 代表不变系数，β 表示征收统一进口关税均衡时进口占 GNP 的比重，由于 β 通常小于 1，α 一般小于 2，且 $\left(\dfrac{T}{1+T}\right)^2$ 是一个小于 1 的数的平方，因此，根据上式算出的保护成本占 GDP 的比例一般都很小，尤其是当初始征收的关税很低时。而且仅当初始关税很低时，利用公式计算贸易保护成本才比较合理。如果初始关税很高，最好的办法是计算福利三角形区域面积。[①] 美国对中国轮胎实施特保法案，实际上是接近于禁止性关税的水平。若计算福利三角形，由于轮胎、橡胶属于需求价格弹性相对较高的商品，则福利损失大部分由消费者承担，厂商只承担小部分。因此，该举措对于美国国内的轮胎消费者不利，而有利于生产厂商。即短期内，由于外国商品竞争，使得国内轮胎价格上升乏力，而实施禁止性关税后，在很长一段时间内，国内行业内足以形成垄断，促使轮胎价格升高，剥夺消费者福利。

图 1 中 p_w 为我国轮胎在自由贸易下的价格，p_t 为增加惩罚性关税后我国轮胎在美国的价格，Q_1、Q_2 分别表示自由贸易下美国轮胎的供给量与需求量，Q_3、Q_4 为增加关税后美国轮胎的供给量与需求量。

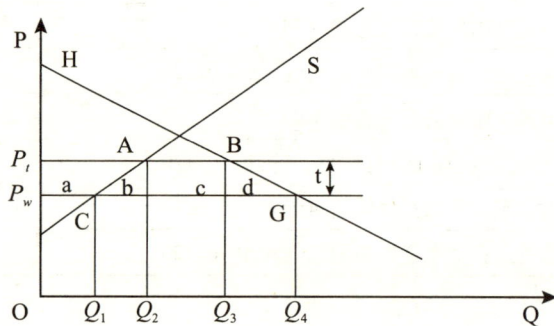

图1　关税的福利效应分析

从图 1 可以看出，美国对我国轮胎增加惩罚性关税后，对我国轮胎进口需求从原来的 $Q_2 - Q_1$ 变为 $Q_4 - Q_3$，大大缩减了从中国轮胎的进口。为了使美国轮胎厂商利益增加图中 a 面积（生产者剩余增加的面积），而使美国消费者利益减少 a + b + c + d 面积（消费者剩余减少的面积）。其中 c 面积为美国政府从惩罚性关税中获得的税收收入，b + d 面积代表了对经济的保护成本或净损失（其中 b 为生产净损失，d 为消费净损失）。由此可以看出，特保对于美国国内的轮胎生产商有利，而对于消费者而言，则会造成消费者剩余的损失（哈伯格三角形），不利于提高消费者的福利水平。

以上分析表明，轮胎特保法案实施后关税效果非常明显，导致美国国内轮胎价格

① 许统生、聂红隆：《贸易保护成本及估计方法研究的最新动态》，载《经济评论》2008 年第 2 期，第 138～140 页。

持续上涨。同时，由于中国对美出口轮胎大部分都是低端产品，美国的相关制裁将对购买低端轮胎的美国消费者带来最为沉重的打击。轮胎业内人士表示，买家都在努力寻找其他货源，但还未找到。而各类轻型轮胎价格仅在特保实施的两周内上涨了10%～28%，短短一个月内，美国消费者已经感受到轮胎上涨之苦，美国市场轮胎价格总体上涨10%～20%。① 由于美国对所有中国进口轮胎征收临时关税，中国对美出口轮胎数量将大幅减少。2008 年中国对美出口轮胎超过了 4 600 万个，达到了美国轮胎总销量的将近 17%。这一关税将给低端轮胎市场带来最为沉重的打击，因为美国制造商已经表示，在美国国内生产低价轮胎无法盈利，这些制造商也和中国人一道反对轮胎"特保案"。

轮胎特保法案实施后也影响了天然橡胶的需求，因为中国对美出口轮胎大部分都是低价轮胎，新实施的特保关税将给购买低价中国轮胎的消费者带来最为沉重的打击，这一市场的供应短缺将导致零售商纷纷从其他国家寻找替代资源。

此外，美国实施轮胎"特保案"短期内能够促进国内的就业，但是长期会干扰美国国内的就业市场，不利于创造新的工作机会和产业的可持续发展。轮胎"特保案"起源于中国出口到美国的消费用轮胎从 2004～2008 年进口数量增加过快，致使美国 5 家轮胎厂倒闭，约有 5 100 名美国工人失业。在调查报告中，美方称，中国轮胎已扰乱美国市场，如果这种状况持续，还会更多的美国工人下岗。

实施轮胎特保在短期内确实可以缓解美国工人的失业问题，美国不会有更多的轮胎厂倒闭，该行业不会有更多的工人因为低价轮胎的冲击下岗。同时，"特保案"还能保护美国本土的轮胎橡胶产业。但是，"特保案"的实施也影响了其他行业。譬如橡胶行业，美国橡胶行业由于"特保案"，对中国出口额大幅下降，而且这种下降并未由其他的出口途径所抵消。若长期实施"特保案"，必然会影响橡胶行业的生产销售，进而影响更多工人的利益，导致更多工人下岗。由于"特保案"还涉及轮胎销售、仓储、运输、装卸等诸多领域，影响巨大，不能仅仅关注轮胎行业的就业，而要关注整个行业以及其配套、附属行业的就业福利。据统计，美国借助轮胎特保措施每保住 1 个就业岗位，结果将会损失 25 个就业岗位。长期下去轮胎特保非但不能解决美国失业问题，还会对美国经济造成极大损失。因此，美国实施"特保案"是极其短视的行为，既损害了他国的利益，更无益于本国工人就业和福利的整体提高。

2. 对美国企业与行业的影响

（1）惩罚性关税使美国消费者利益受损。"特保案"不仅损害中国利益，同时也损害美国利益。从国际贸易理论的角度分析，关税好比在国内价格和国外价格之间切入一个楔子。把关税收益与损失加总，关税对社会福利净影响可以分为两部分：一部分是效率损失，来自关税造成的本国生产者与消费者激励机制的扭曲；另一部分是贸易条件改善所得，反映出关税迫使外国出口价格下降倾向。在小国情形中，关税不能

---

① 王磊：《美国轻型轮胎涨价 10%～28% 因从中国进口量锐减》，和讯网，2009 - 09 - 29。

影响外国价格，没有收益。对于大国来说，征收惩罚性关税会造成生产者剩余增加，政府收益增加，但消费者剩余减少，整个国家综合福利水平不确定。由此看来"特保案"牺牲了美国消费者利益，弊大于利。

（2）特保措施对促进美国就业影响不大。特保措施并不会提高美国制造业的就业率。在美国经营中国进口轮胎的有200多家代理商，43 100余个零售店，加上轮胎仓储、运输、装卸等环节，为美国人创造10万就业岗位。限制中国出口轮胎，会在短期内减少美国就业轮胎进口量，对这部分就业造成不良影响。而从长期来看，美国轮胎行业工资率较高，这是美国轮胎企业放弃了劳动密集型的低端轮胎产业，中方对美轮胎出口量激增的原因。即使中国对美出口量减少，低端轮胎产业的工作岗位也只会转移到其他劳动力价格具有优势的国家，不会增加美国国内轮胎企业的就业。美国的特保措施致使促使了各大对美出口国的市场份额变动，对减少轮胎进口，促进轮胎行业工人就业并没有实质性的积极作用。

（3）特保措施损害美资轮胎企业利益。此案直接损害部分美资轮胎企业利益。美国轮胎自由贸易联盟指出，在中国输美轮胎中，有相当一部分是美国轮胎制造商在中国的工厂生产或在华贴牌生产后输往美国。目前美国在华有4家轮胎生产企业，占中国对美轮胎出口的2/3。以美国固铂轮胎公司为例，在华共有两家合资公司——固铂成山（山东）轮胎有限公司和固铂建大（昆山）轮胎有限公司，年产超过1 300万条轮胎，供应中国和北美市场，目前占美国同类产品市场份额的15%。

由此可见，在国际贸易上，关税政策是烈药，能造成相关行业的迅速反应。轮胎价格上扬，美国消费者也深受特保之苦。自美国对从中国进口的轻型轮胎征收35%的惩罚性关税后，美国轮胎消费市场受到较大影响，美国轮胎消费者在目前经济危机背景下面临更高的价格与更少的选择，这将损害美国消费。中美轮胎"特保案"带有强烈贸易保护色彩，贸易保护将使生产者受益而使消费者受损（通常也损害了整个国家）。

为了迎合某些利益集团美政府以减少本国消费者剩余为代价来节省出一定的工作岗位数目来维持就业，是极其短视的行为，必将付出相应的代价。

四、从轮胎"特保案"中得到的启示

（一）"特别保障措施"的实行更多的是从定性角度得出的结论

"特别保障措施"绝不同于我们常谈的"反垄断"和"反倾销"，后二者更多的是从定量的角度讨论，而"特保"则是从定性角度。根据中国加入WTO时签署的《中华人民共和国加入议定书》，所谓"特别保障措施"实施的条件是"如原产于中国的产品在进口至任何WTO成员领土时，其增长的数量或所依据的条件对生产同类产品或直接竞争产品的国内生产者造成或威胁造成市场扰乱"。而在美国国际贸易委员会的调查报告中，关于所谓"市场扰乱"的解释，也只用"大量增长""造成实质损害"等字眼，并无太多实际上的数据支持。因此，我方也很难基于定量的角度做出解释说明，可以说，美方的结论只是一厢情愿的说法。

（二）政治因素不容忽视

这是第一起被批准的特保调查，值得注意的是，也是自民主党的奥巴马当政后第一次提出并得到批准的特保调查。布什执政时期美国政府曾对中国发起 6 次特保调查，但最终均未采取特保措施，其中有 4 次遭到布什总统的否决。这除了表明危机时期美国贸易保护主义倾向上升到了非常严重的地步之外，奥巴马对轮胎"特保案"的决定暴露了奥巴马行政能力的软肋。首先，这次"特保案"起诉方是美国钢铁工人联合会，劳工团体一直是奥巴马的票仓，而美国失业率的攀升对奥巴马形成的压力越来越大，因此，奥巴马不愿因坚持自由贸易而开罪劳工团体。其次，随着美国贸易保护主义抬头，"中国制造"正成为主要靶子。一些政客在其中不断搬弄是非以捞取政治好处，更重要的是奥巴马急需在一项关乎其政治前途的医疗改革问题上，得到包括一些政客在内的最广泛支持，因此在这个节骨眼上，现在被医疗改革方案搞得焦头烂额的奥巴马，就不得不拿中国的输美轮胎作为"替罪羊"供上了祭坛。奥巴马试图通过轮胎"特保案"，安抚美国钢铁工人联合会和民主党内的贸易强硬派的意图可见一斑。

（三）美国各方面的反应值得玩味

本案中，提出调查申请的是美国钢铁工人协会，是工会组织而并非产业代表部门，这是否有足够的说服力是有疑问的。而同时，美国轮胎工业协会执行副主席罗伊利特勒菲尔德明确表示反对奥巴马的决定，他说"美国轮胎制造商在多年前就已将低端轮胎的生产转移到美国以外的低成本地区。对中国征收惩罚性关税，只能逼美国轮胎生产企业将生产基地迁到其他低成本地区，如巴西和印度等国。奥巴马总统做出裁决时，一定认为至少能保住美国轮胎生产企业工人的饭碗，但轮胎企业将生产基地迁到印度等国，是不会增加美国轮胎工人就业机会的，或许在经济如此低迷的情况下，反而还将看到更多人失业。"美国第二大轮胎企业——固铂轮胎发表声明表示，固铂认为美国国际贸易委员会提出的对中国轮胎采取特保措施是不适当、不能接受的，将不仅带来严重的负面影响，而且可能无法实现协会想要解决的问题。由此可见，美国产业协会及相关企业都对特保调查持怀疑甚至反对的态度，让人不得不怀疑，这绝不是单纯是一个经济上的案件，更是美国利益集团博弈、政客钩心斗角的结果。

（四）中国政府此案中的表现可圈可点

2009 年 7 月 6 日，中国橡胶工业协会召开紧急磋商会议，商务部公平局领导、工信部有关司、五矿商会和主要涉案企业参加，会议坚决反对美国国际贸易委员会的救济措施建议，同时向美国总统和有关团体致公开信，表明中方立场。① 同时，由企业联名立即向国务院紧急报告，求得国家领导人重视。同年 7 月 24 日，国务院总理温家宝和副总理王岐山做出重要批示，并批转财政部、国家发改委和商务部的领导同志，此举使轮胎产业界受到极大鼓舞，并坚定了对轮胎"特保案"抗争到底的决心。② 商务部副部长钟山称，中国政府高度重视此案对我相关出口企业可能产生的负面影响，将认真听取企业的呼声和建议，采取积极措施，协调解决企业经营中遇到的问题，尽力帮助企业克服困难。在裁决做出后，尽管裁决已经产生法律效力，商务部在对裁决结果表示遗憾的同时，对美国提出了尽快终止特保措施的严正要求，继续积极寻求解决之道。③ 我国政府多管齐下，努力为我方挽回损失，这说明，中国在解决国际贸易争端方面日渐成熟。

（五）双方统计口径确实存在差异

根据国际有关规定，海关编码（HS 编码）前 6 位均是相同的，但是 7～10 位则不同。美国进出口税则采用 10 位数编码，前六位是 HS 编码，后四位是本国子目编码，而在本国子目编码上，各国增设的位数不同。在目前我国采用的是八位数编码，即在 HS 六位数的基础上再增加两位编码，并且增加的两位编码为征税、统计合用，或者说是把征税与统计两者的需要一起考虑后再增加本国的两位子目。但包括美国在内的部分国家是将征税与统计分开考虑，即在 HS 六位数基础上再增加四位编码，前两位是为征税设置，后两位则为统计设置。而轮胎由于分类众多，后四位两国差异较大，因此造成两国统计数据的差异。④ 此外，中美两国在离岸价与到岸价统计上、转口增加值的计算等方面都存在差异，这才会出现美国中国两方提供的数据差异较大的情况，造成双方在判断上的不统一。

（六）中国企业须反思自身原因

我国企业有"薄利多销"的传统，低价竞销、重复建设、无序增长，追求外贸数量扩张的现象广泛存在于我国外贸领域。在这种大背景下，不少企业对待特定市场大多缺乏长远打算，在同行业之间展开"价格战"，既丧失了正常利润，也降低了出口商品的档次，又为美国公开指责中国破坏公平竞争和公平贸易的准则、发动对中国的贸易战提供了口实。而当面对美国的特保等贸易保护措施时，很多企业心口不一，单纯打价格战，说一套做一套，缺乏远见，不愿联合，结果被各个击破。而从整体贸

---

① 橡协办：《反对输美轮胎"特保案"代表团将启程赴美游说》，中国工业新闻网，2009 年 8 月 5 日。
② 孟晶、杨宏辉：《美对华轮胎"特保案"在考量谁》，中国化工报，2009 年 8 月 6 日。
③ 《商务部和工业和信息化部向我轮胎企业通报"特保案"情况》，载《人民日报》2009 年 9 月 15 日第 3 版。
④ 宗慧民：《中美海关进出口税则结构比较分析》，载《对外经贸实务》2010 年第 5 期，第 53～55 页。

易情况来看,中国企业目前法律意识仍然较差,基本上忙于应诉(因为类似案子的示范作用很大,美国调查完其他国家也会采取类似措施)。我们也可以适时用法律的武器对外反击,保护我们自身的利益。但同时也要看到,有时来自外界的压力也是行业整合的一个机会,由于美国"单独税率"政策的松动,针对不同企业会征收不同的税率。积极抗辩的企业就可能获得低税率,而消极应对则税率惊人,这样反而有助于行业整合及企业法律意识的提高,当然这种来自外界的压力是我们不想见到的。我国企业必须要增强防范意识,做到未雨绸缪。在应诉类似调查方面有着丰富经验的美国美科律师所合伙人、律师梅雷则认为,中国企业的败诉率远高于世界平均值,其中一个重要的原因在于企业的知识产权意识淡薄、应对国际专利纠纷经验不足、缺乏专业化的团队管理。相关行业应主动了解和掌握我国及国际反倾销等方面的基本法律知识和相关规则,以及一些反倾销典型案例,从中积累经验,掌握技巧,学会应对贸易摩擦。提前做好相关准备和防范措施,以便于在发生贸易争端时能很快利用这些规则做出应对和反击,提高胜诉的概率。

(七) 中国要注重外贸企业的转型升级

第一,提高对外贸易的效益,建立自主品牌,提高产品附加值,培育核心竞争力。国家知识产权局专利局专利审查协作北京中心机械部审查员李红梅及其团队曾对轮胎领域国内外企业中国专利申请状况做过研究,他们通过专利文献检索发现,截至2014年3月,在华专利申请量最多的申请人分别为米其林、住友橡胶、普利司通3家外国公司,他们在华的专利申请总量达到5 305件,且70%为发明专利申请,其中绝大多数是通过《专利合作条约》(PCT)途径提交的。相比之下,国内轮胎企业的专利申请总量较少,专利申请量排在前6位的企业分别是厦门正新、山东玲珑、三角轮胎、风神轮胎、杭州中策以及上海橡胶轮胎,这6家企业的专利申请总量为1 597件,其中77%是外观设计专利申请,且尚未提交PCT国际专利申请。[①] 由此可见,我国轮胎企业创新能力相较于外国企业而言仍相对薄弱。以轮胎"特保案"为例,我国已成为全球第二大轮胎出口国,但品牌输出很弱,利润微薄。产品结构不合理是我国轮胎业发展中的一个长期问题。我国轮胎出口已占总体产量的35%以上,但产品开发大多处于模仿期,自主开发品种少。虽然我国轮胎生产的水平已经接近世界平均水平,而由于我们缺乏相应知名的自主品牌,现有产品多是仿制外国品牌,因此大多只能贴牌生产,导致产品附加值低。

第二,拓展新市场,出口转内销,实现内外贸一体化。我国外贸企业出口多集中于少数几个发达国家,一旦这些国家经济不景气,如在金融危机下,就很容易发生贸易摩擦。为了减少对少数几个发达国家的出口依赖,外贸企业应积极开拓多元化市场,出口目标由欧美发达国家向南美、中东、俄罗斯、非洲和东盟等新兴市场转移。

---

① 《我国轮胎产业靠什么来"松绑"》,中华人民共和国国家知识产权局,2014年4月3日。

我国政府已积极采取措施开展与新兴市场的合作，为外贸企业开拓多元化市场创造良好的外部环境，例如建立了中国——东盟自由贸易区等。出口企业应抓住这个机会，加强与新兴国家的合作，化危机为转机，实现出口国家的多元化，更好地防范未来的风险。各类外贸企业在进入内贸市场时，外贸企业的生产方式、结算方式、品牌管理以及经营模式等方面，都要进行必要的转型，以尽快地适应新的市场环境。

综上所述，中美轮胎"特保案"是一场与政治紧密相关的经济博弈，其对中方企业的影响短期大于长期，但其象征意义较大，代表着美国不顾他国利益，任由贸易保护主义在美国乃至世界上抬头，对全球经济恢复极为不利。

五、经验与教训

2014 年是我国加入 WTO 的第 14 年，回顾近年来国际上贸易保护主义屡有出现，针对中国企业与产品的反倾销、反补贴等调查层出不穷。中国企业与产品在走向世界的过程中，贸易保护主义是不可忽视的拦路虎。虽然在 2014 年，《入世协定书》中的特保条款正式失效，但轮胎"特保案"作为中方企业受害于贸易保护主义的典型一案，其提供的经验与教训仍然对中国未来应对各国的贸易保护措施有着重要的借鉴与指导意义。

如前文所述，轮胎"特保案"败诉原因复杂，牵涉经济与政治两个方面。一方面，美国国内遭受金融危机，失业率高涨，中方企业成为美国国内政治博弈的牺牲品和美国国内失业问题的"替罪羊"。另一方面，中方企业盲目扩大产能，行业内无序削价竞争，给美方提供了针对中国轮胎企业的理由；诉讼初期时并未引起我方有关企业的重视，后来仓促应对，但为时已晚，十分被动。这些也都是轮胎"特保案"中方败诉的客观原因。回顾轮胎"特保案"，我国可以吸取如下经验与教训：

（一）行业与企业视角的应对措施

1. 积极进行行业规范，调整外贸出口秩序

我国是全球最大的轮胎生产国和出口国。长期以来，我国的轮胎出口产品处于产业链的最低端。企业盈利模式单一，轮胎企业普遍盲目扩大产能以获得更大的利润空间。在市场竞争上，中国轮胎企业以价格低廉取胜，努力依靠低价占领市场。美方轮胎企业放弃低端轮胎市场后，美国低端轮胎市场的空白多由中国轮胎企业填补。中国轮胎企业在这个市场上的削价竞争不可避免地造成了彼此间的相互倾轧，压缩了整个行业的利润空间。在市场结构上，中国企业的出口市场单一，对美轮胎出口量甚至一度达到对轮胎总出口量的 40%。中国企业对美国轮胎出口量的剧增势必冲击当地市场，极易成为美国贸易保护主义首当其冲的牺牲品。

面对我国企业间无序价格竞争，出口市场过于集中的现状，有必要调整我国的外

贸出口秩序。一方面，要加强行业协会对企业的组织作用，控制低价竞争行为，避免行业内的"窝里斗"，维护行业内正常、有序、公平的出口秩序。另一方面，要加强对外出口企业经营活动的引导，调整出口商品结构和市场结构，帮助企业实施市场多元化战略，改变出口市场过分集中的不合理分布状况。要鼓励我国企业在巩固现有欧美市场的同时，积极开拓新兴的海外市场，降低市场过于集中所带来的风险。

2. 中国企业需要苦练内功，提高出口产品可持续竞争力

相对于欧美企业，我国企业具有劳动力和原材料价格低廉的优势。依托这一优势，中国轮胎企业大举进军北美市场。不仅是大型轮胎企业，大量小型企业也承接了订单。但令人遗憾的是，我国大多数轮胎企业处于产业的低端，以承接加工业务为主。企业没有建立自己的品牌效应，大多生产一些低附加值，技术含量较低的产品。大量低端产品以低价冲击美国市场，引发当地工会的怨气，遭致特保调查。

中国轮胎出口企业应该调整出口产品结构，提高产业的科学技术水平，提高产品的质量及其附加产值，依据市场要求和企业从自身状况出发注重培育自主创新能力，明确自主创新定位，树立以质取胜的战略意识。同时，企业还需要注重对自身品牌的培养，注重自身产品的特色，加强企业的核心竞争力。

3. 行业组织行动起来，组织企业积极应诉

中国企业目前法律意识仍然较差，对出口国的相关贸易法律法规缺乏了解。中国企业往往触怒当地利益团体而不自觉，直到被对方利用相关法律法规提起诉讼才仓促应对。"特保案"之前，在对我国发起的反倾销诉讼中，约有50%的案件无企业应诉。也有少数企业通过积极应对，获得了较低的出口税率，依靠更低的出口价格在众多消极应对遭受高关税惩罚的企业中异军突起。

出口企业要手中无案而心中有案，尽早做好各项反倾销防范措施。出口企业一方面在国际反倾销案案发前就应当未雨绸缪，尽早采取各种防范措施。另一方面，对于一旦出现的国际反倾销案，涉案企业应该积极应诉，要及时和充分了解本企业的出口产品或者其他类似出口产品在进口国的销售价格和走势，以及该出口产品对进口国同类产业所造成的各种影响，以便及时妥善地做好调整我出口商品的数量和价格，避免过分触犯进口国同类产品生产者的利益，防止反倾销投诉发生。

在本案中，政府高度重视，组织企业进行了有力的应诉。本案由商务部贸易救济调查局，以行业名义应诉。由中国橡胶工业协会联系多家企业，积极收集抗辩材料。针对美方的不公指控，我方依托法律进行了有力的抗辩。虽然最后因为美国国内政治因素等原因败诉，但本次"特保案"我方的积极因素，无疑为我国企业应对贸易摩擦提供了宝贵的经验。

反倾销案案发，出口企业一定要迅速组织，积极应诉。面对国外的反倾销投诉，在国家反倾销主管部门和行业协会和进出口商会的共同协调和支持下，国内企业应团结积极应诉，涉案企业一定要组织强有力的领导小组来协调企业的方方面面共同应诉，才能争取做到提交的材料及时准确，前后一致，把应诉工作做好。否则，企业部

门之间不协调，提供的数据资料难以相互查证，应诉工作可能就会事倍功半了。

4. 中国企业应注重社会形象，尽到企业的社会责任

企业社会责任是指企业在创造利润，对股东负责的同时，还应承担起对劳动者、消费者、环境、社区等利益相关方的责任，其核心是保护劳动者合法权益，广泛包括不歧视、不使用童工，不使用强迫性劳动，安全卫生工作环境和制度等。CSR（企业社会责任）概念在欧美早已提出多年。像在英国的上市公司，每年都会有企业社会责任报告。

中国企业应该更注重企业的社会责任，融入当地的社区、工会，建立良好的企业社会形象和品牌形象。一些跨国公司如耐克、阿迪达斯、沃尔玛、麦当劳等为了避免品牌形象受到影响，纷纷制定社会责任守则，他们不仅自己遵守，而且还要求配套企业和合作厂家均要遵守。[①]

当然，除了来自市场的压力外，企业履行 CSR 能够带来众多益处，这也是驱动企业进行 CSR 建设的重要原因之一。从最简单的层次来看，下列好处是显而易见的：首先是提高一个企业及其管理人的声誉；其二，增进企业与政府及社区之间的关系；其三，良好的企业公民形象有助于企业的生产经营和从政府及社区争取"大订单"以及快速进入新市场，且遵纪守法的企业，常常能被国家或当地政府给予更多的自由甚至相当的认可和奖励。中国企业不能只是闷头生产、赚钱，它们需要增加软实力。其三，吸引客户和投资者，提高销售量和顾客忠诚度；其四，企业的风险防范。对环境和投资的高标准控制可以使这些企业比其他使用较低标准的企业远离经营和声誉的风险。

（二）政府视角的应对措施

与 WTO 的《保障措施协议》相比，针对中国的特保机制无论是在适用标准、磋商程序、调查期限，还是在实施方式、补偿与报复等诸多方面都存在着严重缺失，远不能平衡中国与其他 WTO 成员方之间的权利与义务。

1. 搞清模糊的概念

由于《保障措施协议》第 16 条和 242 段规定的概念过于模糊，使得立案门槛降低，将原产于中国的产品置于其他成员方频繁地发起特保调查的威胁之中。

譬如，特保中"贸易转移"和"市场扰乱"是调查启动的关键，但《入世议定书》与《工作组报告》都没有"贸易转移"一词的界定；而"市场扰乱"，[②] 无论是在产业的范围还是有关损害标准和确定因果关系等方面都于中国不利。

2. 熟悉国际规则

值得注意的是，中国入世后 WTO 其他成员方对"中国特保"条款的掌握和运用发生了巨大变化。

---

① 刘冰：《中国海外企业的社会责任战略刍议》，载《人民论坛》2013 年第 10 期。
② 李娟：《建立国内预警机制：应对"中国特保"的策略分析》，载《法学》2007 年第 9 期。

首先，从开始对条款的一般了解逐步深入了普及和实际运用；其次，包括西方国家在内的成员方对"中国特保"条款的使用正在以中国尚不适应的方式进行着，并逐步向制度化和程序化迈进；最后，利用规则的成员方的数量日益增加，且其针对的产品范围也越来越大，甚至实践操作中，还呈现出放宽解释和滥用的趋势。有鉴于此，在承认"中国特保"条款客观存在的同时，还应全面分析和了解我国目前所处各种不利局面，我们必须积极树立保护自身合法权益不受侵犯的观念和意识，并进一步加强对相关规则、案例和程序（包括 WTO 规则和 DSB 案例）的研究，了解各国对华贸易政策的制定和执行，尤其是学习欧美贸易大国针对"中国特保"的相应立法、程序和实践。只有在熟悉并掌握规则的前提下，才能有效利用现存规则，找出合理的应对策略。

熟悉掌握国际贸易规则并积极应对贸易争端在经济全球化的今天，各国之间的联系愈发密切，各国都以本国利益为出发点，博弈无处不在。要在国际竞争中立足，就必须熟悉国际贸易规则，善加利用世贸组织争端解决机制。实践经验表明，在历年的贸易摩擦调查中，积极配合的企业往往可以降低损害程度，出现问题不能一味回避，积极应对是最有效的解决方法。

3. 建立预警体系，并加强监督管理

鉴于《中国入世议定书》第 16 条与《中国加入工作组报告》第 242 段（已失效）中存在的歧视性条款，一旦成员方对中国产品提起特保申诉，根据相关特保条款，我们将立即处于十分不利的局面。因此，对我国而言，防止特保调查并采取应对措施的最佳时机是在申请未被接受之前，最佳解决思路是未雨绸缪、防患于未然。而要做到防患于未然，便要建立国际贸易预警机制，利用其防范特保风险。

参考文献

[1] 蔡为民：《中美轮胎"特保案"的启示》，载《橡胶科技市场》2011 年第 11 期。

[2] 成良、陈尚文、陈丽丹：《中美经贸：互利共赢的本质没变》，载《人民日报》2014 年 7 月 8 日版。

[3] 宦璐：《中国轮胎业受困中美"特保案"行业整合迫在眉睫》，载《上海证券报》2009 年 7 月 24 日版。

[4] 康达华：《透过轮胎"特保案"看中美贸易摩擦》，载《企业导报》2010 年第 1 期，第 3～5 页。

[5] 克鲁格曼、奥伯斯法尔德：《国际经济学》，中国人民大学出版社 2008 年版。

[6] 李娟：《"美国对华轮胎'特保案'"述评——以 WTO 相关规则为参照系》，载《法商研究》2010 年第 1 期。

[7] 李娟：《建立国内预警机制：应对"中国特保"的策略分析》，载《法学》2007 年第 9 期。

[8] 廖菲菲：《金融危机以来我国遭到的贸易摩擦现状及其对策——以输美轮胎"特保案"为视角》，载《中国商界》（下半月）2009 年第 10 期。

[9] 刘冰：《中国海外企业的社会责任战略刍议》，载《人民论坛》2013 年第 10 期。

［10］卢杰锋：《中美轮胎"特保案"的法律争议及双方诉讼策略分析》，载《国际贸易问题》2014 年第 4 期，第 155 ~ 163 页。

［11］孟晶：《TIA 希望重审对华"特保案"》，载《中国化工报》2009 年 9 月 18 日版。

［12］孟晶、杨宏辉：《美对华轮胎"特保案"在考量谁》，载《中国化工报》2009 年 8 月 6 日版。

［13］谭嘉豪、兰薇、王静：《浅析中美轮胎"特保案"的经济影响及有效应对措施》，载《全国商情》（理论研究）2009 年第 24 期，第 122 ~ 123 页、第 142 页。

［14］王磊：《美国轻型轮胎涨价 10% ~ 28%　因从中国进口量锐减》，和讯网，2009 - 09 - 29。

［15］许统生、聂红隆：《贸易保护成本及估计方法研究的最新动态》，载《经济评论》2008 年第 2 期，第 138 ~ 144 页。

［16］薛荣久：《经济全球化下贸易保护主义的特点、危害和遏制》，载《国际贸易》2009 年第 3 期，第 327 页。

［17］薛荣久：《国际贸易》，对外经贸大学出版社 2003 年版。

［18］杨洁：《浅析中国输美轮胎"特保案"的根源及其影响》，载《中国商界》2009 年第 10 期，第 211 ~ 213 页。

［19］杨琨：《输美轮胎"特保案"对中国贸易的影响及对策》，载《资源开发与市场》2010 年第 26 期，第 211 ~ 213 页。

［20］袁媛：《从中美轮胎"特保案"看对华反倾销的原因及应对策略》，载《中国商界》2009 年第 12 期，第 133 ~ 135 页。

［21］叶晓东：《中国应如何应对中美轮胎"特保案"》，载《企业家天地》2009 年第 10 期。

［22］张牡霞、秦菲菲：《期价股价大跌美特保搅乱全球市场》，载《上海证券报》2009 年 9 月 15 日版。

［23］朱妮娜、吕世平：《"轮胎'特保案'"与新贸易保护壁垒》，载《国际贸易》2009 年第 10 期。

［24］宗慧民：《中美海关进出口税则结构比较分析》，载《对外经贸实务》2010 年第 5 期，第 53 ~ 55 页。

［25］张旭东、徐冰：《轮胎"特保案"致上半年中国对美国轮胎出口下降 20.1%》，新华网，2010 - 09 - 17。

［26］翔鸣：《2010 年第一季度江苏昆山轮胎出口突破 1 亿美元》，江苏新闻网，2010 - 04 - 08。

［27］橡协办：《反对输美轮胎"特保案"代表团将启程赴美游说》，中国工业新闻网，2009 - 08 - 05。

［28］《商务部和工业和信息化部向我轮胎企业通报"特保案"情况》，人民日报，2009 - 09 - 15，03 版。

［29］《我国轮胎产业靠什么来"松绑"》，中华人民共和国国家知识产权局，2014 - 04 - 03。

［30］《2009 年前 10 个月我国轮胎出口量价齐跌》，中国轮胎网，2010 - 01 - 06。

案例二

中国—东盟自贸区建设
目标及战略评估

指导教师：冯兴艳

项目组成员：孙小惠　兰修竹　韩旻彧　张翰翔

摘要： 在总结中国—东盟自贸区建设政治与经济目标的基础上，本文尝试评估自贸区建设对中国东盟双边关系的经济效应：随着自贸区制度框架的逐步完善，中国东盟经贸往来的相互依赖程度不断增加，中国成为东盟的最大贸易伙伴，东盟连续4年成为中国的第三大贸易伙伴，同时也是中国企业在国外投资的第一大市场；行业合作方面竞争与互补性并存。不可否认的是，十多年前启动的中国—东盟自贸区协定相对粗糙，自由化、便利化水平已滞后于双边经贸关系快速发展的现实需求，自贸红利正在下降。作者认为，考虑到中国经济崛起、美国重返亚太以及东盟大国平衡战略等影响因素，后自贸区时代中国与东盟关系的经营需要进一步提升自贸区的开放水平和范围。

随着经济全球化的不断发展以及区域经济一体化的不断深入，中国与东盟关系的发展从最初敌视到互信交往，从对话伙伴到战略伙伴再到全面战略伙伴关系，双方逐步建立了较为成熟的对话合作机制。与此同时，中国的改革开放促进了中国与东盟各国经贸合作的开展。中国与东盟国家地理上距离较近、资源上优势互补，有着经贸往来的良好基础。自中国—东盟战略伙伴关系建立，直至2010年中国—东盟自贸区正式成立，无论是政治、经济还是文化层面，中国与东盟国家区域合作更加顺畅，各经济体相互依赖，共同应对了国际金融危机，实现共同发展。但是，10多年前启动的自贸区协定现在看来自由化水平已明显滞后于双边经贸关系快速发展的需要。因此，在后自贸区时代，如何通过深化自贸区建设来提升中国—东盟关系是值得研究的重要议题。

一、中国—东盟自由贸易区建设目标

中国—东盟自由贸易区（CAFTA）的最初设想是2000年在新加坡召开第四次中

国—东盟领导人会议期间提出的。会议期间，东盟方面表达了对中国即将加入 WTO 可能对东盟产生影响的关注；相应地，为了减少东盟方面的担忧，促进双边经贸发展，时任中国总理朱镕基建议就建立中国—东盟自由贸易区进行可行性研究。随后，中国和东盟双方领导人接受了中国—东盟经济合作专家组提交的关于建立中国—东盟紧密经济伙伴关系的报告，同意在 10 年内建成中国—东盟自由贸易区。

（一）中国—东盟自贸区倡议：共同应对金融危机

受冷战影响，中国与东盟国家的关系发展相对曲折。就东盟而言，成立之初只是一个保卫自己安全利益及与西方保持战略关系的联盟，随后东盟各国加强了政治、经济和军事领域的合作，并采取了切实可行的经济发展战略，推动经济迅速增长，逐步成为一个有一定国际影响的区域性组织。自 1991 年 7 月中国与东盟首次对话以来，双边关系迅速升温，1996 年发展为全面对话伙伴关系、睦邻互信伙伴关系。1997 年，东亚建立了东盟与中日韩（10 + 3）领导人会议机制，并在此框架下建立了中国—东盟（10 + 1）领导人会议机制。

1997 年的亚洲金融危机是推动中国—东盟自贸区出台的一个重要契机。在金融危机的浪潮之下，东南亚 10 国受到很大冲击，泰铢的急速贬值使得原本经济快速增长的泰国陷入困境，连带整个东南亚陷入危机。东盟各国急需大量的外部投资和出口来帮助他们走出危难时刻。时值世纪之交，由于经济陷入周期性衰退等种种原因，美国、日本、欧盟不同程度出现负增长或者经济增长放缓，使得原本极度依赖欧美发达国家市场的东南亚国家出口锐减，东盟面临严峻挑战。[①] 与此同时，中国自改革开放已连续几十年的高增长，呈现出一个良好的发展势头，亚洲金融危机中人民币保持坚挺给予了东盟国家很大的信心。因此，东盟很需要中国的帮助，只有双方建立良好的合作关系才能在全球政治多极化下维护自身的经济、贸易等利益，为本国经济的发展和综合国力的提高创造更加良好的环境。此时中国和东盟双方都做好了进一步加强合作的准备。

（二）通过经贸合作，改善地缘政治环境

中国经济的崛起给东盟国家带来了双重影响。一方面，东盟国家对中国的贸易投资依存度快速提升；另一方面，对华经济依赖的提升一定程度上造成东盟国家的不安全感，更为严重的是，一些东盟国家在政治安全上加大了对中国的防范。因此，以促进经贸合作、强化相互依存、增大经济互利为手段，维护周边安全和稳定的重要性尤为突出。

始于 2004 年的"早期收获"计划，是在全球的自由贸易区建立中少有的从农产品降税开始的，中国这样做是为了让在农产品出口有优势的大多数国家率先获利，而

---

① 陈凌英：《中国—东盟自由贸易区的建立、背景、意义与未来》，载《东南亚纵横》2002 年第 8 期，第 40 页。

中国农民则为此遭受了一定损失。① 从"多予少取"的自贸区建设指导思想中可以看出中国政府考虑中的战略因素，其最主要的是希望维护好 1997～1998 年亚洲金融危机期间通过自我利益牺牲获得的与东盟国家的互信。② 因此，中国在推动自贸区的建设中有较为清晰的战略考虑，即中国与东盟构筑不对称相互依赖，进而为双边关系奠定基础，即"以经促政"。③此外，中国与东盟的合作有一部分是源于加强区域安全、改善地缘政治环境的考量，例如缓和南海主权纷争、打击跨国犯罪行为（如毒品走私等）等方面的非经济合作。这些合作不仅能够保障中国—东盟地区的政治环境，更有助于使双方在国际事务中获得更多的支持。④

（三）为深化经贸合作提供制度保障

在中国提出建设 CAFTA 时，中国人均 GDP 水平低下，内需无法在短期内成为拉动经济增长的主要力量，因此经济增长依赖贸易和投资的格局在未来一段时期内将持续存在。⑤一直以来，欧盟、美国长期保持中国第一和第二大贸易伙伴的地位，在中国引进外资中这两大经济体也占据重要地位。直到 2005 年，欧盟为中国第一大贸易伙伴，对欧盟贸易占中国外贸总额的比重高达 15.3%，美国为中国第二大贸易伙伴，对美贸易占中国外贸总额的比重高达 14.9%，二者合计占比高达 30.2%。中国逐渐意识到出口高度依赖某些经济体的风险性。

削减关税、非关税壁垒以及实现货物贸易自由化、服务贸易自由化、贸易投资便利化等是自由贸易区建设的重要内容。中国提出建设 CAFTA，目标就是要充分发挥区域内各经济体的资源禀赋优势，发掘巨大的合作潜力，从而促进区域经济共同发展。不仅如此，这种"1+1＞2"的互利共赢模式也将利于加强区域各国在激烈的国际贸易中的竞争力。区域经济实力的增强，对于其吸引该区域外的投资也更具吸引力，这将为区域内国家经济发展注入更多的活力。

二、中国—东盟自由贸易区建设进程

在纲领性文件指导下，中国东盟自贸区建设不断总结建设经验，逐步向纵深推进。2002 年中国与东盟共同签署的《中华人民共和国与东南亚国家联盟全面经济合作框架协议》总体确定了中国—东盟自贸区的各种贸易合作，包括货物贸易、服务贸易以及投资和经济合作在内的基本发展框架，而"早期收获"计划作为中国—东

---

① 陆建人：《中国与东盟的关系、昨天、今天与明天》，载《创新》2007 年第 5 期，第 25～31 页。

②③⑤ 王玉主：《中国东盟自贸区建设的目标及对双边关系的影响》，载《创新》2012 年第 3 期，第 71～75 页。

④ 贺晓琴：《建立"中国—东盟自由贸易区"的目标、进程与利益分析》，载《世界经济研究》2003 年第 6 期，第 70～74 页。

盟自贸区最早实施的降税计划，从中得到的一些建设经验对随后的大规模降税有重要的指导意义。

（一）谈判前的部门协调机制

中国—东盟自由贸易区谈判过程中，从整个自贸区框架结构到具体产品的税率，范围广且内容杂，往往会涉及国家多个部委，所以需要有相对应的协调机制对整个谈判进行统筹安排。换言之，由于中国—东盟自贸区涵盖范围广，其中涉及具体的产品就要涉及相应的产业部门不同工作内容，不同产业部门和不同工作内容分属国家不同部委，最后再由多个部委协调工作从而最终确定协议内容。

在中国，谈判前大致具体分工是：商务部总负责，把控总体节奏，确定目标，然后再划分成各个领域，每个领域根据具体的业务来设定相应的牵头单位；随后需要各个部委在职责范围内发挥各自作用；如果需要征求行业意见，商务部或其他部委则从其附属机构或行业协会等机构了解相关情况，各部委在职权范围内进行分工协作（见图1）。

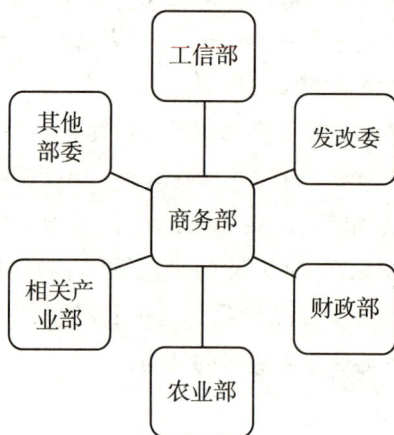

图1　中国—东盟自贸区谈判前的部门协调

（二）中国—东盟自贸区制度框架逐步完善

10多年来，中国与东盟积极推进自贸区建设，逐步完善制度框架。2004～2009年，双方分别签署《货物贸易协议》、《争端解决机制协议》、《服务贸易协议》和《投资协议》，确定了中国—东盟自贸协定的基本法律框架。需要特别说明的是，为保证"早期收获"的降税平稳，按照不同的税率水平该计划制订了不同的降税时间表，对以后的降税计划而言提供了很好的借鉴；其次，该计划对柬埔寨、老挝、缅甸及越南4个东盟新成员有一定的照顾（2003年），允许其缓慢降低关税，也为之后的计划确定了原则。"早期收获"计划奠定了中国东盟自贸区的良好基础，为其发展积累了丰富的经验。2010年1月1日，中国—东盟自贸区如期全面建成。

2011~2012年，双方继续更新和补充自贸协定。先后签署了《关于实施中国—东盟自贸区〈服务贸易协议〉第二批具体承诺的议定书》、《关于修订〈中国—东盟全面经济合作框架协议〉的第三议定书》和《关于在〈中国—东盟全面经济合作框架协议〉下〈货物贸易协议〉中纳入技术性贸易壁垒和卫生与植物卫生措施章节的议定书》，进一步扩大了服务贸易开放领域，消除了货物贸易领域非关税壁垒，区域一体化水平明显提升，见表1。

表1　　　　　　　　　　中国—东盟自由贸易区主要协议

	签订时间	主要内容
框架协议	2002年11月4日	• 确定了中国—东盟自贸区的基本架构 • 确定了自贸区的内容、建设的时间框 • "早期收获"计划的主要内容 • 关于给予东盟非WTO成员以多边最惠国待遇的承诺和有关贸易规则的制定
争端解决机制协议	2004年11月	• 规范中国与东盟双方在自由贸易区框架下处理有关贸易争端 • 就适用争端的范围、磋商程序、调解或调停、仲裁庭的设立、职能、组成和程序、仲裁的执行、补偿和终止减让等问题做出了相应规定
货物贸易协议	2004年11月29日	• 规范我国与东盟货物贸易降税安排和非关税措施等问题 • 主要包括关税的削减和取消、减让的修改、数量限制和非关税壁垒、保障措施、加速执行承诺、一般例外、安全例外、机构安排和审议等内容 • 包括自贸区产品的分类，正常产品的降税模式，敏感产品的降税模式，原产地规则，保障措施，数量限制和非关税壁垒，承认中国市场经济地位和其他问题
服务贸易协议	2007年1月	• 规定了双方在中国—东盟自贸区框架下开展服务贸易的权利和义务，同时包括了中国与东盟10国开放服务贸易的第一批具体承诺减让表 • 根据《协议》规定，我国在WTO承诺的基础上，在建筑、环保、运输、体育和商务等5个服务部门的26个分部门，向东盟国家做出市场开放承诺 • 东盟10国也分别在金融、电信、教育、旅游、建筑、医疗等行业向我国做出市场开放承诺
投资协议	2009年8月15日	• 该协议通过双方相互给予投资者国民待遇、最惠国待遇和投资公平公正待遇 • 提高投资相关法律法规的透明度，为双方投资者创造一个自由、便利、透明及公平的投资环境 • 并为双方的投资者提供充分的法律保护，从而进一步促进双方投资便利化和逐步自由化

续表

	签订时间	主要内容
服务贸易协议第二批具体承诺议定书	2011 年 11 月	• 对商业服务、电信、建筑、分销、金融、旅游、交通等部门的承诺内容进行了更新和调整 • 进一步开放了公路客运、职业培训、娱乐文化和体育服务等服务部门
货物贸易协议中纳入技术性贸易壁垒和卫生与植物卫生措施章节的议定书	2012 年 11 月	• 将实施技术性贸易壁垒（TBT）和卫生与植物卫生（SPS）措施的实质性规定纳入《货物贸易协议》 • 成立卫生与植物卫生事务分委员会（SPS 分委员会）

资料来源：作者根据商务部网站资料汇总。

（三）谈判后的协调机制

中国—东盟自由贸易区不同于欧盟，东盟十国政治体制、经济发展水平、风俗文化差异显著，十国受益程度不同，对自贸区成立的态度也不尽相同。例如，2010 年中国—东盟自贸区成立之时，泰国工商界因担心零关税后大量物美价廉中国商品涌入泰国，曾经要求政府监管，提高进口商品的检验标准，并鼓励民众消费本国产品。对自贸区关税下调反响最强烈的还有印度尼西亚：有商会担心零关税后，会给本国企业带来"毁灭性的打击"，为此，商会要求暂缓取消一些商品的关税，比如钢铁制品、纺织品、石化产品等。

目前，有中国—东盟自贸区联合委员会、双边经贸联委会等机制，解决双方企业在利用自贸区政策方面遇到的实际问题，进一步促进市场开放，提升贸易投资自由化和便利化水平。截止到 2015 年 3 月，中国—东盟自贸区联委会已举行 7 次会议，成立了服务贸易、投资、经济合作、海关程序与贸易便利化、原产地规则、标准、技术法规与合格评定程序（STRACAP）和卫生与植物卫生措施（SPS）7 个工作组。我国视需要组织相关部委和部门参加，代表团由商务部、外交部、发展改革委、工业和信息化部、财政部、农业部、海关总署、质检总局等组成。在中国—东盟自贸区联委会第六次会议上，同期举行了中国—东盟自贸区首轮升级谈判，双方就升级谈判工作计划达成共识，并在多个领域取得了积极进展。[1]

三、中国—东盟自由贸易区实施效果的总体评估

通过建设中国—东盟自贸区，逐步清扫各国之间的贸易屏障，有利于各国在一个

---

[1] 商务部："中国—东盟自贸区联委会第七次会议暨第二轮升级谈判在北京举行"，商务部网站，2015 年 2 月 3 日，http://www.mofcom.gov.cn/article/ae/ai/201502/20150200890968.shtml，2015 年 3 月 30 日访问。

更广阔市场范围内实现资源优化配置；由经贸合作带来的各国间政治互信，外交往来增多也进一步助推双边经济合作；同时，文化交流也越来越频繁，双方人民相互了解不断加深，区域经济合作成为民心之所向。

（一）中国与东盟经济相互依赖日益增强

随着自贸区制度框架的逐步完善，中国东盟经贸往来的日益密切，中国成为东盟的最大贸易伙伴，东盟连续近四年成为中国的第三大贸易伙伴；东盟是我国重要的外资来源，同时也是中国企业在国外投资的第一大市场。

1. 双边贸易快速增长

根据中国海关统计，中国—东盟自由贸易区签署实施以来，双方对超过90%的产品实行零关税，中国对东盟平均关税从9.8%降到0.1%，东盟6个老成员国（泰国、马来西亚、新加坡、印度尼西亚、文莱及菲律宾）对中国的平均关税从12.8%降到0.6%。零关税政策的实施带动中国和东盟经贸关系蓬勃发展。自2001年以来，中国—东盟贸易额年增长率保持在20%左右的水平，多数年份增速高于中国对外贸易平均增速。2013年，中国与东盟贸易总额为4 436.11亿美元，是2000年贸易总额396.22亿美元的10.22倍（见图2）。值得注意的是，在国际金融危机严重冲击和影响下，2009年中国进出口贸易分别下降11.3%和15.9%的同时，同期从东盟进口和对东盟出口分别下降了8.8%和6.9%，但是，从美国进口和对美国出口同比下降的幅度分别高达41.6%和24.6%。东盟连续3年成为中国第三大贸易伙伴、第四大出口市场和第二大进口来源地，而中国也已连续四年成为东盟第一大贸易伙伴（见图2）。

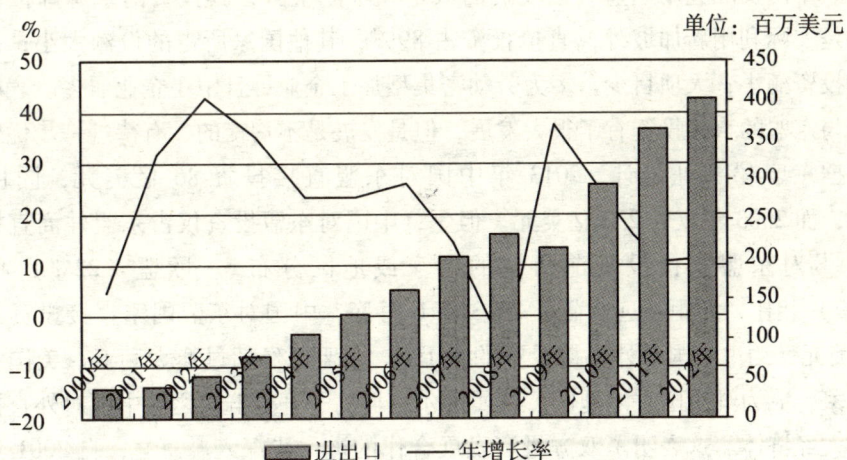

图2　2000～2013年中国与东盟贸易额及增长率

资料来源：中国海关统计月报。

2013年，中国与东盟贸易额排名前三位的国家是马来西亚、新加坡、泰国；进口方面，2013 年越南高居中国第一大进口来源国，占中国自东盟进口的 30% 以上，位居第二进口来源国是马来西亚，其次是新加坡，分别占 19% 和 16%（见表 2）。值得一提的是，2013 年马来西亚成为东盟中首个与中国贸易额突破千亿美元的国家，也是亚洲继日本、韩国之后第三个与中国双边贸易超千亿美元的国家。

表 2　　　　　　　　　　**2013 年中国向东盟进出口额及所占比重**　　　　单位：百万美元，%

国家	进口额	占中国自东盟进口额	出口额	占中国向东盟出口额
越南	60 143	30. 14	65 482	19. 91
马来西亚	38 523	19. 31	106 075	18. 82
新加坡	31 422	15. 75	75 914	18. 79
印度尼西亚	30 050	15. 06	68 355	15. 13
泰国	18 230	9. 14	71 261	13. 41
菲律宾	16 890	8. 46	38 066	8. 13
东盟	199 540	—	443 611	—

资料来源：中国海关统计月报。

2. 双向投资不断扩大

一直以来，东盟是我国吸引外资的重要地区之一。2004 ~ 2012 年，东盟对中国实际直接投资额从 30 亿美元增长到 70 多亿美元。中国—东盟自贸区成立以来，特别是 2005 年系列协议开始逐步实施以来，东盟对中国的实际投资增长明显，除了 2008 年金融危机，其余时期均显著增长。

虽然中国实际利用东盟直接投资的数量在不断上升，其投资的来源却极其不均衡。单是实际利用新加坡外商直接投资占 89%，其他国家所占的份额太小；同时项目平均投资额小，大项目少，多为劳动密集型加工企业，且中小企业居多。表明了虽然中国与东盟的直接投资有了很大发展，但是发展是不均衡的，有待进一步优化。

根据东盟秘书处统计，2013 年中国对东盟直接投资 86 亿美元，同比增长 60.8%，而 2003 年仅为 2.3 亿美元。但是，中国对东盟投资仅占东盟外商直接投资 7.1%，与对东盟直接投资前两位的国家或地区分布——欧盟（22%）和日本（18.7%）相比，差距甚远。截至 2013 年 6 月底，中国对东盟国家直接投资累计近 300 亿美元，约占中国对外直接投资的 5.1%。东盟已经超过澳大利亚、美国、俄罗斯等国家，成为继中国香港地区、英属维尔京群岛、开曼群岛之后中国对外直接投资的第四大经济体。这表明了双方投资发展合作的进一步深入。总之，自 2001 年自贸区建设以来，中国与东盟互相直接投资的深度和广度都取得了长足的进展，但未臻成熟，仍有巨大的发展空间（见图 3）。

单位: 万美元

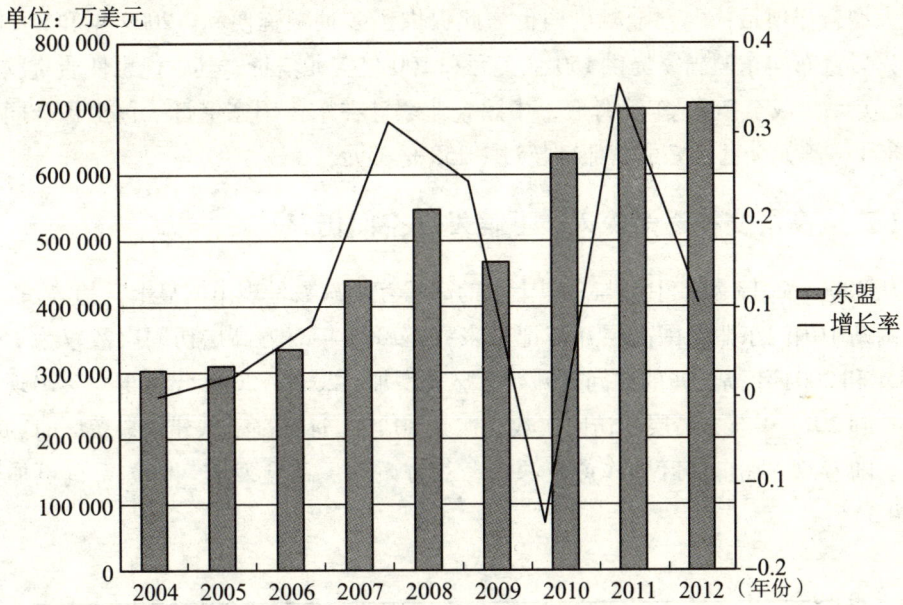

图3 东盟对中国直接投资额及增长率

资料来源: 中华人民共和国国家统计局。

3. 对外劳务合作日益深化

一直以来,东盟是中国重要的海外承包工程市场和劳务合作市场。如图4所示,自2007年起,中国对东盟承包工程完成额显著增长,尤其是2009年签订《投资协议》后,双方在基础设施建设、农业、制造业、加工业等诸多领域积极商谈或建设

单位: 万美元

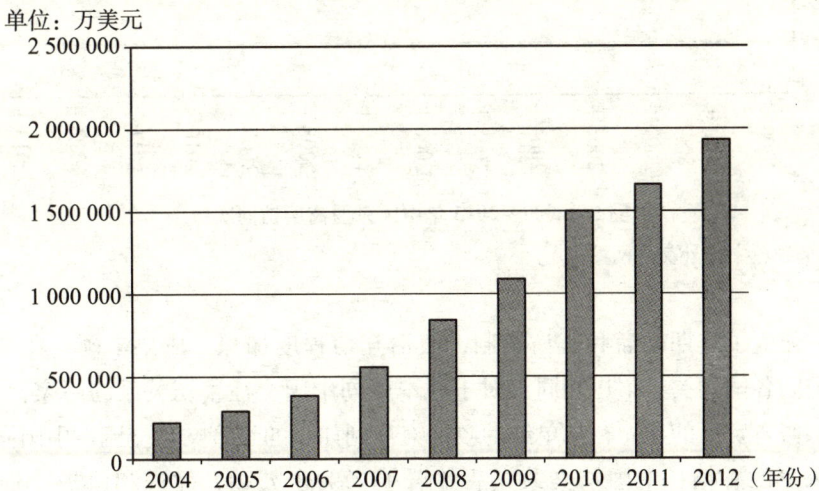

图4 中国对东盟承包工程完成营业额

资料来源: 中华人民共和国国家统计局。

注: 图中数据来源于除文莱外其他九个东盟国家承包工程完成营业额之和。

一批大型合作项目，中方金融机构也为此提供了多种融资便利。2009 年和 2011 年，中国先后宣布向东盟国家提供 150 亿美元和 100 亿美元信贷，其中优惠性质贷款超过 100 亿美元。截至 2014 年 6 月底，中国企业累计在东盟国家签订承包工程合同额超过 1 800 亿美元，已经完成营业额超过 1 250 亿美元。

（二）高层交往逐渐深入，互信发展空间仍存

从 2000～2013 年，中国与东盟十国的高层互访次数呈现出明显上升趋势。[①] 从外交部网站中国同东盟十国高层互访记录来看，2000 年双方高层访问次数仅为 15 次，2003 年和 2004 年高层间的访问数开始有显著增加，2008～2009 年又再一次出现增加现象。到 2013 年双方高层的访问次数已达到 80 次，远远高于未建设自贸区时的访问次数。随着双方在自贸区合作愈发深入，双方政治关系愈发密切，关系也更加亲密（见图 5）。

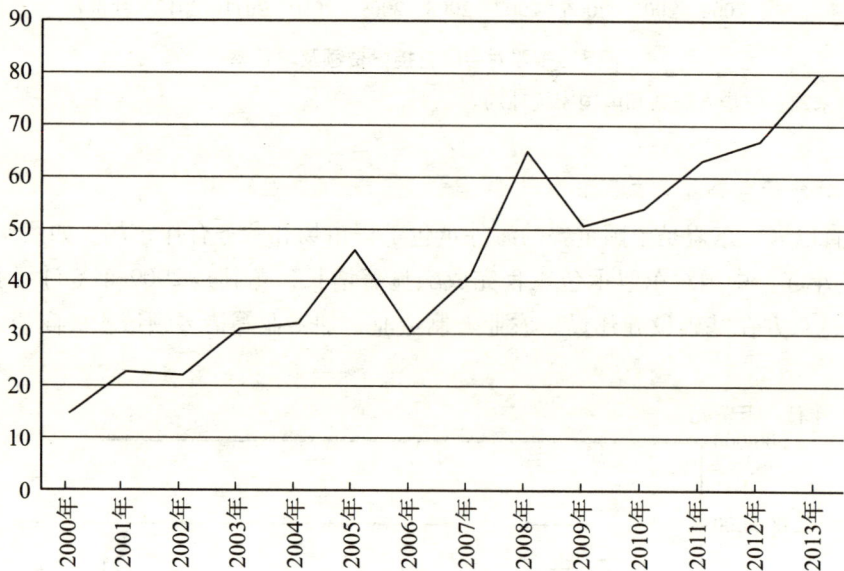

图5　2000～2013 年中国东盟高层访问次数

资料来源：中国外交部网站。

双方建立了定期磋商和互访机制，政治互信程度加深，成果丰硕。在东盟十国中，中国同各国的关系不尽相同：对于原本就同中国交往密切关系的国家，如缅甸，中国—东盟自贸区的建立，从单纯的政治交往到如今的经济文化交流，中国同他们建立更加深厚的感情；中国与文莱先后签署了《关于鼓励、促进和保护投资协定》、《关于中国公民自费赴文莱旅游实施方案的谅解备忘录》和《中国向文莱购买原油长

---

① 此处的高层是指当时的主席、总理、外交部部长及全国人大常务会委员及在东盟十国中有对应职务的人员。

期合同》等多项协定。①

　　总之，随着双边自贸区制度建设的逐步落实，经济相互依赖不断深化，中国与东盟的政治互信大大提升。相较于自贸区建设之前东盟普遍担心中国崛起的情况，应该承认自贸区建设发挥了积极作用。

（三）文化交流不断拓展

　　中国—东盟自贸区建成后，中国的文化随之传播，文化影响力进一步扩大。由于中国同东盟的贸易与日俱增，东盟对汉语文化的热情也开始升温。汉语人才变得炙手可热，这一点从孔子学院在东盟的数量就可以看出。2004 年第一所孔子学院建成，而在 2005 年东盟国家即开始有了孔子学院，可见其对于中国文化的向往，侧面反映出双方交流的深入程度。在此之后，孔子学院在东盟国家的数量一直保持高速增长，自 2005 年有 5 所孔子学院建成起，到 2013 年已有 45 所孔子学院及孔子课堂，翻了三倍以上（见图 6）。

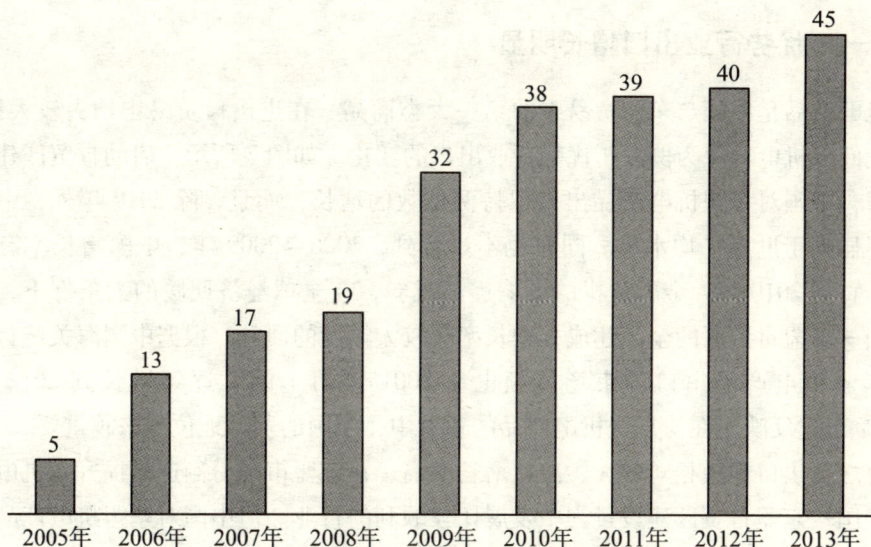

图 6　孔子学院及孔子课堂在东盟十国的数量

资料来源：孔子学院总部/国家汉办网站。

　　与此同时，各东盟国家来华的留学生也呈现井喷式增长。从教育部发布的《中国教育年鉴》可以看出，在 2000 年来华留学生前五位的国家中只有印度尼西亚是东盟国家，且其来华留学生只占总人数的 3.7%，而截至 2013 年，泰国已成为东盟国家中来华人数最多的国家，其来华留学生所占比例也达到 5.1%。而来华留学前十五

---

　　①　罗满秀、汤希：《论中国与文莱关系特点及前景》，载《长春工程学院学报（社会科学版）》2009 年第 10 卷第 2 期，第 32 页。

位的国家中，目前东盟十国就有 5 个，占来华留学生总人数的 16.2%。

总之，以上数据表明了东盟国家对于汉语文化的热情，也反映出了东盟国家对于汉语人才的迫切需要。显然，随着中国—东盟经贸往来的深入，东盟国家开始重视汉语人才，中国同东盟大学留学生及交流也是日益频繁。与此同时，中国对东盟的文化影响力也在逐渐加强，孔子学院开始兴起。中国东盟自贸区为中国和东盟的交流创造了一个很好的平台，通过贸易的方式加深双方的理解，促进双方的文化交流，使得中国和东盟在政治文化上更加亲近。

四、中国—东盟自由贸易区行业发展评估

在中国—东盟自贸区的优惠制度下，双方在不同行业的贸易往来都有不同程度的提升，但在此过程中，困难和挑战也不容乐观：双方由于经济发展水平、产业结构的相似使得合作与竞争并存；服务业开放程度相对普遍较低。

（一）优势行业出口增长明显

机电产品是中国与东盟贸易中的第一大类商品，在进出口贸易中均占较大比重，因此我们以机电行业为例分析优势行业出口的变化。如图 7 所示，启动自贸区建设进程以来，中国对东盟机电产品出口保持两位数的增长，而且，除 2010 年外，中国增长率明显高于世界平均水平。同时也不难看到，2006～2009 年，中国增长率有下跌趋势，直到 2010 年，金融危机的影响逐渐减弱，在全球经济回暖的大条件下，又加之中国—东盟自贸区的全面建成，增长率有较大幅度的回升。根据中国海关统计，中国对东盟机电产品出口的市场份额也从 2001 年的 4.98% 逐年增长到 2012 年的 17.03%，这反映出在与东盟机电产品的贸易中，中国的贸易地位越来越重要。

总之，出口规模相对较大、出口增长率高、在东盟市场份额逐年提升，机电行业是在中国—东盟自贸区建设过程中发展比较顺利的行业。但中国对东盟机电产品出口呈现出的产品结构层次低、掌握自主知识产权的产品比例低的问题，成了限制机电贸易进一步发展的关键阻碍。因此，双方机电行业合作委员会的尽早建立，其合作、协调机制的发挥，是解决这一阻碍的必要途径。

中国和东盟的大多数国家仍是以生产劳动密集型产品为主，虽然中国主要进口和出口的机电产品分属不同类别，双方机电产业存在一定的互补性。值得注意的是，相当一部分机电产品都是加工贸易出口，双方产业结构极其相似。因此，在机电贸易中，中国和东盟不仅同样扮演了世界工厂的角色，还在某种程度上在对第三方的贸易中存在竞争。

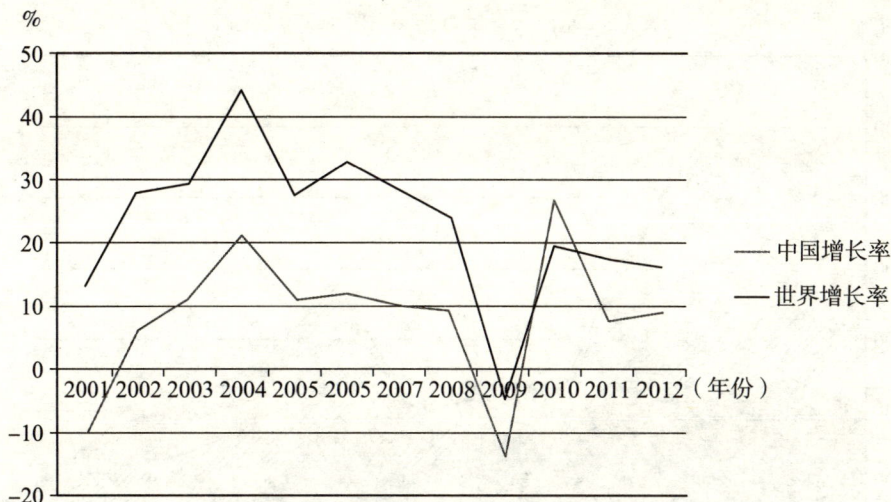

图7 2001～2012年中国与世界对东盟机电产品出口增长率比较

资料来源：根据联合国商品贸易统计数据库计算整理得到。

（二）石油行业逆势发展

就石油和天然气等矿物燃料出口而言，海关调查数据中显示，矿物燃料的贸易量在2014年第二季度相关中其占到总贸易的1.59%，而在近十年的中国同东盟的贸易中，矿物燃料贸易也始终占据前三的位置。石油天然气行业在东盟看似进行得十分成功，但研究从2002年至今的数据不难看出，中国从东盟进口的原油数一直在减少。如图8所示，在东盟十国中，中国主要进口油来源国是印度尼西亚、泰国、马来西亚、越南和文莱的统计。显而易见，2002～2013年中国从东盟国家进口的石油总量在逐渐递减。2006～2008年到达一个低谷，2009年后虽然有所回升，但也是呈现一个逐渐降低的趋势。

与此同时，作为新兴国家的中国正在进行工业化，从而需要大量的石油进口。2002～2012年，中国对外的石油进口依赖却是在不断增加。2013年是国际石油市场供应充足的一年。美国页岩油大量增产和新兴经济体需求增长减弱，使全球原油市场在全年的大部分时间里供过于求，中国石油进口量罕见下降。[①] 虽然偶有回落，但是中国对进口石油的依赖度的大趋势仍是增长的。在此大趋势下，中国对东盟的石油进口不升反降显得有些逆趋势。

就当前形势而言，石油贸易在中国东盟两方虽然都占有相当比重，但相关行业对接等合作几近于无。石油天然气等矿物燃料不仅不会加深双方的经济联系，反而会在某些方面加大双方的摩擦矛盾和冲突。综合考虑主要有以下两个方面的原因：

---

① 田春荣：《2013年中国石油和天然气进出口状况分析》，载《国际石油经济》2014年第3期。

单位：万吨　　　　　◨文莱　▨越南　▦马来西亚　▰泰国　▨印度尼西亚

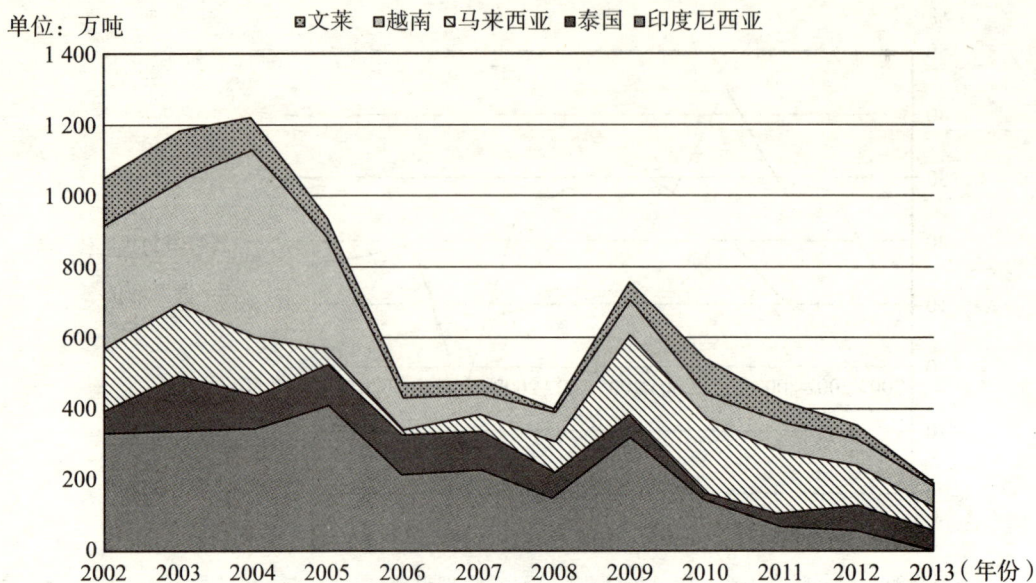

图8　2002～2013 年中国从东盟国家石油进口量

资料来源：转引自田春荣："2013 年中国石油和天然气进出口状况分析"，《国际石油经济》2014 年第 3 期。

第一，如上所提到中国和东盟国家（新加坡除外）几乎都是发展中国家，经济发展水平相似。在国家处于发展的时期，工业化进程中双方都对石油天然气等矿物燃料有着大量的需求，且需求量都呈上升态势。故十几年来双方石油贸易逐年减少。石油作为重要的战略性物资，中国同东盟都意识到了它的重要性，开始试图减少出口增加进口。在此情形下，中国从东盟石油进口减少也就不足为奇。

第二，石油的开采直接带来的就是国民生产总值的增加，一些东盟国家将石油作为其经济支柱产业。以越南为例，据报道，越南国家集团的创收约占越南国民生产总值的 1/4。而就勘探结果而言，目前南海蕴藏了丰富的石油天然气资源，但与此同时南海也是中国同东盟一些国家争议颇多的领域，在此进行大规模的石油天然气开采必然会加剧中国同一些相邻国家的矛盾争端。就目前而言，在中国—东盟自贸区的合作框架下，石油行业并没有做到很好的行业对接，反而从侧面加剧了双方的竞争关系，这显然是值得我们思考的。

同样，不仅仅是石油，在许多类似的行业，如矿石开采等自然资源消耗型产业中也存在类似的问题。由于自然资源的稀缺性，很容易造成两个国家间的矛盾升级。在食品行业，由于中国东盟都属于劳动力相对低廉的国家且在这些方面不存在优势互补，双方反而呈竞争而非合作关系，这些都使得行业无法完成良好对接。

（三）服务业合作有待深化

2007 年和 2011 年，中国与东盟先后签署了《服务贸易协议》第一、二批承诺书，内容涵盖了建筑、运输、商业服务、环境保护等领域与部门。随着协议签署至今，中国与东盟在服务贸易上的行业合作也日臻密切，本文将从物流和金融这两个领域来对其影响进行分析。

1. 物流业：制约贸易畅通的瓶颈

2014 年，在云南昆明举行的第五届中国—东盟行业合作会议上，中国—东盟物流行业合作委员会正式成立，这将进一步加强中国和东盟物流行业在信息交流、机制健全、技术研讨等方面的合作，推动区域物流业的全面发展。

随着中国—东盟自贸区优惠贸易政策的逐步落实，物流业也随之发展。贸易与物流业的发展是相辅相成的，一方面贸易的密切往来需要高效、低成本的物流业作为支撑；另一方面，贸易的深度发展又促进着区域内物流业的进一步发展与升级。所以，物流业是贸易中至关重要的一环，分析中国—东盟自贸区的建设为区域内物流业带来的影响也十分重要。

（1）物流业机制建设：起步、优化、升级。中国与东盟国家的物流业起步普遍较晚，且物流标准不完善、物流分布较为零散。我国的物流业恰好在自贸区建设的10 年间逐渐兴起，并不断完善。中国物流与采购联合会、中国物流学会发布的《第三次全国物流园区（基地）调查报告》显示，我国 2012 年各类物流园区数共计 754家，对比 2006 年的 207 家，增长 264%，较 2008 年的 475 家增长 58.7%。21 世纪以来，很多省市开始加大物流产业的建设力度，尤其是像广西、云南等与东盟国家地缘上比较近的省、自治区，在行业总体的发展洪流中，表现的格外突出。

以广西壮族自治区的防城港市为例。该市制订了打造面向东盟的商贸物流基地的战略计划，并且要在 5 ~ 10 年的时间畅通"三大通道"（集海铁联运、水转水设施、航班航线的出海通道；移动性和防城区沿边口岸互市贸易区为重点的出边通道；以连接西南、中南、华南交通网络为重点的经济腹地通道）、优化商贸物流带的布局建设，充分利用自贸区的开放政策，由"通道型商贸物流"向"交易型商贸物流"转变。不仅仅是防城港市，我们可以看到已经有很多其他保税港区、保税物流园区通过国家的验收，逐步开展起来，例如南宁保税物流园区、钦州保税港区等。保税港区、保税物流园区作为国家审批的、发展现代国际物流的海关非监管区域，为物流行业的发展起到了促进作用，我国加强东南、西南地区的相关园区的建设，考虑因素中不乏有促进中国与东盟国家贸易的想法。

传统的物流业在信息收集方面不够优化，物流的信息化、电子化对于现代物流有着重要的意义。同样是在广西，在中国与东盟之间频繁贸易往来的推动下，广西电子口岸海运物流服务平台也于 2009 年正式开通，一期项目实现了海运通关信息共享等六个系统，并且还将分步骤地实现二期、三期目标，实现了船舶动态、通关信息、舱单信息、集装箱信息共享互传等功能，并在国内率先实现可视化统一展示进出港船舶的图像、数据、视频。信息化、电子化极大地提高了物流效率，降低成本，实现最优。

（2）促进物流企业"引进来"、"走出去"。自贸区政策效果关键要看其对于各行业中企业发展的影响，相较于宏观方面的影响，这种微观层面的效果更可以看出自贸区的建立目标是否真正落到了实处。2014年3月，新加坡物流项目在广汉开工，总投资达到了4亿元，新加坡物流巨头普洛斯是亚洲最大的工业及现代物流设施提供商和服务商，此次在广汉的投资为我国的物流业发展注入新鲜的血液。通过利用新加坡在物流行业的丰富经验，能让中国物流业在发展的过程中尽量少走弯路。

中远集团既是中国物流业的知名品牌，也是中国物流企业走出去的良好典范。中远集团在亚洲的公司共有142家，其中有102家是在中国大陆，在东盟十国的公司数额远远多于在亚洲的其他国家，甚至比在中国香港、台湾地区的数量还要多。可见，东盟十国成为中远集团在亚洲除本国外的重要市场。同时，随着电子商务的发展，国内的电商也开始了国际快递试水，其中顺丰速运作为大陆快递行业的佼佼者，也已经将国际业务拓展到新加坡、马来西亚、泰国等地。

（3）重视区域配套基础设施建设。中国—东盟自贸区在促进物流业发展的同时，也加强了区域配套基础设施的建设，尤其是在交通方面，航空、陆路、海运等对接东盟的立体化交通网络逐步建立，拉近了中国与东盟空间上的距离，为区域经济带来了活力。中国与东盟国家间的铁路、公路、港口、内河航道、航线等都进行了全面的提高。一方面这种便利的交通可以为地区带来新的增长活力，2013年广西成为中国首个开通高铁的少数民族自治区，此次高铁的通行使得过去处于交通末梢的广西加快成为中国与东盟最便捷的枢纽；另一方面，也增加了自贸区国家的贸易往来，并且对其他行业也有辐射带动效应，同样是在2013年昆曼公路全线贯通，该国际大通道联通了中老泰三国的人流、物流，成为三国间贸易、投资等方面共同繁荣的经济通道。

然而，随着自贸区物流业的开放，中小型物流企业面临多方面的挑战，外资企业或是国内大型企业由于自身的优势，利用优惠政策，可能在全国范围甚至区域范围内扩张网络。泰华农民研究中心认为，大部分泰国物流企业经营的陆路货运市场，将受到更加激烈的外来竞争。国内陆上货运市场总值估计约3 800亿铢，占物流市场总值约8 000亿泰铢的48%。① 由此可见，如何处理好区域内行业竞争问题，在行业合作委员会的指导下进行科学的行业对接，避免企业间的恶性竞争，是自贸区内十分重要的课题，以免这种行业上的冲击为同行业的不同企业带来不良影响，不能让这种互惠落到实处，阻碍自贸区的发展。

2. 金融合作：保障资金融通

从2000年中国与东盟提出自贸区的设想，到2010年全面建成中国—东盟自贸区的十年间，中国与东盟的双方贸易有了长足的发展。从上文所引的数据中我们可以看到中国与东盟在2013年的进出口贸易额同比保持着10.9%的高增长率。而我们知

---

① 《东盟物流业开放利弊及问题》，商务部网站，2010年7月14日，http：//www.mofcom.gov.cn/aarticle/i/jyjl/j/201007/20100707023671.html，2014年9月9日访问。http：//www.mofcom.gov.cn/aarticle/i/jyjl/j/201007/20100707023671.html，2014年9月9日访问。

道，金融是贸易活动的支撑，为贸易提供了稳定的资金来源，大部分的贸易活动都需要融资、担保、保险或其他的金融服务，所以在中国与东盟双边的货物贸易发展的同时，我们也不能忽略金融合作所带来的影响。在外部环境上，全球金融危机发生于2008 年，这也成为促进中国和东盟的金融合作的契机，以此来健全及巩固各自的金融体系。

中国与东盟的金融合作始于 2009 年。2009 年，中国东盟博览会首次尝试了服务贸易论坛，推出金融服务展，并举行了"中国—东盟金融合作与发展领袖论坛"。与此同时，国家也批准了中国与东盟的前沿——广西成为与东盟贸易的人民币结算试点，更推进了金融服务展与金融合作论坛的发展。在首届金融论坛上主要达成了下列的成果。第一，是发挥了中国东盟博览会的平台作用，对金融的合作与交流开始加深；第二是在会议中通过了《中国—东盟金融合作与发展领袖论坛共同宣言》，加强了区域内货币合作、促进金融稳定、促进资本合作等；第三是加强中国与东盟间金融机构的联系；第四是务实地推进了银企合作。①

而在 2014 年 9 月 17 日召开的第 6 届中国—东盟金融合作与发展领袖论坛中，我们也可以看到中国与东盟之间金融合作的动向。本届论坛目标鲜明，以中国经济和金融改革阶段最有价值的"跨境人民币业务创新"为主题，举行了挂牌及指数公布仪式，包括了"中国工商银行跨境人民币业务中心（南宁）"、"中国建设银行中国—东盟跨境人民币产品研发中心及中国建设银行中国（东兴试验区）东盟货币业务中心"、"交通银行沿边跨境贸易金融服务中心（南宁）"等的揭牌仪式，促进了中国与东盟在金融领域全方位、深层次的交流合作。

中国与东盟之间的金融行业合作促成的成果源于中国与东盟银行间的合作。中国与东盟银行业间的合作则主要包括组建双边银行结算网络、互设分支机构、互为代理行以及业务内容多元化等方式。

（四）行业合作机制建设任重道远

近年来，在中国—东盟自由贸易区的框架下，双方行业商协会已经开始积极发挥其桥梁性和灵活性。它们向会员企业提供信息与咨询服务，定期发表相关调查报告，组织培训并开展相应行业的活动，为推动该行业的繁荣与发展充当良好的媒介。从2010 年起，中国—东盟行业合作昆明会议每年举办一次，会议由中国商务部支持，以打造自贸区各国行业间的互联互通为主题，成立了具体行业的行业合作委员会。与此同时，中国—东盟自由贸易区为了使双方企业加强信息交流，采用了定期举办展览，召开大至政府、小至具体企业等各种层次的会议，组织企业家相互考察等各种各样的方式。例如，自 2004 年起每年在南宁举办的中国—东盟博览会与投资峰会，举办系列会议、论坛和银企对接会、投融资项目对接会等活动，为中国与东盟政府部门

---

① 《第二届中国—东盟金融论坛》，新华网，2010 年 9 月 25 日，http：//news. xinhuanet. com/world/2010 -09/25/c_12602134. htm，2014 年 9 月 9 日访问。

对有关政策进行有效协调、沟通，中国同东盟各国企业近距离接触、收集合作信息，提供了良好的平台，大大促进了双方的行业交流和沟通。通过泛北部湾经济合作论坛一类的会议，各国政府官员、专家学者和企业家汇聚一堂，共商中国—东盟自贸区未来发展。

目前，中国和东盟市场都在进一步开放，双方都将产业结构调整和升级作为发展本国经济的重大举措。但是，虽然有上述种种机制发挥桥梁作用，自贸区内部仍缺乏有计划、有组织、全方位的合作。这个问题具体表现在：第一，一部分行业合作协会虽已建成，但仍具体而微，发挥的作用有限；第二，在中国—东盟双方竞争较为明显的行业，如纺织、食品等，行业协会尚未建成，优势互补、形成完整产业链的想法尚难实现；第三，与双方贸易配套的区域内法律、金融系统仍处于起步阶段，还有许多问题未及完善；第四，双方会议名目繁多，但真正具有影响、为企业熟知的会议并不多，而能让企业切实参与、切实接触的活动更是少之又少。在此前提下，加强深化中国—东盟双方产业合作就显得尤为重要，唯有此，才能将政策和企业的切身利益较好地结合起来，使自贸区惠及面进一步扩大，实现自贸区的长远、良性发展。

中国与东盟十国比邻而居，双方无论是文化上还是地理上都有着无与伦比的优势。在中国—东盟自贸区框架下，中国—东盟自贸区零关税政策的实施，为双方进行更密切的经济合作奠定了基础。但中国同东盟的交流合作也存在了不少仍需磨合的节点。由于东盟十国的发展状况和政策安排各不相同，中国与其行业合作方式较为粗放，且双方都在进行自身的产业结构调整，因此，为了建立互利共赢的经济共同体，当务之急是中国和东盟进行行业对接和产业合作。双方产业合作是一项系统工程，需要政府部门的政策协调、行业商会的有效沟通和企业的积极配合。鉴于行业对接、产业合作和产业结构调整具有一定的长期性，双方密切配合，建立有重点、有步骤的中长期规划显得尤为重要。其中，如何发挥各自资源禀赋、技术优势，实现产业链互补，从而在一定程度上缓解在一些产业存在的恶性竞争问题，实现互惠互利，在自贸区这个更大的市场里更好地配置资源，是个很重要的问题。

目前，已经组建一系列双方行业合作委员会，如中国—东盟咖啡行业合作委员会等。而机械、钢铁、服装、电子等在双方贸易往来中占据较大比重的行业的合作委员会，也在计划筹备中。这些非官方、非营利性行业商务合作组织的主要职能是：分析行业经济动态、政策、信息，发布行业报告；推动行业内交流，为双方合作创造机会；加强行业与其他相关行业的沟通与协作；相互介绍本国行业发展规划、平等协商中国—东盟自贸区内行业发展的重大事项等。但是，虽然机制已经建成，双方行业合作的基础仍有不足，行业合作的规模尚小，实际发展存在重重阻力。从长期发展趋势来看，中国和东盟行业合作越发密切，产业对接稳步进行，通过建立一系列行业协会，促进各行各业民间的交流，尤其是对国内企业"做出去"、国外企业"引进来"提供了更加有效、专业的对接窗口，为各国企业走向国际化提供了良好的平台，使得各国消费者足不出户就能感受到自贸区带来的种种便利。

五、中国—东盟自由贸易区升级版展望

当前，中国与东盟合作的国际、地区与各国国内环境正在发生深刻变化。一方面，区域经济合作不断向前推进，世界经济中心开始向亚洲转移，东盟在促进共同体建设的同时，积极推进东亚区域经济合作，为中国—东盟自贸区建设提供了有利的外部发展机遇。另一方面，随着跨太平洋战略伙伴关系协定（TPP）、区域全面经济合作伙伴关系协定（RCEP）、中日韩自贸区的不断推进，主要大国在东盟的角力不断加强，中国—东盟自贸区的优势也在面临挑战。

在未来一段时期，自贸区这一制度化保障将使得双边经济相互依赖保持持续深化趋势。因此，中国同东盟自贸区的深化和加强是大势所趋。既是弥补原先自贸区的种种不足，又反映了中国和东盟共同的利益诉求。作为一种理性选择，双方应在《全面经济合作框架协议》平台下把自贸区建设推向深入。目前，自贸区《货物贸易协议》、《服务贸易协议》和《投资协议》的相关规定都还有待进一步落实和深化，这意味着中国同东盟的合作正朝着宽领域、深层次、高水平的方向发展。

（一）自贸区升级：双边关系持续发展的客观需要

由于谈判启动时间较早，与后来的东盟—日本自贸区、东盟—韩国自贸区、东盟—澳大利亚新西兰自贸区相比，中国—东盟自贸区的开放程度相对较低，这跟当时我国的国情以及整个东盟的经济发展水平是相对应的。经过这些年来的发展，各国经济水平和开放程度都有所提高，当初签订的自贸区协议内容，尤其是货物贸易及服务贸易领域的开放程度已经远远落后于经济发展的现实需要。

在第十届中国—东盟博览会及商务与投资峰会上，国务院总理李克强在发表主旨演讲时提出五点倡议之一是打造中国—东盟自贸区升级版。倡议双方进一步降低关税，削减非关税措施，积极开展新一批服务贸易承诺谈判，推动投资领域的实质性开放，力争到 2020 年双边贸易额达到 1 万亿美元，今后 8 年新增双向投资 1 500 亿美元。之后在第十六次中国—东盟领导人会议以及不久前举办的第九届东亚峰会等一系列重要会议上，李克强总理多次提出中国—东盟自由贸易区升级版的概念，并且指出双方正在努力进行谈判，将在 2015 年年底建成其升级版。

2013 年 4 月，中国新任外交部部长王毅访问泰国时提出对东盟关系的"三个坚持"：坚持把加强与东盟睦邻友好合作作为周边外交的优先方向，坚持不断巩固深化与东盟的战略伙伴关系，坚持通过友好协商和互利合作妥善处理与东盟国家间的分歧和问题。同年 9 月 3 日，李克强总理在第十届中国—东盟博览会和中国—东盟商务与投资峰会上宣布，中国对东盟的睦邻友好政策绝不是权宜之计，而是长期坚持的战略选择。中方将坚定不移地把东盟国家作为周边外交的优先方向，坚定不移地深化同东盟的战略伙伴关系。同时，中共十八大以来，中央集体已经向全世界明确表达了中国继续深化改革、扩大开放的决心。作为中国新一轮开放战略的重要内容，统筹双边、多边、区域、次区域开放合作，加快实施自由贸易区战略，推动同周边国家互联互通。

在党的十八届三中全会上，建设"丝绸之路经济带"和"21世纪海上丝绸之路"（"一带一路"）被正式写入《中共中央关于全面深化改革若干重大问题的决定》，从而上升为国家战略。而在刚刚结束的中央经济工作会议上，党中央提出的2015年五大主要任务中，"优化经济发展空间格局"与建设"一带一路"的国家战略密切相关。围绕我国"一带一路"建设的大战略，中国与东盟的经贸关系更凸显重要性。从地域上看，东盟是"21世纪海上丝绸之路"的关键枢纽。从经济联系上看，东盟是中国建设"21世纪海上丝绸之路"中经贸与投资总量绝对不容忽视的一部分。

（二）自贸区升级：任重道远

中国—东盟自贸区升级谈判需要所有参与国协商妥协、共同推动，但升级谈判面临诸多棘手问题，不仅来自谈判参与国内部，还来自周边地区以及区域外FTA。

1. 周边环境负面因素影响凸显

首先，域外影响的压力。东南亚地区是美国"再平衡战略"的重中之重。美国通过亚太"再平衡战略"将更多的政治、经济、军事、安全和战略资源投向东南亚，借此获取更多经贸以及战略安全利益，影响东盟国家的政策选择、外交走向，这已经并将继续使中国—东盟合作形势更趋复杂。

其次，东盟在对华战略可能采取战略性疏远。一些东盟国家传统上倾向于在外部大国之间搞平衡战略。这不仅反映在这些国家的战略选择和外交政策上，还反映在其经贸政策甚至具体项目的实施上。即使同中国政治关系友好、经贸关系密切的国家，也有可能出于平衡战略的考虑，不愿过分依赖对华关系。涉华领土主权争议升温、南海问题国际化趋势明显等特定议题可能会干扰双方的合作气氛和进展。这必将会对中国的自贸区战略产生消极影响。

最后，以东盟为主导的区域合作机制呈现复杂化。东盟共同体、"10＋1"、"10＋3"、"10＋6"以及区域全面经济伙伴关系（RCEP）等区域一体化安排都在同时推进，东盟部分成员国还参加了美国主导的跨太平洋战略经济伙伴关系（TPP）谈判。由于人力、财力、协调能力、政治考虑等等原因，东盟国家容易顾此失彼，可能会影响中国—东盟自贸区合作进程。

2. 经济自由化程度不同导致谈判立场的协调难度较大

目前中国—东盟自贸区的限制还很多，交易成本高；投资、服务市场开放度低，障碍很多，产业链构造水平低；许多领域，如知识产权，政府采购，技术与环境问题的开放没有涉及；在改善经济发展环境的努力方面，如互联互通，还存在融资、法规等瓶颈限制。同时，东盟国家内部情况差异大，发展不平衡也将制约升级版的打造速度。一些国家如印度尼西亚对开放市场后将会受到冲击表现出担忧。

根据美国智库传统基金会（The Heritage Foundation）与《华尔街日报》发布的2014 年度经济自由度指数报告显示，除新加坡外，其他东盟国家包括中国在内，自由化程度都处于一般以下。[①] 经济自由度巨大差异参与成员发展水平差距很大，利益需求各不相同，在贸易自由化水平、敏感产品处理、原产地规则、服务贸易开放模式与开放领域、投资、知识产权等规则方面都存在一定分歧，这将导致谈判各方很难达成共识。

3. 贸易不平衡影响东盟部分国家参与升级谈判的积极性

在自贸区建设之初，中国的立场是"以经促政"，希望通过一定程度上政策的倾斜来使东盟各国获得切实的经济实惠，从而促进双方更深层次的政治往来。因此，中国处于长期的逆差地位。而 2010 年自贸区正式建成之后，双方的贸易地位变得相对对等，贸易差额主要取决于双方的竞争优势，因此有了较大幅度的变化。2013 年中国来自中越贸易顺差达到 3 170.33 亿美元；中新贸易中，中国顺差达到 1 581 亿美元。中国与其他东盟国家中，中方逆差最多的东盟国家是马来西亚（1 421 亿美元）。巨额贸易逆差成为这些国家对外经济的重要问题，也因此构成这些国家与中国双边关系中的消极性因素。因此，对于进一步开放市场，区域内某些国家可能会顾虑重重，从而可能会使谈判遇到阻碍。

六、结论

中国与东盟国家地理上距离较近、资源上优势互补，有着经贸往来的良好基础。从自贸区建设初期的应对性目标以及经济发展考虑看，中国—东盟自贸区过去 10 多年的发展基本实现了设计目标，区域合作更加顺畅，各经济体相互依赖、互利互助。

诚然，随着双边及多边往来愈发密切，贸易方面的摩擦也会越来越多，特别是在一些双方存在竞争的行业上，因此做好行业对接、避免恶性竞争十分重要。同时，经济上一些利益的争端也会激化政治方面的矛盾，例如领土方面的问题等，因此，经贸问题不仅仅是贸易往来，同时也会对政治、外交产生深远的影响，因此，进一步区域经济融合的机遇与挑战并存。为最大限度地发挥和利用自贸区的优势，需要将中国—东盟自贸区制度建设进一步细化、深入。

参考文献

[1] 曹云华：《前景光明道路曲折——评中国东盟自由贸易区构想》，载《东南亚研究》2002 年第 4 期。

① 《2014 年经济自由度指数》，美国传统基金会网站，http：//www. heritage. org/index/，2013 - 05 - 20。

[2] 陈凌英：《中国—东盟自由贸易区的建立、背景、意义与未来》，载《东南亚纵横》2002 年第 8 期。

[3] 贺晓琴：《建立"中国—东盟自由贸易区"的目标、进程与利益分析》，载《世界经济研究》 2003 年第 6 期。

[4] 李光辉：《中国—东盟战略伙伴关系与经贸合作十年回顾与前景展望》，载《国际经济合作》 2013 年第 9 期。

[5] 陆建人：《从东盟一体化进程看东亚一体化方向》，载《当代亚太》2008 年第 1 期。

[6] 陆建人：《论亚洲经济一体化》，载《当代亚太》2006 年第 5 期。

[7] 陆建人：《中国与东盟的关系、昨天、今天与明天》，载《中国与东盟》2007 年第 5 期。

[8] 沈铭辉：《中国—东盟自由贸易区：成就与评估》，载《国际经济合作》2013 年第 9 期。

[9] 田春荣：《2013 年中国石油和天然气进出口状况分析》，载《国际石油经济》2014 年第 3 期。

[10] 王玉主：《三大谈判影响亚太经济合作前景》，载《半月谈内部版》2013 年第 1 期。

[11] 王玉主：《中国—东盟自由贸易区的影响分析——经济利益与战略关系》，载《东南亚纵横》 2010 年第 1 期。

[12] 王玉主：《中国东盟自贸区建设的目标及对双边关系的影响》，载《创新》2012 年第 3 期。

[13] 张蕴岭：《打造中国—东盟自由贸易区升级版》，载《东南亚纵横》2014 年第 10 期。

[14] 中国—东盟商务理事会：《2014 年中国—东盟自由贸易区季度报告：第一季度》，2014 - 04 - 30。

案例三

从五矿集团海外收购铜矿案例
理解企业经济外交

指导教师：何　敏
项目组成员：范子霄　杨　薇　柳陈青鹤　谢怡兰

摘要： 在对全球铜矿资源格局和我国现状介绍的基础上，本文对我国五矿集团公司有关铜矿海外收购事件进行了回顾分析。结果表明，在经济外交企业层面实践过程中，政府通过相关部门的监管和政策等影响企业全球化经营战略的制定，进而影响企业的对外经济行为；企业在对外经济交往中，国企身份和两国的政治因素会影响企业国际项目的审批；企业也通过游说、媒体等政治外交手段影响政府的决策。

一、背景介绍

（一）研究背景和意义

经过改革开放后几十年的不断发展，我国与世界的联系日趋紧密，与其他国家的经济贸易活动飞速发展，我国企业也顺应全球化潮流，积极参与国际商贸合作与竞争。一方面，吸收国外资金，引进先进技术，学习先进经济管理经验，发展生产力；另一方面，扩大对外贸易往来的范畴，积极"走出去"，发展对外经济技术资源的合作与交流，增强企业和国家对外影响和竞争力。

如何将外交资源与企业"走出去"战略积极对接，利用"两个市场、两种资源"，多方位、多渠道有效配置和利用国内、国外资源，为企业、产业和经济的发展提供便利和服务，进而推进经济改革，解决经济发展过程中的问题，促进经济发展，成为和平发展时期我国外交工作的首要任务，也成为新时期背景下"经济外交"的一项重要课题，也是当代外交官员的一门"必修课"。在国家宏观政策指引下，企业利用外交手段面向全球市场配置资源，在经济全球化中把握机会；同时，外交也为我国企业走向世界创造条件，提供更优质服务。二者相互依赖、相互促进。良性的政治外交关系能够推动经贸关系的积极发展，而良性的经贸关系也可以推动双边、多边政治外交关系的协调发展。[①]

在这一过程中，企业尤其是跨国企业除参与国际分工外，承担了重要的政治功能。越来越多的国家将本国的跨国公司看作国家经济外交政策的工具，企业的发展战略成为实现国家经济外交战略的重要组成部分。也就是说，企业成为直接参与国家经济外交实践的重要实体，尤其是跨国企业，不仅成为国际生产一体化的核心组织者，也是世界商品的重要供应者和购买者，同时又是国际资本的主要拥有者和借贷者，对东道国的经济、政治和文化也产生广泛影响。跨国公司编织的巨大生产经营网络，不仅把世界各国、各地区紧紧地联结在一起，还利用政党、媒体等利益群体，通过游说和制造舆论来影响国家的对外政策。因此，对于当前跨国企业和国家发展过程中的经济外交行为和关系进行剖析研究，对于理清二者的相互作用关系，更好地开展经济外交，具有重要的理论和现实意义。

本文以我国进行全球化经营的大型中央企业集团中国五矿集团公司有关铜矿国际收购事件为例，通过座谈调研和资料收集，对五矿集团在铜矿国际收购中的企业战略和政府在国际收购中的作用，及企业和政府的关系进行深入剖析；在此基础上，为我国央企和政府未来的经济外交实践提供经验教训和政策建议。

（二）文献综述

1. 有关经济外交的理论与实践

近年来，国内很多学者对于"经济外交"进行了卓有成效的研究，并取得了一系列进展（周永生，2004；赵可金，2011；崔绍忠、刘曙光，2012；张晓通，2013；李巍、张忆，2014）。目前，国内对于"经济外交"的研究主要集中在理论体系的构建和对具体问题分析两个方面，前者主要讨论"经济外交"的定义与分类、制度结构、理论基础和研究分析框架的建立等；后者对具体领域的经济战略或具体问题及案例进行分析探讨。

图1和图2分别展示了目前对于我国经济外交的分类和运行机制的归纳总结。可以看出，跨国公司等经济实体对于中国外交的实践行为是中国经济外交的重要组成部分。在西方国家，企业界或商界是最具有特权和影响力的利益集团；而在中国，国有企业是一个重要而独特的利益集团。由于中国国有企业兼具营利性和公益性的特殊性质，在对外交往中有时也体现政府的意志和利益，因此它们也是政府领导下的经济外交的重要参与者。而当下，为了适应经济全球化和入世后的市场开放新形势，进一步促进对外开放和经济发展，在更广泛的领域、更高层次上融入世界经济体系，"走出去"战略这项带有全局性和长期性的重大举措是国有企业的主要经济外交政策。然而，对于企业层面经济外交运行机制的研究目前却鲜有文献做出系统深入的分析研究。

---

① 何中顺：《新时期中国经济外交理论与实践》，时事出版社2007年版，第75页。

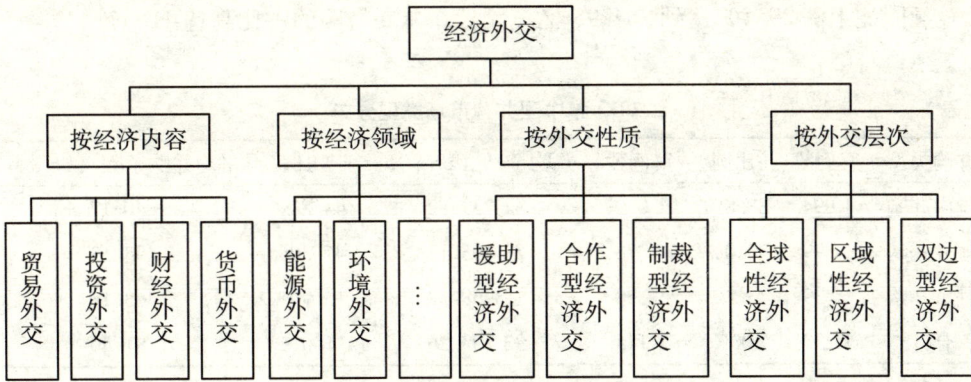

图1 经济外交的分类

资料来源：作者根据李巍、孙忆（2014）整理。

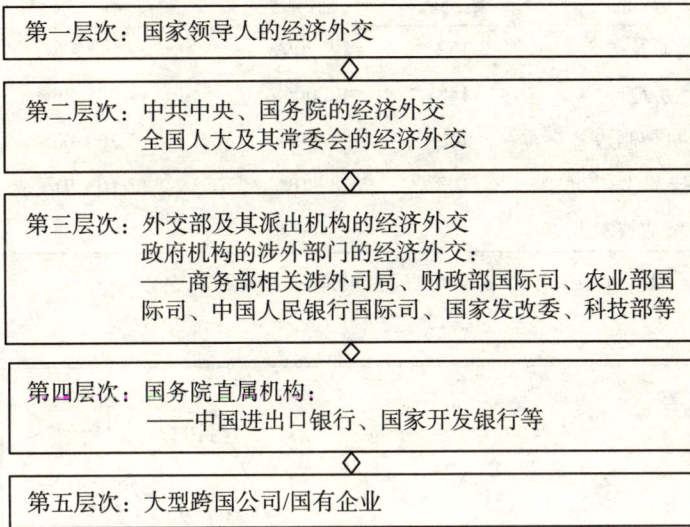

图2 中国经济外交的运行机制

资料来源：作者根据何中顺（2014）和李巍、孙忆（2014）整理。

2. 有关企业海外并购的理论与实践

实施"走出去"战略的重点是在国外投资建设国内有短缺趋势的战略性资源和初级产品的长期稳定供应地，油气、矿产、木材和纸浆等生产基地是最典型代表。在"走出去"战略的指引下，越来越多的中国企业走出国门，参与海外并购活动。尤其是从2006年股权分置改革基本成功完成后，海外并购成为我国企业走向国际市场实现其规模扩张和获取各种资源的有效途径。如表1、表2和图3所示，在并购案例数与涉及的交易金额双双达到历史最高点、堪称"中国并购大年"的2013年，中国市场全年共完成并购1 232起，同比上升24.3%，涉及的并购金额达932.03亿美元，同比涨幅为83.6%。其中，海外并购99起，较2012年的112起下跌11.6%，但并购金额同比上涨 29.1% 达到 384.95 亿美元，在总交易额的占比高达 41.3%。

表1 2013 年中国并购市场类型分布

并购类型	案例数	比例	案例数	并购金额（US $ M）	比例	平均并购金额（US $ M）
国内并购	1 094	88.8%	1 039	41 739.82	44.80%	40.17
海外并购	99	8.0%	78	38 495.12	41.30%	493.53
外资并购	39	3.2%	28	12 968.32	13.90%	463.15
合计	1 232	100%	1 145	93 203.26	100%	81.40

资料来源：《2013 年中国并购市场年度研究报告》，清科研究中心。

表2 2013 年中国并购市场行业分布（按被并购方）

排名	行业	案例数	比例	并购金额（US$M）	比例
1	能源及矿产	152	12.30%	29 518.08	31.7%
2	房地产	148	12.00%	14 275.36	15.3%
3	机械制造	112	9.10%	2 268.00	2.4%
4	生物技术/医疗健康	103	8.40%	2 163.91	2.3%
5	清洁技术	69	5.60%	1 901.33	2.0%

资料来源：《2013 年中国并购市场年度研究报告》，清科研究中心。

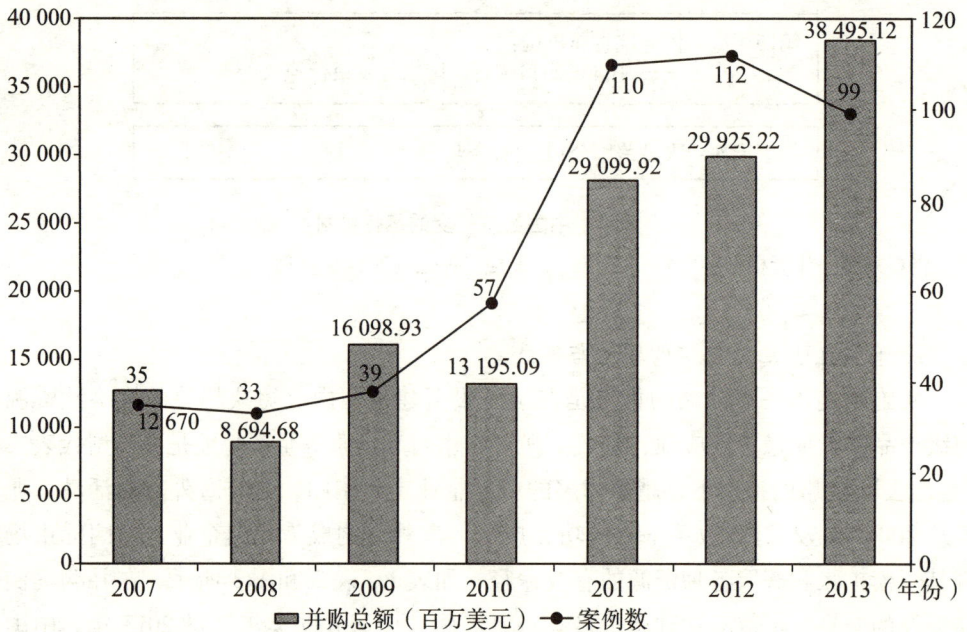

图3　2007～2013 年中国企业海外并购趋势

资料来源：《2013 年中国并购市场年度研究报告》，清科研究中心。

　　可以看出，企业"走出去"和资本输出逐渐成为趋势，海外并购在中国并购市场的占比越来越重要，而能源及矿产行业稳居第一（见表2）。然而，迄今为止有关企业海外并购的相关理论研究尚未形成系统和综合的框架，理论界的研究主要建立在企业并购的一般理论和对外直接投资理论的基础上。[①] 这些研究对于其中的企业行为进行研究，对于投资母国企业和东道国企业的影响分别进行讨论；[②] 也有学者对企业海外并购中的制度因素（规制和规范、文化和认知）、并购后的文化整合和绩效等进行研究。[③] 而对于企业海外并购中的外交因素集中进行梳理分析的文献较少。

　　3. 研究述评

　　随着我国经济增长，对能源与矿产的需求日益增大，企业"走出去"勘查开发国外能源与矿产资源、进行资源贸易、实现国际化经营成为缓解我国能源与矿产等资源供需矛盾的重要途径。然而，这些资源除了经济效益外，往往对一国有重要的国家战略意义，政府的产业保护政策和其他相关利益集团所带来的各种不确定性，使得企业海外并购进程中，面临很多政治外交因素。这些因素在企业海外并购中体现在哪些方面？作为参与经济建设和经济外交的实践主体，企业参与经济外交体现在哪些方面？政府通过哪些渠道影响企业以实现经济外交的目标？企业又是如何通过参与经济外交提高经济效率？对于这一企业层面经济外交影响机制的识别和梳理，对于我国能源矿产和贸易等层面的外交能力建设具有重要意义，但现有文献和研究却鲜少做出深入研究。

二、为什么频频收购铜矿

　　中国五矿集团公司成立于1950年，总部位于北京，计划经济时期长期发挥中国金属矿产品进出口主渠道的作用。1992年，五矿集团公司被国务院确定为全国首批55家企业集团试点和7家国有资产授权经营单位之一。1999年，中国五矿集团公司被列入由中央管理的44家国有重要骨干企业。目前，五矿集团公司由国务院国有资产监督管理委员会直接监管。

　　进入21世纪，五矿集团深入推进战略转型，通过富有成效的国内外重组并购和业务整合，从单一的进出口贸易公司转变为以资源为依托、上下游一体化的金属矿产集团，从单纯从事产品经营的专业化公司转变为产融结合的综合型企业集团，也有学者将五矿的转型史称作"一部并购重组史"，见表3。目前，五矿集团拥有有色金属、

---

　　① 前者如效率理论、信息理论、代理问题理论、市场势力、再分配以及产业组织等理论；后者如垄断优势理论、市场内部化理论、国际生产折衷论、边际产业投资理论等。

　　② 其中，海外并购对于投资母国企业而言，主要有资源、市场和技术寻求三大动因，具有业务和市场整合、资产增值与重置、融资渠道扩展等效应。

　　③ 胡彦宇、吴之雄：《中国企业海外并购影响因素研究——基于新制度经济学视角的经验分析》，载《财经研究》2011年第8期，第91~102页。

黑色金属流通、黑色金属矿业、金融、地产建设、科技六大业务中心，前三大核心主业上中下游一体化产业链基本贯通，形成了全球化营销网络布局；后三大多元化主业推进产融结合，对核心主业协同与支撑。

表3 近年来五矿集团的境内外主要并购重组事件

年份	境内	境外
2003	五矿以控股方式与江西省属企业合资组建江钨集团有限公司	—
2004～2005	重组国内最大独立铁矿企业——邯邢冶金矿山管理局 收购青海中地矿公司100%股权，取得1.8亿吨焦煤资源	成功收购北美第二大氧化铝生产企业Sherwin氧化铝厂51%的股权，后在产业市场高点出售，获得可观收益 收购世界第三大铜矿企业加拿大诺兰达矿业公司失败
2006	收购二十三冶集团公司	签署《联合开发智利铜资源项目协议》，根据协议，五矿同智利国家铜业公司成立合资公司，后者将在15年内通过合资公司向五矿提供约84万吨金属铜，五矿同时拥有在2009年前后获得后者GABY铜矿25%～49%股份的选择权
2007	重组营口中板厂，在黑色金属产业链形成哑铃型格局	—
2008	重组赣州市两家最具实力的稀土企业，成为南方稀土产业整合的典范	收购德国硬质合金企业HP-TeC公司100%的股权 五矿江铜矿业投资有限公司（五矿江铜公司）通过其全资子公司Copper Bridge Acquisition Corp. 收购加拿大北秘鲁铜业公司100%的股权
2009	重组两家中央企业——长沙院、鲁中矿业集团，控股收购湖南有色集团	五矿有色金属股份有限公司以13.86亿美元的对价收购澳大利亚第三大矿业企业OZ Minerals公司Sepon、Golden Grove、Century、Rosebery、Avebury、Dugald River、High Lake、Izok Lake，以及其他处于勘探和开发阶段的资产 全资收购南非VIZI公司100%股权，获取2亿吨铬矿资源探矿权
2011		以65亿美元竞购在加拿大多伦多上市的铜矿企业Equinox Minerals公司，但是被巴里克黄金（Barrick Gold）击败
2012		通过其间接全资子公司五矿资源有限公司收购Anvil矿业有限公司100%的股权
2014		五矿联合体收购矿业巨头嘉能可－斯特拉塔（Glencore Xstrata PLC）旗下秘鲁Las Bambas铜矿，金额高达58.5亿美元，成为中国金属矿业史上迄今实施的最大境外收购

资料来源：作者根据五矿网站新闻整理。

　　五矿集团"走出去"之路始于20世纪70年代末。随着五矿从贸易型企业向资源型企业嬗变，五矿集团公司开始设立海外机构。从2000年开始，五矿集团明确了以贸易为基础、以资源为依托，打造国际领先跨国金属矿业集团的战略目标，开始从国际化经营向全球化经营的战略转型，并且通过购买产能、境外资本并购、矿产风险勘查和开发、建立战略联盟以及强强联合等一系列的境外并购重组方式，广泛参与国际竞争，促进资源在全球范围内的合理配置，搭建起遍布全球的网络。截至2013年年底，中国五矿在34个国家和地区设有191家海外机构，境外控股上市公司达到3家，海外员工达10 794人，海外资产总额958.10亿元，占公司资产总额的32.58%。

　　从五矿集团的境外并购重组入手，从表3的梳理总结可以发现，五矿集团的境外并购重组对铜矿表现出了极大的兴趣。因此，本文着重对五矿集团频频收购铜矿的案例进行分析。那么，为什么五矿频频收购铜矿？铜究竟对五矿的发展有何重要作用和意义？对我国经济发展又有何重大意义呢？

（一）全球铜资源分布不均，矿业集中度高

　　铜是与人类关系非常密切的有色金属，广泛地应用于电气、轻工、机械制造、建筑材料、国防工业等领域。随着全球经济的发展，尤其是工业生产规模的不断扩大，全球铜的产量和消费量都在不断增长。

　　世界铜矿资源比较丰富，但蕴藏分布却极为不均。如表4所示，根据美国地质调查局（US Geological Survey）2014年统计的数据，世界铜探明基础储量为59 500万吨，其中，仅智利一国储量就为探明基础储量的31%，分布极为集中。除陆地外，这些铜矿资源还分布在深海底和海山区矿床中，[①] 开采难易程度不一。其中，中国探明铜基础储量3 000万吨，位居世界第6，但仅占世界总量的4.8%。从产量来看，智利仍为第一大铜矿产出国，2013年产量为570万吨，占世界总产量的32%，而位居第2位的中国产量仅为165万吨。

表4　　　　　　　　　　　　　　世界铜矿资源产储量情况

国家	探明基础储量（万吨）	百分比	产量（万吨）	
			2013年	2012年
智利	19 000	30.5	570	543
秘鲁	7 000	11.3	130	130
墨西哥	3 800	6.1	48	44
印度尼西亚	2 800	4.5	38	36

　　① 铜矿的类型非常多，当前已经发现并查证到的类型主要有以下几种：黄铁矿型、斑岩型、镍铜硫化物型和砂页岩型。黄铁矿型产于火山岩系中的层状铜矿床，品位相对较高；斑岩型易露天开采，埋藏较浅，规模大，但品位较低；镍铜硫化物型一般在较深地层；砂页岩型一般规模大，易挖掘开采，品位较高。

续表

国家	探明基础储量（万吨）	百分比	产量（万吨）	
			2013 年	2012 年
美国	3 900	6.3	122	117
中国	3 000	4.8	165	163
波兰	2 600	4.2	43	43
澳大利亚	2 400	3.9	99	96
俄罗斯	3 000	4.8	93	88
赞比亚	2 000	3.2	83	69
刚果	2 000	3.2	90	60
加拿大	1 000	1.6	63	58
哈萨克斯坦	700	1.1	44	42
其他国家	9 000	14.5	200	200
总量（取整）	62 200	100	1 790	1 690

资料来源：US Geological Survey, Mineral Commodity Summaries 2014。澳大利亚数据储量使用 Joint Ore Reserves Committee 的数据。

随着全球工业的进一步深入发展，全球铜消费不断增长。根据英国商品研究所（Commodity Research Unit，CRU）[1] 的研究，工业电器设备是最大的铜消费需求来源，占总需求的 28%；[2] 其次为建筑行业（18%）、电力设备（17%）、家电行业（16%）和电力行业（7%）。而从区域上来看，随着中国等发展中国家经济的高速发展，亚洲取代欧洲和美洲成为世界铜资源的消费中心，如图 4。全球铜消费亚洲最多，并呈逐年增长态势，2011 年消费量达 1 173 万吨。其中，中国贡献最大，2011 年其消费量达 745 万吨，占全球总消费量的 39.6%。而欧洲与美洲铜消费量稳定在一定区间范围内。

世界主要铜贸易产品为铜精矿、精炼铜、废杂铜、电解铜、铜合金、铜粉和铜加工材，其中，铜精矿和精炼铜的贸易量最大，如表 5 所示。可以看出，智利、澳大利亚、加拿大、秘鲁等出口国主宰着世界铜贸易，这些国家普遍的特点是铜矿的产量很大，远远超出了本国的需求量，每年都保持稳定的出口量。而中国、韩国、西班牙、德国、印度等为主要的铜矿进口国，这些国家铜需求量及增长率很高，仅仅靠本国产铜远远不能满足这些需求，因此需要大量进口。

---

[1] 英国商品研究所，是矿产、金属、电线电缆及化肥行业内世界领先的权威分析机构。

[2] 以 2010 年的数据为例。

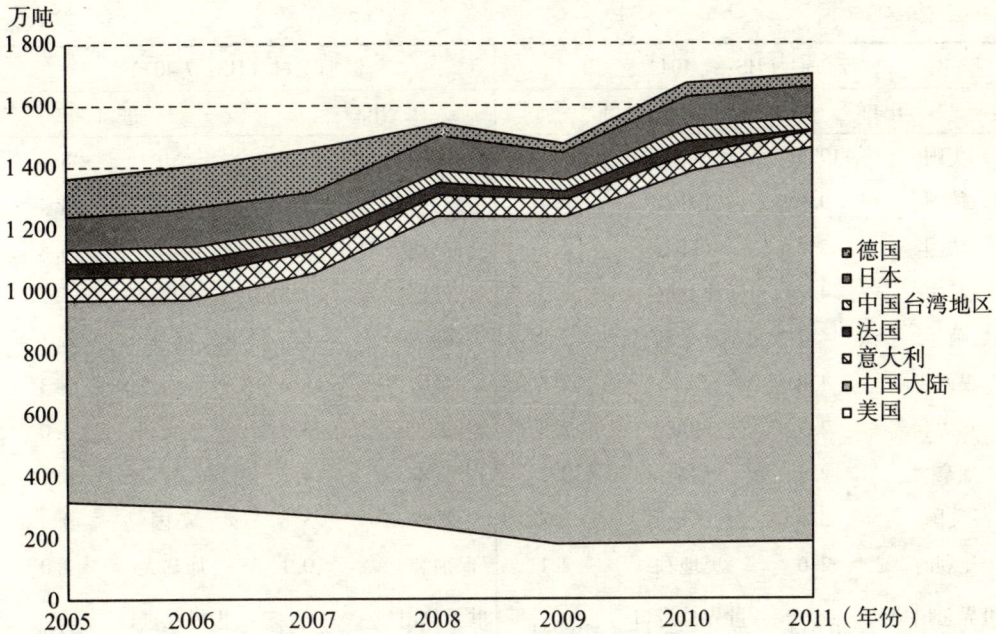

图4　世界主要国家与地区铜消费情况

资料来源：张强、贾振宏、饶田：《世界铜及铜材生产、消费与贸易状况综述》，载《有色金属加工》2014年第3期，第9～13页。

表5				2013年世界铜贸易量前十位的国家和地区				单位：%
铜精矿（HS：2 603）				精炼铜（HS：7 403）				
出口		进口		出口		进口		
智利	34.4	中国	35.1	智利	30.4	中国	39.5	
秘鲁	15.2	日本	19.1	赞比亚	10.6	美国	9.4	
澳大利亚	10.0	印度	13.4	日本	7.0	德国	8.9	
印度尼西亚	6.0	韩国	7.1	澳大利亚	4.8	意大利	7.2	
加拿大	5.8	西班牙	5.5	哈萨克斯坦	4.3	马来西亚	6.6	
美国	5.1	德国	4.3	波兰	4.1	台湾地区	5.6	
巴西	3.7	保加利亚	3.5	印度	3.8	土耳其	4.6	
墨西哥	3.0	赞比亚	2.5	中国	3.6	韩国	3.8	
西班牙	2.8	巴西	1.9	秘鲁	3.4	泰国	3.2	
阿根廷	1.9	菲律宾	1.7	马来西亚	3.1	巴西	3.1	
世界总出口（百万美元）	49 914	世界总进口（百万美元）	55 617	世界总出口（百万美元）	62 143	世界总进口（百万美元）	59 307	

续表

废杂铜（HS：7 404）				铜加工材（HS：7 407）			
出口		进口		出口		进口	
美国	19.5	中国	46.2	德国	17.2	德国	8.4
德国	9.9	德国	10.7	意大利	8.6	美国	8.4
法国	5.8	韩国	6.6	台湾地区	8.5	印度	6.8
日本	4.7	比利时	6.3	法国	7.8	中国	6.7
荷兰	4.7	意大利	2.9	韩国	6.2	阿曼	6.1
墨西哥	4.0	日本	2.8	美国	5.4	沙特阿拉伯	5.3
意大利	2.9	印度	2.8	马来西亚	5.1	意大利	5.0
加拿大	2.9	瑞典	2.2	日本	4.3	马来西亚	4.3
英国	2.6	台湾地区	2.2	泰国	3.8	英国	3.4
比利时	2.6	奥地利	2.1	保加利亚	0.1	加拿大	3.0
世界总出口（百万美元）	20 914	世界总进口（百万美元）	29 741	世界总出口（百万美元）	6 431	世界总进口（百万美元）	6 625

资料来源：UN Comtrade.

世界铜矿市场另外一个特点就是矿业集中度高，这也是能源与矿产世界市场的普遍特点。随着发达国家工业化进程的陆续完成，矿产及资源需求的重心转向发展中国家。而发达国家矿业公司为优化资源配置、降低经营成本、提高国际竞争能力，以其雄厚的资本、先进的技术和人才优势，投资发展中国家，与发展中国家的资源优势相结合形成了为数不多、但却占有着世界大部分储量、产量和贸易量的大型跨国矿业集团，世界矿业集中度日益提高，这使得国际矿业市场形成卖方垄断，对主要资源需求国的经济利益和资源安全带来严重影响。铜矿市场就是其中的典型代表。2008 年，世界前 30 家矿山铜生产企业的铜矿产量为 1 240.45 万吨，占世界总产量的 80%；前5 家公司美国自由港·麦克莫兰铜金公司（Freeport McMoran Copper & Gold Inc）、COLDLCO（智利国家铜业公司）、BHP Billiton Group（必和必拓）、Xstrata PLC（斯特拉塔）、Rio Tinto PLC 总产量共占全球产量的 40.63%，国际铜矿业巨头的垄断能力已经达到了较高的程度。

（二）我国铜供需缺口较大，对外依存度高

虽然我国铜储量世界第六、铜工业发展迅速，但产量增长速度远不及消费增长速度。目前，中国已成为全球最大的铜消费国、铜加工制造业基地。中国对铜的需求占世界总需求的近 40%。但长期以来，我国铜资源不能满足国内消费需求，供需缺口较大，需要通过国际市场加以平衡，进口逐年递增，尤其是精炼铜、铜精矿和废杂铜的进口，见图 5；铜产品对外依存度一直保持在较高水平，见图 6。从进口来源国来

看，见表6，我国铜产品的主要进口国家为智利、秘鲁、澳大利亚、加拿大、蒙古国等铜资源丰富的国家，以及日本、韩国、美国等加工精炼技术水平较高的国家。

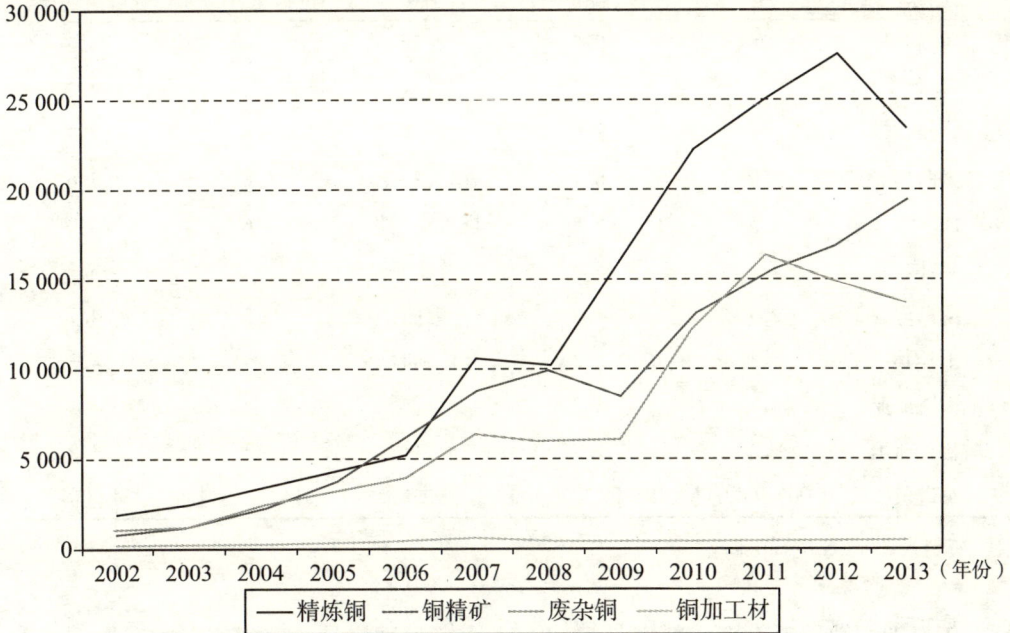

图5　主要铜产品的进口增长

资料来源：作者根据 UN Comtrade 数据计算整理。

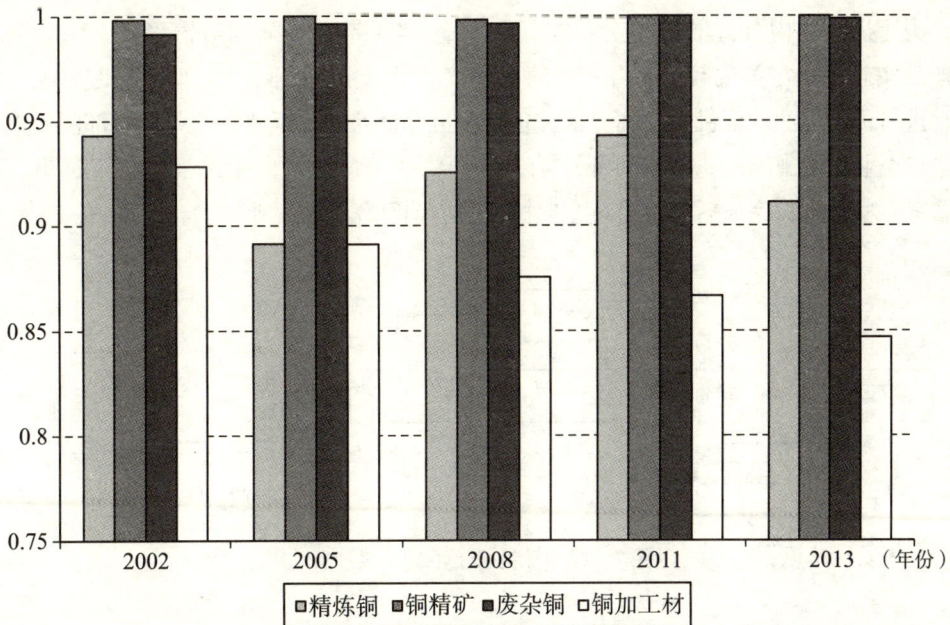

图6　主要铜产品的对外依存度

资料来源：作者根据 UN Comtrade 数据计算整理。

表 6　　　　　　　　　　　　　　　2013 年我国主要铜进口国

铜精矿（HS：2 603）			精炼铜（HS：7 403）		
国家	进口量（%）	进口额（%）	国家	进口量（%）	进口额（%）
智利	28	30.5	智利	34	34.2
秘鲁	19	19.8	日本	8	7.7
澳大利亚	9	8.5	印度	8	7.7
墨西哥	6	6.1	澳大利亚	8	7.6
加拿大	5	5.8	塔吉克斯坦	6	6.3
美国	6	5.4	赞比亚	5	5.1
蒙古国	6	4.9	韩国	5	4.7
土耳其	3	2.2	比利时	4	4.3
毛里塔尼亚	2	2.2	秘鲁	4	4.1
塔吉克斯坦	2	1.9	菲律宾	3	3.0
总进口	1 006.90 万吨	195.09 亿美元	总进口	314.14 万吨	234 亿美元

资料来源：UN Comtrade.

　　铜资源短缺及铜冶炼（特别是精炼）产能扩张过快是一直以来影响我国铜产业链各环节协调发展的主要问题，见图 7。为了加快我国铜产业结构的优化升级和可持续发展，中国政府相关发改委、工信部、科技部、财政部等相关产业部门和商务部、海关总署、外汇管理局等相关贸易部门分别制定了相应的产业政策和贸易政策。例如，为了满足国内日益增长的铜需求，我国于 2008 年开始陆续对铜精矿、精炼铜等铜产品实施进口零关税政策，并不断简化手续。以铜精矿为例，自 2013 年起，铜精矿自动进口许可证的发证机构由商务部驻各特派员办事处调整至地方商务主管部门；铜精矿进口企业申领《自动进口许可证》前，将铜精矿进口合同向中国五矿化工进出口商会备案，实际进口完成后，将进口流向情况向中国有色金属工业协会备案即可。

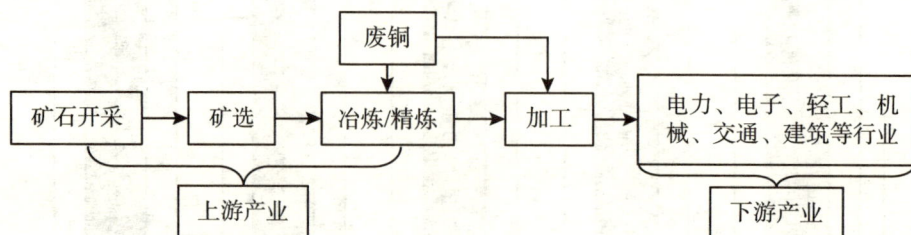

图 7　铜产业链及上下游关联产业

　　虽然是全球头号铜消费国，我国铜企在国际市场上却缺乏相应的行业国际话语权。通过跨国兼并重组增强核心竞争力是当今国际矿业集团公司的主要发展战略,[①]这使得全球的铜矿资源集中到为数不多的几个大型跨国矿业公司手中。再加上铜期货贸易的发展、铜价的剧烈波动等使得投机行为增加,以上众多因素交织使得原本在铜价上就处于被动地位的我国铜企,以及我国铜矿资源供给安全面临很大的不确定性。

(三)铜国际期货交易带来更大不确定性

由于铜精矿价格与铜金属价格挂钩,铜精矿价格由铜价扣减铜冶炼加工费确定,铜冶炼加工费有两种主要模式,即长期合同加工费和现货合同加工费。目前铜冶炼行业的主要企业,特别是欧美和日本等国的铜冶炼厂均是采取长期供货合同为主,现货供货合同为辅的采购模式,这也是被国际上的冶炼厂普遍采用的成熟模式。中国铜冶炼企业前些年多以现货采购为主,近些年也转为以长期合同采购为主,以现货采购为辅(见图8)。

图8 伦敦金属交易所(LME)铜官方日结算价

资料来源: LME.

这种交易方式使得铜既是一种资源性产品,也成为金融衍生产品。铜金属的价格与黄金价格一样,具有了价格指示的功能,对投机者或者说资金的流动产生很大影

---

① 为了取得规模经营效益,降低成本,增强竞争能力,延伸产品链,增强市场影响力,铜矿资源领域出现了数次大规模的兼并、收购和重组活动: 1999 年,Group Mexico 公司收购 Asarco 公司。2001 年,澳洲矿业巨头 BHP 公司与英国金属公司 Billiton 公司合并成全球有色金属第二大公司。2002 年,Anglo American 公司收购了智利的 Disputada 铜业公司; 2003 年,Xstrata 公司收购了澳洲的 MIM 公司。

响。也就是说，铜产品价格将不仅受到供需关系影响，也受到全球金融和货币政策的影响。目前，金融危机频发，铜价波动较大，在一定程度上金融因素对铜产品价格的影响占主导地位，这使得国际铜市场和铜价面临更大的不确定性，也使得储备铜成为各国纷纷采用的做法。

三、五矿集团收购海外铜矿的企业经济外交实践

（一）五矿集团海外收购案例基本情况

根据我国"走出去"的有色金属发展战略，和海外有色矿产资源分布，五矿集团制定了"积极延伸产业链条，加快海外资源获取"的发展战略，进行了海外发展规划。

五矿对于铜矿收购全球部署。全球范围来看，智利的铜储量、产量和出口量均居世界第一，因此可想而知，大国直接控制智利铜资源的竞争十分激烈。而智利和中国一直保持着友好的外交关系，智利是南美第一个同中国建交的国家，也是拉美国家中第一个同中国签署世贸组织市场准入协议的国家。从 2003 年起，智利就成为中国在拉美仅次于巴西和墨西哥的第三大贸易伙伴，而中国又是智利的第三大贸易伙伴和智利铜的全球最大买主。2005 年，中国与智利签署《中智自贸协定》，同年，五矿就同智利国家铜业公司签署《联合开发智利铜资源项目协议》，根据协议，五矿同智利国家铜业公司成立合资公司，到 2020 年，后者将通过合资公司向五矿提供约 84 万吨金属铜。而在非洲，矿产资源丰富，并购成本低，但风险极大，因此五矿集团先从澳大利亚等发达国家入手，并购澳洲 OZ 矿业公司，并在此基础上搭建五矿海外并购平台——Minerals and Mining Group（以下简称 MMG 公司）公司。并以 MMG 公司的名义，有意并购加拿大在非洲赞比亚的 Equinox 矿产公司，进军非洲。但并购 Equinox 矿产没有成功，五矿集团又转而并购加拿大和澳大利亚在刚果（金）的 Anvil 公司，终于成功进入非洲市场；而收购秘鲁 Las Bambas 铜矿成为 2010 年《中国－秘鲁自由贸易协定》正式实施后五矿的又一重大战略并购。本文以五矿进军非洲市场的 OZ、Equinox 和 Anvil 三个案例为主线展开分析。

1. 收购 OZ 矿业公司

澳大利亚 OZ 矿业公司 2008 年由 Oxiana 和 Zinifec 两家公司合并而来，是澳大利亚大型矿业集团之一，其总部位于墨尔本，是澳洲第三大多金属矿业公司，生产锌、铜、铅、黄金、银还有少部分的镍，在澳大利亚、亚洲和北美都有发展项目。OZ 公司是澳洲第三大铜矿生产商，在 2014 年第一季度共出产 1.82 万吨铜；同时也是全球排名第二的锌生产商，拥有世界第二大露天锌矿，其在澳大利亚昆士兰的锌矿每年产量为 50 万吨左右。五矿与 OZ 公司有长期互信的战略合作。

2008年下半年，国际金融危机爆发，伦敦金属交易所三个月期铜从7月3日的8 820美元/吨跌至12月29日2 860美元/吨，跌幅高达67.57%，这也使得OZ陷入将近5.6亿澳元的债务危机。2008年11月28日，OZ矿业申请停牌；12月2日，正式停牌，公开寻求发行股票或债券或出售部分资产的解决方案。

五矿在此时研究收购OZ矿业的可行性后向OZ矿业提交了方案，并获得了OZ公司董事会和管理层的认可，在很短时间就给予了积极答复，CEO Andrew Michelmore带领管理团队专程到五矿调研，就并购中一些具体问题展开商谈。2009年2月16日，OZ公司董事会发布公告，同意五矿有色提出的17亿美元（约合26亿澳元）的全资收购要约，并提交澳洲政府审批。但在3月27日，澳大利亚政府以国家安全为由做出了"否决五矿有色对OZ矿业整体收购的收购申请"的决定。因为在OZ的资产当中，Prominent Hill铜金矿靠近军事禁区。但事实上，该铜金矿作为OZ上市公司一直在进行运营的资产，早已公开透明，因此不排除澳洲政府迫于民众和反对党的压力，反对此次并购。

而对于方案没有获得通过，一方面，五矿对于澳洲政府有关国家利益的表态表示充分的理解和尊重；另一方面，五矿集团决策层和项目团队高效联动紧急研究制订了新的方案，排除了Prominent Hill铜金矿和Martabe金银矿，还保留了OZ矿业的大部分核心资产，并承诺继续由其原管理团队管理。同时，在这个过程中，五矿积极做了澳洲政府、国会方面的工作，力图解释清楚：中国五矿对OZ的并购是完全按照市场规则进行的商业运作，消除了对于来自中国"央企"的误解和偏见；表明在澳洲积极承担社会责任的姿态。此外，为彻底打消社会公众对于OZ被收购后就业方面的担忧，也减轻政府审批中的压力，五矿集团党委书记周中枢在接受当地媒体采访时还明确表示：为保证当地就业不因中国五矿收购OZ受到影响，中国五矿不会向OZ派出一名劳务人员。

2009年4月23日，澳大利亚财政部长斯旺宣布，已批准五矿有色对OZ Minerals公司的12.06亿美元新收购协议，五矿有色获得OZ Minerals公司位于老挝的Sepon铜金矿、位于澳大利亚的Golden Grove锌矿、位于澳大利亚的Century和Rosebery锌矿、位于塔斯马尼亚岛的Avebury镍项目，以及在澳大利亚和加拿大其他项目的控制权。为确保交易最终完成，在6月11日举行的OZ矿业股东大会召开前几个小时，五矿临时将收购价格从12.06亿美元提升至13.86亿美元。

2009年6月18日，OZ矿业正式更名为Mineralsand Mining Group公司，由五矿有色全资拥有。

截至2010年年底，MMG共生产铜精矿及电解铜15.5万吨、锌精矿92.97万吨、铅精矿7.8万吨、黄金19.1万盎司，并且在海外勘探、新资源开发等方面，取得了十分明显的进展。为提供MMG公司上游基本金属的国际资本平台和更加广阔的发展前景，五矿随后还专门组织实施"澳宝项目"，成功将MMG以18.46亿美元的对价，注入五矿在香港的上市公司五矿资源。

2. 收购 Equinox 公司未果

Equinox 矿产有限公司是在加拿大和澳大利亚两地上市的国际矿业公司，现在主要营运的是在赞比亚和沙特阿拉伯的大型铜矿。赞比亚的 Lumwana 矿山是世界上最大的铜矿之一，预计年产量 26 万吨；沙特阿拉伯的 Jabal Sayid 铜矿项目年均产量达到 6 万吨。早在五矿完成对 OZ 收购并成立 MMG 时，Michelmore（原 OZ 公司 CEO）的管理团队就已把 Equinox 列为潜在收购目标。该收购意味着五矿集团首次进军非洲铜矿带及中东地区。

收购 Equinox 缘起于 2009 年年底，希腊债务危机爆发进而引发欧洲主权债务危机，新一轮的金融危机使得国际铜价迅速下滑，Equinox 股价也从年初最高 4.47 加元跌至 2 月底的 3.31 加元。五矿有色旋即与 MMG 成立联合小组，着手对 Equinox 进行调查和评估。2010 年 7 月，联合小组提出了一份价值超过 40 亿加元的收购计划，折合每股超过 4 加元。但 MMG 的收购计划却为快速变化的市场形势所累。在伦敦铜库存持续减少及全球铜市供应趋紧的支撑下，铜价振荡上涨，伦敦金属交易所铜价连创新高。2010 年 9 月，Equinox 股价每股超过 5 加元。MMG 遂暂停收购进程。

2011 年 2 月 28 日，Equinox 发布公告，宣布斥资 48 亿加元收购市值约为 38 亿加元的加拿大伦丁矿业公司（Lundin Mining），该公司在欧洲经营铜、锌及镍矿，并持有位于刚果的大型铜钴矿 Tenke – Fungurume 的 24.5% 股份。受此影响，Equinox 股票从前一交易日收盘的每股 6.27 加元暴跌超过 9%，这使得其重回五矿认可的估值区间。

2011 年 4 月 4 日，在 Equinox 收购伦丁报价到期前一周，五矿资源宣布展开对 Equinox 的敌意收购，[①] 每股 7 加元的报价较该公司前一个交易日的收盘价溢价 23%，并且希望 Equinox 取消收购伦丁的计划。但在五矿资源宣布收购计划后，Equinox 矿业股价连续两天攀升，该公司在加拿大多伦多股票交易所的股价 4 月 5 日收于 7.56 加元，在澳大利亚证券交易所的股价收于 7.43 澳元，均高于五矿资源报价。Equinox 当日市值达到 65 亿加元，而五矿资源的市值仅为 25 亿加元。

2011 年 4 月 12 日，五矿资源公布收购计划的融资安排。其中，46 亿美元来自三家中资关系银行的债务融资，大部分年期超过六年；6 亿美元来自一家中资机构股权投资；大股东五矿有色将提供一笔不少于 7 亿美元的无抵押收购融资贷款，年期五年。

2011 年 4 月 25 日，就在五矿资源公布要约计划、尚未正式出价之前，加拿大巴里克黄金公司[②]与 Equinox 同时发布公告称，双方已就一份涉资 73 亿加元的收购方案达成初步协议，巴里克以每股 8.15 加元的价格收购 Equinox 股份，总收购方案比五

[①]　企业海外并购的主要形式有协议并购和邀约并购。协议并购是收购者与目标公司的控股股东或大股东本着友好协商的态度订立合同并购股份以实现公司控制权的转移，所以协议并购通常表现为善意的。而要约并购的对象则是目标公司全体股东持有的股份，不需要征得目标公司的同意，因此要约并购也是敌意收购。

[②]　总部在加拿大多伦多的巴里克黄金公司是一家以黄金勘探和开发为主的跨国矿业公司，2010 年年产黄金 776.5 万盎司，铜约 16.7 万吨，净利润 32.7 亿美元。

矿资源的方案多出 10 亿加元。

在五矿资源仍有机会继续出价的情况下，五矿资源最终迅速决定放弃。

3. 收购 Anvil 矿业公司

Anvil 矿业公司是一家以非洲为基地运作的基本金属开采与勘探公司，隶属于加拿大与澳大利亚上市的国际中型矿业公司 Anvil Mining Limited，旗下核心资产包括位于刚果民主共和国［刚果（金）］Katanga 省的 Kinsevere 矿 95% 股权、Mutoshi 项目 70% 股权，同时持有 Mawson West Limited 的 14.5% 股权，以及位于刚果（金）的多项勘探资产权益。Anvil 铜资产位于非洲刚果，收购一旦成功，五矿资源电解铜产量每年增加 6 万吨，增幅约 60%，同时增加五矿资源的铜储备约 75%。收购 Anvil，将为中国五矿在资源丰富的非洲大陆搭建第一个坚实平台。

2011 年 8 月，Anvil 大股东、国际大宗商品贸易巨头托克公司（Trafigura Beheer B. V.）有意出售所持 Anvil 的全部股份。五矿资源获悉后，立即启动对 Anvil 的收购计划。2011 年 9 月 30 日，五矿资源宣布向加拿大上市公司 Anvil 矿业公司发出现金收购要约，以每股 8 加元收购 Anvil 所有普通股（166 295 540 股），共计 13.3 亿加元，约合 100.44 亿港元。

在五矿资源正式报价后，刚果国家矿业公司对此次交易提出了一些异议，并提出了附加条件。2011 年 11 月，时值刚果（金）总统大选，各种因素交织在一起，五矿资源被迫先后于当年 11 月 23 日、12 月 7 日和翌年 1 月 10 日三次推迟交易。

2012 年 1 月，五矿有色及五矿资源的高管人员邀请刚果国家矿业公司负责人来京参观，介绍五矿的经营现状、综合实力以及在非洲发展的战略设想。在这次沟通中，中方展示了自身将在基建、融资等方面为刚果（金）带来的显著机会。五矿的诚意最终赢得刚果方面的理解和认同。双方在长达 4 个月的时间里展开了多轮商务谈判，最终在 2 月 10 日达成了一致。

2012 年 2 月 16 日，五矿资源获得超过 90% 的 Anvil 股票，交易成功。中国五矿获得 Anvil 公司近 200 万吨铜金属量（年产能 6 万吨以上），在全世界范围内的铜资源量超过 1 100 万吨。

（二）企业经济外交实践分析

在海外并购中，虽然是企业进行并购活动，但政府在其中起了很大作用，二者相互影响，相互依存。政府制定国家战略，通过相关流程和利用监管审批部门，以及相关的产业和贸易政策对企业进行支持或管制，以实现其大战略目标；并通过两国外交关系施加影响。企业根据政府战略制定自己的企业战略，施行并购，帮助政府完成目标，并以此对政府部门进行游说，为其争得更多国内政府的支持。

1. 政府通过监管和政策影响企业战略制定

国家实行的"走出去"的有色金属战略目标是有效缓解我国有色金属的供给矛盾，增加我国铅锌铜等主要有色金属矿产的储备，大幅提高铜铅锌精矿的保障程度，同时使有色金属向高技术精管理发展。我国铜产业政策的基本原则是：积极利用国内外两种资源，实施开发与节约并举，加快产业结构调整于优化升级，大力发展循环经济，实现铜业的可持续发展，满足国民经济发展对铜产品不断增长的需求。为了实现这一目标，在产业政策方面，发改委、工信部、科技部、财政部等相关部委先后出台了各项发展计划和要求，见表7。在贸易政策方面，根据国内外经济形势、外汇政策情况以及铜行业自身发展状况，商务部、发改委、海关总署、财政部等对铜行业的贸易政策做了多次调整（见表8）。

表7　　　　　　　　　　　　　　　　相关铜产业政策

年份	部门和规定名称	主要内容
2005	国务院《国务院关于转发发展改革委等部门关于制止铜冶炼盲目投资若干意见的通知》	提出了清理整顿项目、强化产业政策与市场准入管理、调整相关经济政策、淘汰落后生产能力等意见
2006	发改委《铜冶炼行业准入条件》	从企业布局、项目规模、资金状况、能源消耗、环境保护、安全生产与劳动以及监督管理等方面规范的投资行为，抑制盲目投资和低水平重复建设
2011	工信部、科技部和财政部《再生有色金属产业发展推进计划》	支持再生铜产业发展
2014	工信部《铜冶炼行业规范条件》	加强铜冶炼行业管理，遏制低水平重复建设，规范现有铜冶炼企业生产经营秩序，提升资源综合利用率和节能环保水平，推动同工业结构调整和产业升级，促进铜冶炼行业持续健康发展

资料来源：作者根据吴育能、叶羽钢（2014）整理。

表8　　　　　　　　　　　　　　　　相关铜贸易政策

年份	部门和规定名称	主要内容
2000～2005		对配额内进口铜精矿实施免征进口环节增值税
2006	发改经贸《关于控制部分高耗能、高污染、资源型产品出口有关措施通知》	禁止加工贸易进口铜精矿出口精铜
2009	《商务部海关总署关于开展铜精矿加工贸易有关问题的通知》	允许符合国际发改委发布《铜冶炼行业准入条件》的7家大型铜冶炼企业开展进口铜精矿、出口铜及同产品加工贸易业务
2012	《财政部国际税务总局关于出口货物劳务增值税和消费税政策的通知》	来料加工手册项下铜精矿加工出口贸易取消3%的综合税率，改征增值部分17%的税率
	商务部、海关总署第94号公告	铜精矿列入《2013年自动进口许可管理货物目录》

资料来源：作者根据吴育能、叶羽钢（2014）及网络资料整理。

在这一大背景下，五矿集团作为国家矿产行业的中央企业，依据国家有色金属资源战略、铜产业和贸易发展政策制定了"积极延伸产业链条，加快海外资源获取"、"打造多金属资源集团"的发展战略，并通过国际并购战略的实施，逐步实现。五矿对铜矿的海外收购战略充分体现了国家利益。

而在以上三个案例中，我国政府的作用也主要体现在后方支持上。在成功收购OZ公司和Anvil公司的案例中，我国政府为国企提供了许多优惠政策，在并购文件的国内审批中开绿灯，大大提高了审批效率，节省了时间，使前线并购人员可以以最快速度准备好并购材料，在瞬息万变的市场和竞争中取得先机；并提供贷款，在资金上给予支持（见图9）。

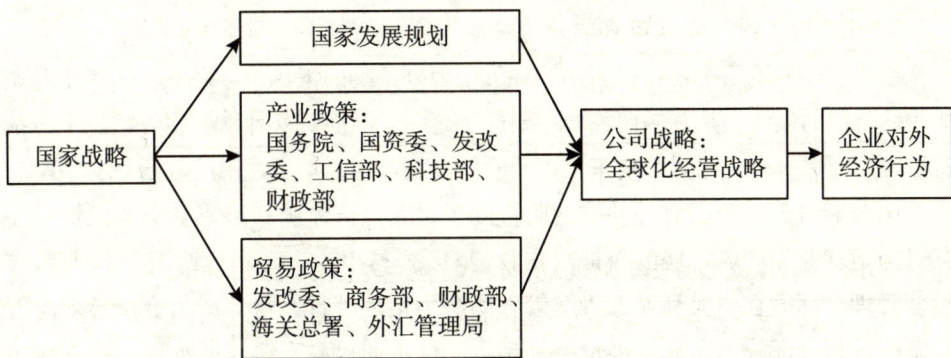

图9　政府通过监管和政策影响企业战略制定

2. 国企身份和两国政治因素影响项目审批

五矿国企的身份既为五矿创造了很多条件，也带了一些误解和障碍。由于铜矿是重要的资源型产品，跨国并购中要经过双方政府的审批。在以上三个收购案例中，五矿在东道国政府项目审批上遇到不同程度的问题。主要原因就是五矿国企的身份，使得东道国政府在政治上保持警惕，以国家安全等理由否决或拖延审批。

在收购OZ矿业公司案例中，OZ公司是澳大利亚第三大矿业公司，资金相对雄厚，对澳大利亚本国经济和发展影响较大，构成了并购的两大障碍——并购成本高和澳大利亚政府阻碍。而面对以上阻碍，五矿集团制定了相应战略——先对OZ公司进行长期持续关注，抓住其在经济危机中的企业困难时期并购，因并购赢得了对方企业和股东的欢迎，对方企业帮助五矿一同说服对方政府。同时，与澳大利亚相关政府部门、OZ矿业股东董事会也保持了及时充分的沟通，甚至与反对党领袖也进行了富有成效的接洽，通过外交资源对政府和国会，以及利用媒体等对五矿的市场化运行机制进行解释，这使得澳大利亚相关各界明确了中国企业寻求的不是控制澳洲矿产资源，而是寻求得到长期、健康、稳定的能源资源供应。因此，一直反对中铝并购力拓的澳大利亚反对党，对于五矿收购OZ矿业并没有言辞过激的行为，对交易表示了肯定，最终得以得到澳大利亚政府审批。[①]

　　而在收购 Equinox 公司过程中，也因为国企的身份面临这样的压力，由于在两国上市而需要加拿大和澳大利亚两国政府审批，记者也对此掀起了"内有政治意图"的舆论，最终由于各项原因的交织放弃了收购项目。在收购 Anvil 公司过程中，也遇到了刚果国家矿业公司同样的质疑。在汲取经验的基础上，五矿同样注重与各国政府、监管部门、股东、员工、社区等相关利益者的沟通与交流，五矿也主动利用外交资源邀请刚果国家矿业公司相关人员来华参观，最终获得项目审批。

　　因此，企业在并购中应尽量淡化国企形象，淡化政治影响，进而淡化东道国政治上的敌意和干扰，减小对方国家和企业的顾虑。此外，并购过程中、并购后在整合磨合时的沟通交流，都是海外并购所必要的。

　　3. 企业通过游说、媒体等影响政府决策

　　从以上三个并购案中还可以看出，在五矿海外并购的案例中，对五矿了解不深或对五矿收购意图的误解，是五矿面临的主要问题之一，而面对这种情况，五矿越来越擅长通过游说、媒体等外界因素影响东道国政府的决策，这些都是常用的政治外交手段。

　　外国政府对五矿公司海外并购的阻挠除了对其经济命脉和国家安全的保护，还出于其对当地就业和产业发展的保护。在收购 OZ 公司中，澳大利亚政府"将所购矿产的经营管理总部设在澳大利亚，以澳管理团队为主体进行经营；产品价格必须由五矿设在澳的销售总部根据国际基准价格来确定；保持和提高当地就业水平，尊重与当地社区"的要求即是出于此考虑。因此，为当地增加就业和税收，进行基础设施建设等协议的达成可以在一定程度上消除这些国家对"中国掠夺资源"的疑虑，为我国企业能够顺利开发这些国家的资源提供了便利。在收购 OZ 矿业公司过程中，五矿利用媒体充分的宣传，解除了东道国政府和百姓的抵触和提防心理，成功的建立自己的海外收购平台。

四、结论和政策建议

　　本文在对全球铜矿资源格局和我国现状的介绍的基础上，对我国五矿集团公司有关铜矿海外收购事件进行了回顾分析，尤其是五矿集团收购澳大利亚第三大矿业企业 OZ 公司、加拿大伊奎诺克斯公司和 ANVIL 矿业公司这三个典型案例。结果表明，在企业层面的经济外交发生过程中，政府通过相关部门的监管和政策等影响企业全球化经营战略的制定，进而影响企业的对外经济行为。而企业在对外经济交往中，国企身份和两国的政治因素会影响企业海外项目的审批，企业也通过游说、媒体等政治外交手段影响政府的决策。

---

　　① 赵前：《中国企业跨国成功并购案例分析》，载《铁路采购与物流》2012 年第 5 期，第 46 页。

（一）对企业"走出去"的建议

1. 企业"走出去"要做好清晰明确的战略定位和准备

五矿在全球化经营战略的制定和实施过程中，定位明确，规划清晰。在美洲、大洋洲、非洲等地区战略布局明确，做好了充分的战略准备。在收购 OZ 公司之前，五矿已经对 OZ 矿业持续跟踪了五年。2011 年上半年，收购加拿大伊奎诺克斯公司未果，为五矿积累了经验，于是下半年，五矿有一个机会出现，这也显示了五矿布局非洲的努力并未停止，最终通过收购 Anvil 成功实现这一战略意图。

中国五矿早期的海外收购主要集中在成熟、市场化程度较高的西方国家，在积累了一定的海外并购经验和管理能力之后，才进入风险程度较高但成本相对较低的非洲。中方管控、西方运营。Anvil 的成功收购是以西方团队收购西方团队，这为中国企业以后的海外并购创造了新的模式。在这种管理模式下，决策层的高效，执行层的专业、敬业和中西方团队的互信得到了充分发挥。这也为五矿带来了新的发展思路：全球视野，属地化经营，中方管控，西方运营，中西合璧，合作共赢。

2. 企业"走出去"要注意推广市场化思想，淡化政治

央企在国内身份特殊，关系到国家宏观经济的发展和战略部署。但在国外，企业收购重在商业目的，在收购 Equinox 时，加拿大总理哈珀曾出面澄清指出："对于外国企业在加拿大进行并购，政府的审批标准是看收购是否出于商业目的。"① 在国内，国人喜欢夸大与政府的关系，以为对方政府官员的目的是促进两国关系，并无商业头脑。在国外却不然。

因此，央企并购时应主动展现专业市场化的一面，可与国际上的并购基金合作，利用市场资源来服务于央企的国际化战略，既缓解并购的财务风险，也淡化政治色彩，有助于央企并购的成功。同时，央企在国际化的过程中，应注意推广我国自由贸易的理念，将自由贸易与西方的自由、民主的理念相融合，促进国际社会对我国的认同感，为东道国的贸易壁垒设置舆论防御，减轻央企国际化过程中的政治阻碍。

（二）对中国经济外交的建议

1. 加大对企业层面经济外交影响及服务的重视

企业层面的经济外交是经济外交重要的实践载体和组成部分，不仅关乎国家的外交、经济利益，也关乎企业的经济利益；不仅需要企业和相关涉及的经济部门的管理指导和重视，也十分需要外交资源的协助、支持和重视。而在不同企业"走出去"的过程中，涉及方方面面的问题，这都需要外交资源提供相应的服务。了解企业的需求，吸收他们为参与经济外交的建言建策，这会使得外交实践更加全面务实有成效。

除外交实践的相应跟进，也需要外交管理以及理论界相关研究的跟进，以更好地

---

① 屈丽丽：《折中收购案背后的矿业收购新风险》，载《中国经营报》2011 年 4 月 18 日第 B03 版。

总结经验教训，建立健全相应的程序、规定和应对机制，将我国的经济外交研究与实践推向一个新的高度。

2. 加强国家层面各部门的相互配合与协调

从经济外交的层面和机制来看，经济外交既需要全局层面的统筹又需要在基础实践层面的协调。企业层面的统筹协调尤其复杂，不同行业涉及不同的监管部门，面临不同的东道国文化、法律和监管机制，更需要不同层面相互配合，服务全国经济的发展、国家利益的实现。

3. 加强外交和商务复合专业人才的培养

随着越来越多的企业"走出去"，企业在海外遇到的各种问题都需要当地驻外人员协助解决，并且随着企业在海外战略的实施，遇到的问题也越来越复杂，尤其是在跨国公司并购中，面临各种各样政治经济因素交织的复杂局面，因此，驻外人员既要有清晰的政治头脑，了解当地的政治经济情况，在处理并购业务中还要有足够专业的行业知识，才能扮演好服务企业的角色。

因此，在经济外交的实践过程中，一方面，作为企业，需要及时了解当地的政治经济情况，做好资料收集和准备；另一方面，作为驻外管理机构，需要注重外交和商务的符合专业性人才的培养和选拔，以服务企业，实现经济利益的同时，保障国家利益。

参考文献

[1] 崔绍忠、刘曙光：《中央政府和地方政府的经济外交职能及其关系——中国的视角和经验》，载《外交评论》2012 年第 3 期。
[2] 黄海、商永胜：《五矿：打造国际矿业集团——中国五矿全资收购 OZ 矿业主要资产始末》，载《中国有色金属》2010 年第 9 期。
[3] 江瑞平：《当前中国经济外交面临的机遇与挑战》，载《外交评论》2009 年第 5 期。
[4] 李巍、孙忆：《理解中国经济外交》，载《外交评论》2014 年第 4 期。
[5] 吴育能、叶羽钢：《中国铜产业结构调整与产业政策变化》，载《铜业工程》2014 年第 5 期。
[6] 谢添：《国际金融危机对铜价的影响分析》，载《价格理论与实践》2009 年第 2 期。
[7] 张波、管静怡、李孟：《中国铜矿企业对外投资现状、风险因素与策略选择》，载《对外经贸实务》2013 年第 3 期。
[8] 张强、贾振宏、饶田：《世界铜及铜材生产、消费与贸易状况综述》，载《有色金属加工》2014 年第 3 期。
[9] 张晓通：《中国经济外交理论构建：一项初步的尝试》，载《外交评论》2013 年第 6 期。
[10] 赵娟：《中央企业海外并购策略分析——基于五矿集团收购澳 OZ 矿业公司的思考》，载《特区经济》2010 年第 7 期。
[11] 赵可金：《经济外交的兴起：内涵、机制与趋势》，载《教学与研究》2011 年第 1 期。
[12] 周永生：《经济外交面临的机遇和挑战——经济外交概念研究》，载《世界经济与政治》2003 年第 7 期。
[13] 周长辉：《中国企业战略变革过程研究：五矿经验及一般启示》，载《管理世界》2005 年第 12 期。

案例四

我国海外投资利益保障机制的构建

——以三一集团胜诉奥巴马案为例

指导教师：李 锋

项目组成员：严如玉 任晓亭 余 乐 何凌霞

摘要： 三一集团赴美投资受阻一方面反映了美国国家安全审查机制对中国企业赤裸裸的歧视，我国赴美投资企业连最基本的准入后国民待遇都无法享受；另一方面也反映了我国海外投资利益保障机制的缺失，合法的海外投资利益得不到应有的保障。2014 年 7 月的三一集团胜诉奥巴马案则体现了企业的有所作为和积极应对，反衬出政府的有心无力或爱莫能助，督促我们尽快建立并完善海外投资利益保障机制，有理有据地保障我国海外投资企业的合法利益。

一、三一集团胜诉奥巴马案例分析

2014 年 7 月 15 日，美国法院就三一集团在美关联公司罗尔斯因俄勒冈州 Butter Creek 风电项目（以下简称 BC 项目）被禁止诉美国外资委员会（以下称 CFIUS）和奥巴马总统案作出判决，认定：（1）罗尔斯公司在 BC 项目中具有受宪法程序正义保护的财产权；（2）奥巴马总统下达的禁止 BC 项目的总统令违反程序正义，剥夺了罗尔斯在 BC 项目中受宪法保护的财产权；（3）美国政府需要向罗尔斯提供相应的程序正义，包括 CFIUS/总统做出相关决定所依赖的非保密信息和在了解相关信息后回应的机会。

三一集团起诉奥巴马，这桩原本不被看好的诉讼历经近两年的曲折，暂时以三一集团的阶段性胜利而告一段落，这是史上第一个中资企业胜诉白宫的法律案件，也是中国制造企业第一次拿起法律武器对美国投资保护主义说"不"，其过程远重于结果，其意义不限于个案，其经验更值得借鉴。

（一）事件发展过程

2012 年 3 月，三一集团关联公司 RALLS 公司从一个希腊公司手中收购了四个在美国俄勒冈州的风电场，且预计在此投资 30 亿元建设 30 万千瓦的风电项目。在取得项目所有的审批和许可后，三一集团希望通过建设风电场并装备三一集团生产的风电机，以此为其风电机进军美国市场探路。

但是这四个风电场当中的一个风电场正位于美国海军的限飞空域之内，其余的风电场距离军事管制区不足 5 英里。因此，在收购完成之后不久，当地海军就发来了希望项目进行搬迁的请求，而 RALLS 也表示愿意配合。

CFIUS 在了解到这一交易后，在 7 月 25 日发布第一次禁止令，要求该项目买卖双方立即停止被收购风电场发的建设与运营，5 日之内撤出所有堆积物资，并只允许获得许可的美国出生的美国公民进入场地。时隔一周后，CFIUS 又追加了另外一条禁令，禁令中表示禁止该项目使用三一集团的设备，禁止项目转让直到所有设备移除完毕，且必须告诉买方信息，10 个工作日内未被拒绝方能进行交易。

双方在沟通无效后，RALLS 公司于 9 月 12 号将 CIFUS 告上法庭，CFIUS 则在 9 月 13 日之后向美国总统奥巴马递交了评估报告。就在 RALLS 公司准备用法律来保护自己合法权益的时候，奥巴马于 9 月 28 日正式否决 RALLS 的此次收购。奥巴马当时在行政命令中表示，禁止三一集团关联公司 RALLS 在美国俄勒冈州一军事基地附近兴建 4 座风力发电厂，并要求 RALLS 公司在两星期之内从上述场地撤走全部财产和装置，并且在 90 天之内从这个风力发电项目中撤出全部投资。在美国政府近乎刁难的苛求下，10 月 1 日，RALLS 公司经过慎重考虑，再次向美国哥伦比亚特区联邦地方分区法院递交诉状，将奥巴马追加为被告，并向法院递交要求法院加快审理此案的动议。

2012 年 11 月 28 日，美国首都华盛顿地方法院举行首场听证会，就案件涉及的法律问题听取双方辩论。当天上午，三一集团关联公司 RALLS 公司的辩护律师与 CFIUS 的辩护律师来到法院，就相关法律问题接受主审法官问询。听证会持续近两个小时，最后主审法官称案件较为复杂，并未当庭做出裁决。

据 RALLS 公司负责人、三一集团副总吴佳梁介绍，他们三一集团起诉奥巴马的诉求主要有二，一是还他们清白，澄清 RALLS 公司投资的风电项目只是普通商业行为，没有也不会威胁美国国家安全；二是寻求适当合理的经济补偿。吴佳梁称项目被叫停后，公司直接经济损失达 2 000 多万美元。与此同时，他们也期待着美国司法系统能给他们一个公平公正的答复，否则他们将继续上诉直到自己的合法利益得到赔偿。

2013 年 2 月 22 日，哥伦比亚特区联邦地区分区法院法官签署了裁决结果，认为美国地方法院有权审理三一集团关联公司 RALLS 起诉美国总统奥巴马以及 CFIUS 一案。

2013 年 3 月 2 日，三一集团在北京召开发布会，宣布关于三一集团美国风险项目诉讼案已经获得阶段性成果，该案件的核心诉请已经被美国法院裁决受理。

2013 年 10 月 9 日，美国哥伦比亚特区联邦地区分区法院杰克逊法官就三一集团关联公司 RALLS 起诉美国总统奥巴马及 CFIUS 批准美国政府撤案动议的初审判决，这意味着三一集团一审败诉，其对奥巴马的所有指控内容都已被驳回。三一集团随后表示将把诉讼坚持到底。

2013 年 10 月 16 日，RALLS 公司依法将就此案的上诉通知递交给了美国哥伦比亚特区上诉法庭，对一审的裁决提出了上诉。

2014 年 7 月 15 日，哥伦比亚特区联邦上诉法院裁定，判决认定：（1）罗尔斯公司在 BC 项目中具有受宪法程序正义保护的财产权；（2）奥巴马总统下达的禁止 BC 项目的总统令违反程序正义，剥夺了罗尔斯在 BC 项目中受宪法保护的财产权；（3）美国政府需要向罗尔斯提供相应的程序正义，包括 CFIUS/总统做出相关决定所依赖的非保密信息和在了解相关信息后回应的机会。这标志着三一集团上诉的胜利（见表1）。①

表1	三一集团状告美国总统奥巴马事情始末
2012 年 3 月	三一集团关联公司 RALLS 收购风电场
2012 年 7 月 25 日	美国外资委员会（CFIUS）发布第一次禁止令
2012 年 8 月 1 日	CFIUS 发布第二条禁止令
2012 年 9 月 12 日	RALLS 公司状告 CFIUS
2012 年 9 月 28 日	奥巴马发布总统令
2012 年 10 月 1 日	RALLS 公司追加美国总统奥巴马为被告
2012 年 12 月 28 日	华盛顿召开首场听证会
2013 年 10 月 9 日	一审败诉
2013 年 10 月 16 日	RALLS 公司对一审结果提出上诉
2014 年 7 月 15 日	联邦上诉法院做出裁决，三一集团阶段性获胜

（二）重要意义

三一集团胜诉奥巴马，其重要意义不仅在于胜诉的结果，更在于为中国企业维护海外投资利益开辟了一条新路，为 CFIUS 滥用"国家安全"加了一道"紧箍咒"。

1. 有示范效应，为中资企业海外利益维权开辟新路

近年来，我国在海外投资利益受损的案件屡见不鲜，美国 CFIUS 更是频频以"国家安全"为由拒绝中资企业的在美投资。与三一集团不同的是，大部分中资企业都选择了忍气吞声的回避策略，在 CFIUS 面前毫无还手之力，顶多是发布公告宣传自己的清白（如华为致美国政府公开信），海外维权更是无从谈起。

三一集团胜诉案给中国企业海外利益维权增加了新的选项。面对 CFIUS 和奥巴马的行政禁令，三一集团没有回避问题，而是直接利用法律的手段来处理，开启了中资企

---

① 中国经营网："历史性获胜　还原三一集团状告奥巴马案"，http：//www. cb. com. cn/index. php？m = content&c = index&a = show&catid = 22&id = 1072211&all，2014 年 11 月 2 日登录。

业在美维权的先河，对中国其他企业在美国维护其海外投资利益起到了示范作用。

2. 用法律手段解决问题，引导观念上、真正意义的国际化

在国家"走出去"战略的指引下，我国的海外投资在近十年迎来高速发展的黄金时期。但财大气粗的中国企业仅仅是花重金在国外建新厂、购旧厂，这其实上并不代表中国企业实现了国际化，或者说我们仅实现了表面的、低级层次的国际化。真正的国际化需要企业管理制度的国际化、文化理念的国际化。

党的十八届三中全会提出要"确立企业及个人对外投资主体地位，允许发挥自身优势到境外开展投资合作"。"对外投资主体地位"的确立，需要有全方位的国际化理念，而运用法律手段维护自身合理的海外利益可以从一个侧面反映出国际化的要求，因为在国外用法律解决问题才是一种主流的选择。但中国几千年的传统文化告诉我们猛虎不压地头蛇，告诫我们大事化小小事化了，因此我国企业都潜移默化地尽量避免在异国他乡动用法律武器。但恰恰在这一点上，只有用法律手段来解决争端，学会运用东道国自己的司法程序解决争议，这才是在文化上、在观念上真正实现了国际化。

3. 有警示作用，给美国 CFIUS 的"暗箱操作"敲响了警钟

三一集团胜诉奥巴马并不能改变两年前 BC 项目受阻的最终结果，但是将给美国海外投资委员会原先完全不对外曝光的审查过程增加一些透明度，意味着美国政府今后以"威胁国家安全"为由来阻止外资公司收购美国商业项目的做法将面临挑战。

法院判决强调"程序正义"，虽没有动摇 CFIUS 和美国总统否决外来投资的权利，但将削弱 CFIUS"暗箱操作"和秘密审查的传统，要求 CFIUS 必须公布不涉密的依据资料，由此将倒逼美国政府有关机构提高工作透明度。

CFIUS 和奥巴马的禁令不仅缺乏足够的透明度，而且带有对中资企业赤裸裸的歧视。在三一集团收购 BC 项目之前，已有丹麦、德国、印度、希腊等国风电企业在当地运营，而且并未受到以国家安全为由的干涉。随后 CFIUS 以国家安全为由命令三一集团走人，没有给出任何解释，而且明确表示无任何赔偿（见表 2）。

表 2 CFIUS 的歧视性禁令

时间	禁令或修改令	备注
2012 - 7 - 25	1. 停止建设； 2. 撤出所有设备； 3. 禁止中国人进入项目区域	1. 即便是要撤出设备，中国人也不得进入项目区域 2. 针对禁令，三一集团的对策是将项目转让给美国公司，但随后引发了 8 月 2 日的禁令
2012 - 8 - 2	1. 禁止使用三一集团设备； 2. 禁止转让，直至移出设备； 3. 必须告知买方信息	1. 转让必须要先移出设备，不能随意转让，而且转让时要向 CFIUS 公开所有信息 2. 两道禁令反映了对中国公司赤裸裸的歧视和敌意

4. 促进投资规则的拨乱反正，对中美 BIT 谈判有重要启示

目前中美双边投资协定（BIT）谈判正紧锣密鼓地进行，谈判的焦点除了负面清

单，还包括国民待遇。现如今国际上普遍流行的 BIT 模式是"准入前国民待遇 + 负面清单"。但三一集团 BC 项目的受阻反映出中资企业在美投资连准入后国民待遇都无法享有。因此，未来的中美 BIT 谈判，首先应该保证最基本的国民待遇（包括准入前和准入后），其次才是负面清单的确定。另外，国家安全和安全例外条款也是中美 BIT 谈判的重要内容，三一集团胜诉案对中美 BIT 谈判的安全例外条款有重要启示。

结合 2014 年 7 月举行的第六轮中美战略与经济对话，不仅是三一集团胜诉奥巴马的个案，而且整个中美投资关系的健康发展都要求美方平等公正地对待中资企业的在美投资，改变其原有的单方面的投资审批规则。

（三）经验总结

1. 入乡随俗，用美国方式解决美国问题

美国的特点是自由、民主和法制，因此到美国投资一要主动争取合法的权利，二要学会用法律的武器来维护自身权利和合法利益。CFIUS 和奥巴马在没有任何告知、意见听取、证据或解释的情况下下令剥夺和拆除罗尔斯公司的私有财产，这是违反程序正义的。三一集团起诉奥巴马不是挑战美国政府的权威，而是相信美国的法制，相信只要是合法投资就能够得到美国宪法保护。任何一家成熟的跨国公司都应该有这样的心态，即充分学习东道国的法律体系，善于运用司法途径争取权利、赢得声誉。

2. 主动出击，积极应对

遭遇 CFIUS 的禁令，三一集团绝非第一家中资企业，但却是第一个敢于起诉的中资企业。谦逊和忍让是应当传承的中华民族优良传统，但不是在海外投资等商业领域。无论是在国际贸易还是海外投资领域，我国企业都遭受当地保护主义的侵害，但大部分中资企业都选择了忍气吞声。三一集团胜诉案告诫我们，忍让是解决不了投资纠纷的，我国企业唯有积极应对才能维护合法的海外投资利益，消极避让只会招致更大的损失。中资企业对待海外投资要保持积极乐观的心态，对待海外投资纠纷更应该保持积极乐观的心态，切莫消极回避问题。

3. 据理力争，持之以恒

海外投资是一项长期工程，三一集团胜诉案也一波三折，从起诉、听证到法院正式受理，从撤案驳回到继续上诉，从庭审再到裁决，正是三一集团的坚持换来了阶段性的胜利。有理走遍天下，无理寸步难行。在海外投资这项长期工程中，投资纠纷难免不会发生，那么我们要做的是应该有理有据有节地维护自身利益，将海外利益维权进行到底。

4. 专业团队当地化

国际化战略要求当地化运作，三一集团胜诉案在一定程度上也要归功于当地化，尤其是专业律师团队的当地化。为了更好地维护自身利益，更有效地打赢这场诉讼案，三一集团不惜重金打造豪华律师团队，聘请了布什政府时期的总检察长、副总检察长、白宫副法务长，克林顿时期海军部的首席律师等，他们既是前政府官员，了解美国的行政司法体系，也是当地知名人士，有一定的人脉资源。三一集团之所以能胜诉奥巴马，当地化的专业律师团队功不可没。

（四）事件反思

1. 不改变投资项目受阻的结果，属于阶段性胜利

三一集团虽然胜诉，但仅是法律程序上的胜利，维护了程序正义，但改变不了BC项目受阻的结果，也动摇不了CFIUS和美国总统对外来投资的否决权，而且美方仍有上诉的权力和可能，因此属于阶段性胜利，其示范意义远大于实际意义。

2. 属于事后维权和刚性公关，忽视事前和柔性公关

三一集团起诉奥巴马虽然获得阶段性胜利，但属于马后炮式的事后维权，三一集团忽视了海外投资初期的公关工作；而且法律诉讼是一种对簿公堂的刚性公关，很有可能撕破脸皮进而影响日后三一集团在美投资的长远发展，如能庭外和解则皆大欢喜。企业公关无疑是我国海外投资企业的弱项，在这一点上，我们应当向日本企业学习取经。1989年，当索尼试图收购哥伦比亚电影公司的时候，美国人表现出强烈不满。为了平息美国人的情绪，索尼创始人盛田昭夫找到一只专业管理团队进行危机公关，在巨型轮船甲板宴请斯皮尔伯格、达斯汀·霍夫曼和朱丽娅·罗伯茨等好莱坞导演和明星，用这种开放的态度悄悄地改变着人们对日本企业的敌意和抵制。

（五）中国政府的态度及反应机制

2012年10月19日，针对三一集团起诉美国总统奥巴马一事，商务部发言人沈丹阳在例行新闻发布会上表示，这是中国企业运用法律手段维护自身利益的选择，美国此举损人不利己，商务部将密切跟踪事态的发展，希望美国能够幡然醒悟，迷途知返。[①] 相比于商务部发言人的温和言论，美国方面则一直态度强硬。美国财政部发言人表示，从始至终CFIUS都没有突然改变态度并提出命令。而此前，其国际事务发言人也表示三一集团提出这个诉讼没有任何价值，美国方面已经对此积极应诉。

纵观整个事件的发展始末，中国政府的表态并不强硬，对整个事件的发展走势毫无办法，对保护三一集团的海外合法权益爱莫能助。目前中国政府的回应仅限于"谴责"、"呼吁"，缺乏实际行动，在其他的相似案件中，我们也没有发现我国政府行之有效的应对办法。

针对外资企业在美投资，美国早已建立起了一套完善而且严格的审查制度（国家安全审查制度是最主要的，除此之外还有反垄断调查等），相比而言，中国在这个方面则起步较晚（我国直到2011年才颁布《国务院办公厅关于建立外国投资者并购

---

① 商务部例行新闻发布会2012年10月19日，http：//www.mofcom.gov.cn/xwfbh/20121019.shtml，2014年12月3日登录。

境内企业安全审查制度的通知》），从法律制度层面我国处于落后。与此同时，我国缺乏海外投资利益保障机制，现有体制下难以有效地采取经济外交手段保障我国海外投资企业的合法权益。

在美国三番五次以威胁美国国家安全为由叫停中国企业投资项目时，中国的企业仍不能得到来自中国政府的有效保护。而中国自身也并没有建立类似于CFIUS的机构，各部委之间缺乏有效的沟通，缺少部际联席机构和联合应对。

二、美国政府歧视中国企业的审查机制

三一集团的案例体现了美国政府对中国企业赤裸裸的歧视，国家安全审查机制是其主要工具，美国外资投资委员会（CFIUS）则是其具体执行机构，对可能影响美国国家安全的外商投资交易进行审查。

（一）审查机制介绍

1. 法律依据

早在"一战"前后，美国就以国家安全为由，制定了《与敌国贸易法》、《1950国防生产法案》等多部法律，用于建立及完善对跨国投资的监管和审查。

在1988年，通过了《1950国防生产法案》第721节的修正案《埃克斯弗罗里奥法案》，确立了美国国家安全审查制度的基本框架，规定CFIUS有权对任何有可能威胁美国国家安全的外国并购实施审查。在1992年，进行了对《埃克森弗罗里奥法案》的第一次修订，史称《伯德修正案》。

"9·11"事件以后，美国更加对国家安全更加重视，在2007年，通过了《外国投资和国家安全法案》（FINSA），扩充了CFIUS组成部门，扩大了审查范围，同时对审查程序进行了进一步完善（见表3）。

表3　　　　美国国家安全审查的政策演进

并购事件	并购背景	美国回应	后续结果	政策影响
1987年富士通计划收购仙童半导体公司	交易涉及敏感技术、国防安全	审查国防安全	1988年美国通过《埃克森-佛罗里奥修正案》	授权美国总统中止威胁美国国家安全的外国并购
1990年中航技竞购MAMCO公司	收购方是中国的国有企业，并购交易被染上了政治色彩	约束企业性质	1992年美国通过《伯德修正案》	对有政府背景的国外企业在并购美国企业时实施调查

续表

并购事件	并购背景	美国回应	后续结果	政策影响
2005 年中海油竞购优尼科	交易涉及战略资产——石油，威胁美国的国家安全	全面审查国家安全	2007 年美国通过《2007 年外国投资与国家安全法》	审查范围进一步扩大，审核过程更加漫长复杂
2006 年迪拜港口公司收购半岛——东方航运公司	交易涉及美国 6 座港口的业务，威胁美国的国家安全			

资料来源：笔者根据相关资料整理。

2. 审查机构

根据《埃克森弗罗里奥法案》与《外国投资和国家安全法案》，参与美国国家安全审查制度的成员包括 CFIUS、总统及国会。

CFIUS 于 1975 年正式成立，目前的成员有财政部部长（任主席）、司法部部长、国土安全部部长、商务部部长、国防部部长、国务卿、能源局局长、美国贸易代表和美国国家科技政策办公室主任，随着法律完善，另外还有多位部门负责人如劳工部长、能源部长等可参与 CFIUS 的活动，并且允许必要时要求其他领域领导人加入，这使得审查更具有全面性与技术权威性。

《埃克森弗罗里奥法案》规定，如果有足够的证据证明并购会威胁国家安全，那么总统有权采取措施延缓并购，甚至禁止并购。

另外，国会有权监督外国投资委员会的行为，为保障国会监督作用的切实实施，法律规定了以下两个制度：第一个是国会的证明制度；第二个是年报制度。

3. 审查对象

CFIUS 的审查范围包括外国控制企业对产品与服务涉及国家安全以及涉及"关键技术"与"关键基础设施"的美国企业的收购案，而法律对于"重要基础设施"以及"外国控制"的定义都较为宽泛。同时 CFIUS 要经得起来自美国国会和总统的检查，因此，可能倾向于批准与美国关系密切的投资者（如澳大利亚、英国或日本）。在实践中，CFIUS 对来自中国或者某些中东国家的投资者通常会进行更仔细的调查。另一个 CFIUS 会考虑的重要因素，是收购方是否受到外国政府的控制。

4. 审查门槛

并购是否需要申报，完全取决于该交易是否可能影响美国的国家安全以及重要基础设施，而不是并购规模，这也意味着，一些很小的并购交易有可能要进行 CFIUS 申报，而不涉及国家安全或重要基础设施的大型并购案则无须申报。

5. 审查程序

美国国家安全审查分为四步：审查启动、初审、调查与总统决定。

审查启动的方式有两种，一种是外国投资者自愿申报，指交易方本着自愿的原则，向 CFIUS 提交书面申请，启动审查；另一种是 CFIUS 单方面启动，即使投资者没有申请，但 CFIUS 发现该项并购有可能威胁到国家安全时，可以主动展开审查。

初审期为期 30 天，在此期间，常务主席通常会将涉及交易的相关方集合到一起来协助调查完成。经过审查，若该交易最终不会对国家安全造成威胁，或者交易方主动撤回申请，则初审终止，否则进入下一个阶段，即调查阶段。

若初审至少有一个成员认为此项交易会对国家安全构成威胁，则进入正式调查阶段。该阶段会持续大概 45 天，被调查企业需积极配合调查，并向 CFIUS 详述所涉及的任何有可能威胁国家安全的因素。

调查结束后，若委员会提出的建议是中止或禁止交易，或委员会不能达成一致意见，则交由总统作最后决定。[①]

（二）审查机制的特点

1. 冠冕堂皇但立法正名

为了维护经济安全、产业安全、市场安全和金融安全，采取国家安全审查措施无可厚非，但凡事过犹不及，若是出于打击报复或是因为非经济因素而盲目限制外来投资，未免有点自欺欺人而且结果往往事与愿违。国家安全审查的初衷是好的，目前世界各国通过立法的形式加强对外资的监管和引导，这样的出发点合情合理；然而美国打着保护国内产业的幌子仇视敌对外来投资，虽有立法正名但这个借口未免太冠冕堂皇了。可以说立法本身没有问题，法律规章的出台也有利于投资环境的法制化和规范化，但曲解法律的初衷，在执法的过程中断章取义并借着保护的幌子对外资进行无理限制，这就由正常的投资保护演变成了过分的投资保护主义了。典型案例是华为并购 3COM 和 3Leaf 均以失败告终，CFIUS 对于"国家安全"这条理由说起来很简单但却怎么也解释不清楚，因为民企华为不知为何被扯上了"军方背景"（见表4）。

表4　　　　　　推行国家安全审查制度的部分国家及其法律依据

国家	国家安全审查制度的法律依据
美国	《埃克森 - 佛罗里奥法案》 《2007 年外国投资和国家安全法》 《关于外国投资委员会对外资在美投资进行审核的最终条例与指导意见》等
澳大利亚	《1975 年外国收购与接管法案》 《1975 年外国收购与接管条例》等
加拿大	《加拿大投资法》 《加拿大投资条例》 《投资国家安全审查条例》等

① 刘凤朝、姜滨滨：《中国企业跨国并购的国家安全审查：以美国为例》，载《科学学与科学技术管理》2010 年第 3 期。

国家	国家安全审查制度的法律依据
德国	《对外经济法》 《对外经济条例》等

资料来源：商务部《中国对外投资促进国别/地区系列报告》、商务部《对外投资合作国别（地区）指南（2011 年版）》。

2. 概念模糊且主观性大

国家安全审查制度首先保护的是国家安全或是国家利益，但何为国家安全或国家利益，东道国自己都未给出明确的概念界定，这就埋下一个隐患，概念不明、界定模糊的政策法律留给东道国审查机构一个很大的法律空白和操作空间，使得他们在审查外来投资时能够随心所欲地进行推理和假想，其主观臆断的成分可想而知。美国虽然几次修订国家安全审查方面的法律，但对于国家安全的概念至今仍没有做出清楚的规定；加拿大法律既没有规定国家安全审查启动条件，也未就什么是安全损害或威胁因素进行定义或说明，更没有明确提出安全审查标准；澳大利亚也没有就什么是国家利益做出明确的规定，仅规定从哪六个方面衡量投资是否符合澳大利亚的国家利益。

3. 泛政治化

近年来我国企业海外扩张的步伐不断加快，但并购受阻或投资失败的案例不绝于耳，这其中既有我们自身的问题，同时也要部分归因于国家安全审查制度的泛政治化倾向。正常的海外投资、公平的商业并购、单纯的经济行为，当这些商业活动受到政治因素的干扰时，外资审查机制就失去了其原有的意义，带有强烈政治色彩的投资保护不仅吓退了外来投资者，而且也未必有利于东道国的经济发展和社会稳定（见表5、表6）。

表5 　　　　　　　　　　我国企业在美投资利益受损的部分案例

时间	案例	原因
1990 年	中国航天航空技术进出口公司收购西雅图曼可公司被布什否决	国企背景，涉及国家安全和技术资产
2005 年	中海油 185 亿美元竞购优尼科失败	国企背景，涉及国家安全和战略资产
2007 年	华为联手贝恩资本 22 亿美元竞购 3Com 公司失败	涉及技术资产和国家安全
2009 年	中国西色国际投资公司 2 650 万美元收购美国优金采矿公司失败	国企背景，涉及敏感性、安全机密性的资产和军事资产，且优金公司部分资产靠近法伦海军航空站
2010 年	美国安科公司放弃将部分光纤制造业务出售给唐山曹妃甸投资公司	国企背景，涉及国家安全

续表

时间	案例	原因
2010 年	华为竞购摩托罗拉移动网络基础设施部门、2Wire 接连失利	涉及技术资产和国家安全
2011 年	华为 200 万美元并购 3Leaf 公司失败	涉及技术资产和国家安全
2011 年	中航通用飞机有限责任公司与美国西锐公司签订全资收购协议被否	国企背景，涉及技术资产和国家安全
2012 年	三一集团在美关联公司罗尔斯收购俄勒冈州 Butter Creek 风电项目被奥巴马否决	涉及国家安全，被收购的风电场项目位于海军军事训练限制区或其附近
2012 年	美国国会发布华为、中兴"可能对美国带来安全威胁"的调查结果报告	涉及国家安全，"涉嫌为中国间谍活动提供便利"
2012 年	北京卓越航空公司收购美国霍克 - 比奇飞机公司的谈判无果而终	涉及国家安全，航空航天业务难以与其他业务分离

资料来源：笔者根据相关资料整理得出。

表6　　　　　2010～2012 年间世界主要经济体遭受 CFIUS 调查的数量统计

国家	制造业	金融和信息服务业	采矿、公共事业和建筑业	批发、零售和运输业	总计
英国	32	28	3	5	68
中国	20	7	12	0	39
加拿大	2	10	18	1	31
法国	20	1	2	5	28
日本	14	6	1	2	23
以色列	8	8	0	1	17
荷兰	3	8	2	2	15
瑞典	4	9	0	0	13
全球总计	132	109	52	25	318

资料来源：Congressional Research Service Report，The Committee on Foreign Investment in the United States（CFIUS），http：//fas. org/sgp/crs/natsec/RL33388. pdf。

4. 体现国家利益之争，实为全球经济再平衡的工具

国家安全审查制度看似针对企业，实则瞄准国家，体现的是国家利益之争。金融危机使全球经济失衡的问题暴露无遗，更揭露了原有经济发展模式的不可持续性，全球经济进入再平衡发展时期，而保障投资平衡是一个非常重要的环节和关键所在。

没有永恒的朋友，只有永恒的利益。在全球经济再平衡的过程中，各国势必首先从自身利益出发，采取种种手段有针对性的限制外来投资，保护国内相关产业，在最

大程度范围内保障自身的国家利益，国家安全审查制度也因此成为保障国家利益的手段和工具。

（三）我国企业容易遭受美国国家安全审查的原因分析

对比古今，同样是海外投资，为什么日本在 20 世纪 80 年代对美国进行大规模投资的时候没有像中国现在这样遇到这么大的阻力？分析当下，同处经济危机时期，为什么中国对美国的海外投资并不大反而比其他国家更容易遭受美国的国家安全审查？

针对上述问题，这里将探究一下近年来我国跨国公司容易遭受美国国家安全审查毒害的原因所在，这其中有我们自身的原因，也有东道国的原因。

1. 西方国家政治上的处处设防以及对我国大国崛起的恐惧

作为快速崛起的发展中国家和社会主义超级大国，我国历经金融危机的洗礼仍保持强劲的增长势头，近年来在国际政治和经济上的地位不断提升，对原有经济格局和政治秩序的影响也越来越大，而西方发达国家尤其是美国作为原有政治经济秩序的既得利益者，在金融危机后经济持续低迷。我国原本就与美国在意识形态、政治理念和安全战略等方面存在较大差别，再加上近年来我国强劲增长的发展态势和此消彼长的未来趋势，美国政府也因此对我国的跨国公司百般刁难。

2. 我国对外直接投资的某些特性容易成为西方国家实施投资保护主义的借口和托词

我国跨国公司之所以容易成为美国国家安全审查机制的打击对象，与我国对外直接投资的某些特点不无关系。

（1）以并购为主要方式的海外投资行业集中度高而且过于敏感。我国对外直接投资以并购为主，并购领域大多涉及敏感行业，而美国国家安全审查针对的重点对象则恰恰是敏感行业的跨国并购。根据《2013 年度中国对外直接投资统计公报》，2013 年中国企业共实施对外投资并购项目 424 起，实际交易金额 529 亿美元，占当年中国对外直接投资流量总额的 49.1%，并购领域主要涉及采矿业、制造业、信息传输、软件和信息技术服务业等，我国这种战略资产寻求型的跨国并购往往由于过于敏感而成为众矢之的。

（2）引领"走出去"大军的国企、央企容易招惹非议。国有大中型企业是我国对外直接投资的主力军，但其国有背景往往被西方国家拿来鸡蛋里挑骨头，而且我国国企海外投资的规模和金额往往很大，容易招来发达国家的非议。截至 2013 年年末，在中国非金融类对外直接投资存量中，国有企业占 55.2%，而在"走出去"的国有企业当中，财大气粗的央企又是其主力军。据国资委统计数据，截至 2010 年年末，99 家央企在境外和港澳地区设立境外单位（不含境内业务境外上市和境外企业返回大陆投资）资产总额 2.66 万亿元。

（3）海外投资过分集中于部分地区。近年来美国对中国跨国公司的海外投资项目频繁进行国家安全审查，究其原因，与我国海外投资的地区分布过于集中有很大关系。我国对外直接投资国别/地区分布不均，而美国恰恰是我国海外投资的重要目的国，对美国过多的海外投资也容易造成其排斥心理和防范意识。截至2013年年末，中国对美国的直接投资存量达到了219亿美元，占3.3%，排名第4，而如果不考虑中国香港地区、英属维尔京群岛和开曼群岛等有特殊优惠政策的避税天堂，那美国则成为中国海外投资最大的目的国。

（4）企业缺乏公关和宣传意识使东道国在中国企业的神秘感面前望而却步。在海外投资的过程中，我国企业往往只关注自身融资和被并购企业的价值这些内在因素，容易忽视媒体宣传、政府公关等外在因素的重要性，随即造成在东道国的认知度比较低，进而带来不必要的猜忌和抵触。回顾历史，我国跨国企业已经不止一次倒在了公关和宣传这一环节上。

关于中海油并购优尼科的失败案例，美国财政部副部长金米特在2007年来华访问时指出，失败原因之一在于中海油没有事先向美国国会宣传其市场化运作的情况以及中国能源行业的开放程度，因此他建议中国企业在并购美国企业之前要充分做好与美国驻华使馆经济官员、美国国会议员及州政府的交流，为并购打下政治基础。

在中远收购美国加州长滩一个集装箱码头时，由于缺少相关的公关策略和宣传方案，收购方案几近夭折。由于缺乏对中国企业尤其是中远集团的认识，《华盛顿时报》上美国专家理查德·费希尔将中远评价为"中国解放军的桥头堡"、"中国的第二支海军"、"AK47走私犯"。

2012年，澳大利亚政府禁止华为公司对数十亿澳元的宽带网设备项目进行投标，认为华为的总裁任正非曾是中国人民解放军的军人，并且他从不接受媒体采访，同时华为与中国政府有关联，他们担心来自中国的网络攻击。华为公司此前也曾遭到美国立法委员的反对，后者称华为与中国军方据传存在关系，因此会有安全方面的隐忧。总结华为的失败教训，不难发现，其公关和宣传意识的严重缺失导致其在东道国的认知率和熟悉程度极低，东道国的无端猜忌极其容易招致投资保护主义措施。

（四）审查机制对三一集团赤裸裸的歧视

三一集团BC项目受阻一案，体现了美国国家安全审查机制对三一集团和中国企业赤裸裸的歧视，主要体现在以下几个方面：

1. 其他国家可以做的项目中国企业做不了

三一集团是从希腊公司接手的风电项目，之前希腊公司在运营过程中没有收到CFIUS在国家安全方面的任何质疑和审查，但三一集团刚刚开始进行建设就遭受了CFIUS的调查，这是一种明显的国别歧视。

2. 拒不回应并针对三一集团的撤资方案百般刁难

第一道禁令出台后，三一集团积极与CFIUS沟通，但从未收到任何回应；同时针对三一集团的撤出方案，CFIUS颁布第二条禁令，禁止中国公民进入项目现场，三一集团的转让交易要向CFIUS随时汇报。

审查的过程要求双方保持良好的沟通，让双方了解到全面的信息，并购方知道被审查的项目、内容并提供材料，审查方也应当让对方知道为何被审查、审查的结果以及造成结果的原因。而在三一集团被审查时，CFIUS拒绝与三一集团沟通，并强制下令三一集团撤出，构成了对三一集团资产的非法征收，这与正常审查程序的原则是相违背的。

（五）中国的反思

三一集团虽然暂时胜诉了，但付出的时间和金钱成本是巨大的，最后换来的经济效益也是非常有限的。这不禁让我们反思，我国政府也应该尽快建立类似CFIUS的跨部门协调机构，搭建与美方对等交流的平台，避免中资企业形单影只的孤军奋战。

2013年年底我国成立了中央国家安全委员会，虽然也负责国家经济安全，但却不是专门负责审查外来投资对我国经济安全影响的专设机构。为此，我国有必要专设或在中央国家安全委员会下面下设一个机构，一方面从国家安全的角度审核外来投资，保护国家安全，也可以在必要时，对我国企业在海外遭遇歧视时进行适当的反击；另一方面在CFIUS禁止中资企业在美投资时进行国际协调，民间的力量毕竟有限，即使像三一集团这样状告美国政府，也耗费了大量的时间精力和金钱，若能有对等的平台进行交流，在经济、政治等方面进行平等的讨论与协商，可以提高解决争端的效率，也把对双方的损害降到最低，同时官方的介入支持也将会更有利于我国企业在海外维护自己的合法权益。

三、解决途径之一——中美双边投资协定

近年来，中美两国投资者对所处的投资环境均有抱怨，中国企业呼吁公平，美国企业寻求开放。中国在美国的众多投资项目遭受了各种阻碍，其中一个重要的障碍是美国CFIUS的国家安全审查制度，三一集团投资受阻仅是众多案例中的一个。与此同时，美国企业对中国的投资环境也多有抱怨。美国投资者抱怨中国政府要求加快技术转移的要求，认为中国对知识产权的保护不力以及法治执行不足。美国企业还抱怨中国在服务业和垄断性行业基本对外国投资者紧闭大门，同时对进入政府采购市场忧心忡忡。

中美两国都希望通过推动双边投资协定（BIT）谈判来促进双边投资、保护各自企业的海外利益。简单来说，中美BIT是两国为鼓励、促进和保护本国企业在对方境内投资而磋商的双边条约。

（一）中美BIT谈判进程

全球林林总总几千个BIT中，世界第一大经济体美国和第二大经济体中国谈判的

这份 BIT 可谓备受瞩目。谈判在布什执政时期的 2008 年已经启动，但在后来一段时间谈判停止，随着 2012 年 4 月美国新的 BIT 范本（2012 Model BIT）的公布，2012 年 5 月的中美第四轮战略与经济对话宣布重启 BIT 谈判。美国新的 BIT 范本反映了美国对外投资政策的新动向，其中的许多规定都与美国企业在中国市场中遇到的现实性问题高度相关，将对中国的外资管理体制以及中国企业走出去带来深刻的影响与挑战。

2013 年 7 月召开第五轮中美战略与经济对话中美双方同意以准入前国民待遇和负面清单为基础，开展中美 BIT 的实质性谈判。参与此次对话的美国财政部长雅各布·卢表示，中美双方同意展开 BIT 实质性谈判，这是贸易谈判的"最大突破"，更有专家称其对中国的影响"堪比入世"。同时这一突破释放了中国改革的信号，体现了领导层的改革决心，也意味着中美 BIT 谈判即将进入艰苦的阶段，其长期性、复杂性不容小视，能否真正降低中国在美投资壁垒、撬动中国国内相关领域的改革，将取决于进一步的谈判成果。

截至 2014 年 12 月谈判已进行 17 轮，中美双方就 BIT 谈判达成"时间表"，已经基本完成了双方投资保护协定文本的核对，承诺 2015 年早期启动负面清单谈判，这被财政部副部长朱光耀称之为"历史性进展"。

（二）中美 BIT 谈判的主要分歧

中美 BIT 谈判最主要的分歧在于准入前国民待遇及负面清单问题。

所谓"准入前国民待遇"，是指对外资减少甚至取消准入门槛，在"准入"之前便享受与本国资本同等的国民待遇。在准入阶段就给予美国投资者国民待遇是对中国现有外资管理体制的重大突破。但这并不意味着丧失对外资的监管，毕竟世界上没有无条件的准入前国民待遇。在给予外资准入前国民待遇时，也允许东道国对这种待遇提出保留。而保留的形式有一般例外、临时保障措施和以负面清单形式保留的不符措施，其中最重要的是不符措施。从国际经验来看，不符措施可以涵盖的内容非常宽泛，只要双方协议，一国可以将其认为不能或者暂时不能开放的部门和领域，甚至是目前暂不存在的部门和领域，以及将特殊的投资体制都纳入负面清单予以保留。

负面清单，是相对于正面清单而言的一种国际通行的外商投资管理办法，是一个国家禁止外资进入或限定外资比例的行业清单。换句话说，负面清单是指定一个投资领域的"黑名单"，遵循"法无禁止皆可为"的原则进行投资管理的方法，其主要内容是贸易投资的自由化、金融国际化和行政法制化。在负面清单管理模式的探索实践中，实行准入前国民待遇，将管理方式由全部核准改为形式备案，构筑投资服务促进体系等举措有利于实现贸易与投资的自由化。

准入前国民待遇和负面清单的外资管理模式已逐渐成为国际投资规则发展的新趋势，现在世界上至少已经有 77 个国家采用了这种模式。这种模式的好处是让外资企业可以对照这个清单实行自检，对其中不符合要求的部分事先进行整改，从而提高外资进入的效率。但是在我国，对外资进入目前依然实行政府审批制，这使外资企业很不适应，常常在审批过程中陷入扯皮，降低了外资进入的效率。中国的外资管理从1994 年到目前为止一直基于《外商投资产业指导目录》进行"正面清单"管理，所有的外商投资需要通过审批并在指定行业和范围内进行。《中国（上海）自由贸易试验区外商投资准入特别管理措施（负面清单）》的出炉标志着中国第一次使用负面清单管理外商，使负面清单作为一种新型外资管理模式在中国开始了试点运用。负面清单的管理机制对上海自由贸易区的发展乃至中国对外开放进程的影响和冲击将不亚于中国 2001 年加入 WTO 这一历史机遇，是中国扩大开放、促进政府职能转变及制度创新的重要里程碑。

负面清单的制定实施动态化管理，按照国民经济行业分类列出不予开放的行业和受限商业活动清单，推行"以准入后监督为主，准入前负面清单方式许可管理为辅"，负面清单并不是全新的概念，但在中国投资领域仍是初次应用。负面清单管理体系的构建旨在建立一套与国际规则和格局相接轨的新制度体系，使中国充分参与构建全球贸易新规则、在国际谈判中处于更有利的地位。不可否认，负面清单将会使中国对外开放水平提升到一个新水平，使中国能建立起与美国相似的外资管理规则，进而尽量地消除分歧，这可以使中国企业在美国更受欢迎。目前欧美国家正在力推TTIP、TPP 等国际协定试图改变世界贸易规则，而中国在自由贸易区试点负面清单管理的做法为 TPP 及中美双边谈判提供了"无缝"对接平台。

（三）从中美 BIT 谈判中寻解决办法

按照美国《外商投资与国家安全法（FINSA）》的条款，设在美国财政部的 CFI-US 可以在认为威胁美国国家安全的情形下终止外国企业在美国的一切投资活动。由于对国家安全、关键基础设施和关键技术的模糊定义和 CFIUS 的"暗箱操作"，我国投资者很难把握相关要求。但是，作为中国企业对外投资增长最快的目的地，持续改善美国的投资环境需要明确、有力和有效的举措。结合正在如火如荼进行的中美 BIT的两个关键概念：准入前国民待遇和负面清单，我们可以就如何更好地维护我国企业海外投资利益获得很大的启示，在 BIT 谈判中，充分认识我国目前资金流动情况，制定出既能通过积极融入新的贸易体系吸引外资，又能切实保护我国企业海外投资免受各种不公平的阻挠的措施。具体来说有以下几点：

1. 在保证准入后国民待遇的基础上增加准入前国民待遇

三一集团的案例体现出美国 CFIUS 对中国企业赤裸裸的歧视，可以说我国赴美投资的企业连最基本的准入后国民待遇都没有享受到，中美 BIT 谈判涉及的准入前国民待遇就更谈不上了。三一集团的总裁向文波在打完官司后说道："从表面上看美国的政策是非常开放的，好像在说：'你们都来吧，我们不设防'，但其实 CFIUS 就像一道'玻璃门'，很容易就把他们认为不安全的投资拒之门外，而且不需要理由，成本极低"。因此，虽说准入前国民待遇是中美 BIT 的一大进步，但一定要首先保证准入后国民待遇，三一集团的并购交易已经初步达成，并在取得了项目建设所有的审批和许可之后才动工的，希腊公司能享受到的国民待遇为什么到了中国企业身上就不适用了呢？为什么偏偏中国企业遭受调查？这些都是要在中美 BIT 谈判中首先明确和落实的国民待遇条款。

2. 负面清单落到实处

负面清单即"法无禁止皆可为"，明确地指出不可投资的项目以供外商参考就是负面清单的作用。三一集团并购涉及的风电行业，肯定不是负面清单的内容，不然希腊公司不可能已经投资并运营了很多年，因此，在中美 BIT 谈判过程中，要将负面清单落到实处，既要列明禁止投资的行业清单，又要保证美国政府严格按照负面清单依法办事。

3. 规范安全例外条款

安全例外条款作为双边投资条约的安全阀，可以允许东道国在出现国家紧急状况时，采取临时措施缓解危机，排除国家行为的违法性，同时免除一国应承当的国际责任，其实就是要在投资者利益和东道国国家公共利益之间作出的权衡。但美国对安全例外条款的滥用严重影响了中国企业的利益，之所以会如此是由于条款内容的欠缺以及协议双方模棱两可的态度，对一些词未加以明确阐释，使得这些词语含义极为模糊，且对解释权的归属也未作出规定，一旦落实到具体运用，则会因为对条款的理解偏差而出现争端，由于地域文化以及经济发展程度等方面差异，不同国家之间对于"国家根本安全利益"会有或多或少的差异，如果在签订条约时不能协调这些差异，那在事后的国际投资争端中很容易就出现争执不下的局面，这对于协议双方投资矛盾的解决是十分不利的。

4. 提出自身利益诉求并参与修订现有 BIT 范本

在要求和监督美国落实国民待遇，负面清单和规范安全例外条款的同时，中国应该提出自己的 BIT 谈判范本，重点纳入 CFIUS 的国家安全审查制度增加"国家安全"的条款和完善我国的安全例外管理条例。中国公司投资美国深受 CFIUS 基于国家安全考虑审查的阻碍，但按照现有的美国 BIT 谈判范本，即使中美达成投资协定，也无法规避此类审查，因为中美双方谈判的范本是美国 2004 年范本略加修改而成的，范本是美国从其资本输出国的角度出发制定的，其宗旨在于强调使美国自身对外投资更自由，意在建立以美国为中心的新一轮贸易制度。[①]

中国应根据自身利益积极制定出新的 BIT 范本，或者加入中国的利益诉求，尤其是要约束美方的歧视性审查机制，可考虑将 CFIUS 机制的公开操作也纳入到中美 BIT 谈判之中，加强 CFIUS 的透明度和公平性，防止正当的安全审查被滥用，或者被政客和商业竞争对手所利用。美国目前对来自中国的投资，设置了很多让中国企业摸不

---

① 梁勇、东艳：《中国应对中美双边投资协定谈判》，载《国际经济评论》2014 年第 4 期。

着头脑的障碍。一旦美国必须按照 BIT 模式来管理中国企业的赴美投资，那么，美国方面对中国投资企业"横挑鼻子竖挑眼"的审查，特别是在意识形态支配下产生的无理阻挠将难以继续推行。

同时，中国应完善双边投资协定中的安全例外条例，在订立投资条约时，应当结合我国当前资本流动现状，在汲取国外相关立法经验的基础上，设计出内容更完善、灵活的重大安全利益例外条款，使其既能保护我国重大安全利益，又能维护我国对外投资者利益。

四、结论及政策建议

三一集团起诉奥巴马取得阶段性的胜利，其重要意义是基于美国案例法这一前提下为中国企业维护海外投资利益开辟了一条新的道路。目前中国并购领域不断扩大，交易金额逐年增长，在投资领域的利益诉求进一步提高，但是纵观中国企业在美投资的发展历程不难看出中国企业明显处于被动且风险较大的局面。在这样的背景下，建立健全完整的海外投资利益保障机制就势在必行。

海外投资保障机制是指一国为保护本国境外投资，消除非商业风险而建立的各种保护措施的综合体系。我们应从法律基础、国家战略导向、政府政策扶持和行业协会支持入手，分析国际法律、中外协定、国内法律以及其他因素对中国海外投资利益保障机制的作用与影响，指出中国目前海外投资利益保障机制的缺陷及未来的发展规划。

（一）海外投资利益保障机制的法律框架

审视中国的众多海外投资活动，可以看出其主要会受到全球性的协定、多边投资协定、BIT 以及本国国内法律的管理和保护。

1. 国际性投资公约以及仲裁机构

国际层面，与投资直接相关的公约或机构主要指《关于解决国家与他国国民间投资争端公约》及多边投资担保机构。

《关于解决国家与他国国民间投资争端公约》的主要宗旨是为参加该公约的各缔约国和其他缔约国的国民之间的投资争端，提供调停和仲裁的便利，以排除政治干预和外交干涉，从而改善投资环境，有利于国际私人资本不断流入发展中国家。

多边投资担保机构（MIGA）的宗旨是向外国私人投资者提供政治风险担保，包括征收风险、货币转移限制、违约、战争和内乱风险担保，并向成员国政府提供投资促进服务，加强成员国吸引外资的能力，从而推动外商直接投资流入发展中国家。加入 MIGA 为中国的对外投资进行政治风险的担保，促进中国的海外投资；MIGA 帮助商务部为中国企业和公司建立外国投资环境数据库，这极大地提高了中国海外投资的热情和把握；MIGA 还为中国提供建设性意见，帮助中国改进投资环境，吸引外国的投资；加强与财政部、商务部和保险机构的合作等。但是 MIGA 对合格的投资者以及合格的投资有十分高的要求，这就无形之中提高了会员国投保的门槛。目前中国缺乏的正是这种类似的保险保障体系，主要的出口保险信用担保公司存在担保力度不够、期限短等一系列问题。

但是三一集团一案的所有流程均未与国际性投资公约有任何实质性的联系，也未寻求任何国际性投资仲裁机构。这是因为类似的国际性公约不是强制执行的，缔约国根据本国意愿自由选择，且公约本身的管辖范围有限，约束力不强，效果一般。加之全球性的协定大多数是由不同的利益代表协商之后达成一致建立而成的，所以其最终代表的利益是在不同利益集团做出让步妥协后的这种利益，并且由于发达国家掌握话语权，又在经济领域更加容易取得共识，这样就会对发展中国家产生一定程度上不可避免的不利影响。从这个角度出发，中国今后应积极推动国际投资协定的制定，打破协调机制的真空，并基于中国以及其他发展中国家的实际情况提出自身的利益诉求，主动参与规则制定。

2. 与投资相关的多边贸易协定

这里所说的与投资相关的多边贸易协定主要指在 WTO 框架下签署的多边投资协定，主要包括 TRIMs、GATS、TRIPs 以及 SCM（见表7）。

表 7　　　　　　　　　　　　WTO 与投资相关的主要协定

协定名称	规范的对象	主要内容
与贸易有关的投资措施协定（TRIMs）	与货物贸易有关的投资措施	将最惠国待遇、国民待遇、透明度、一般取消数量限制等原则引入投资领域。明确禁止当地成分要求、贸易平衡要求、进口用汇要求和国内销售要求等
服务贸易总协定（GATS）	服务贸易领域的国际投资行为（即作为服务提供四种方式之一的商业存在方式）	将最惠国待遇和透明度原则作为一般义务，市场准入和国民待遇作为具体义务，由各成员方以"肯定式列表"的模式就各自的开放义务做出承诺
与贸易有关的知识产权协定（TRIPs）	与货物贸易有关的知识产权保护（涉及外商直接投资企业知识产权的保护）	要求在知识产权保护方面实施最惠国待遇和国民待遇，且提供了最低保护标准和争端解决程序
补贴与反补贴措施协定（SCM）	补贴等投资激励措施	就给予某个特定企业或产业，或一组企业或产业的补贴及反补贴措施进行了规范

资料来源：卢进勇、杜奇华、杨立强：《国际投资学》，北京大学出版社 2013 年版。

在最终达成的 GATS 中确立了"在本协定项下的任何措施方面，各成员应立即和无条件地给予任何其他成员的服务和服务提供者以不低于其给予任何其他国家相同的服务和服务提供者的待遇。""在列入其承诺表的部门中，在遵照其中所列条件和资格的前提下，每个成员在所有影响服务提供的措施方面，给予任何其他成员的服务和服务提供者的待遇不得低于其给予本国相同服务和服务提供者的待遇"等具体承诺的特定义务，为我国带来了拓展美欧等发达国家的机会，但是与其他国际协定一样，发达国家和发展中国家在投资利益方面存在一些区别，如在工业产品的进出口方面，中国占据了有利的地位，那么在机电类产品市场开放和关税降低对中国是有利的，而欧美等国家则更希望开放服务贸易领域。目前中国对 WTO 规则的研究还不够深入，且优秀的 WTO 人才也需要发达国家的高等院校来培养，海外投资领域存在同样的问题，因此，中国必须在国际谈判中处理好发达国家和发展中国家的关系，逐步增强中国在 WTO 中的影响力，这样才能进一步掌握话语权，为海外投资设立完善的利益保障体系。

3. 双边投资协定（BIT）

目前来看，BIT 是国家海外投资利益最有力的保障工具，根据商务部条约法律司的统计数据显示，截至 2011 年 11 月 8 日，我国累计签署双边投资协定 103 项，但是中国海外投资在地域分布上并不均衡，主要集中于香港、开曼群岛、澳大利亚，其中只与香港签订投资安排协议，其余两地与我国并无任何投资保护条约，且开曼群岛属于"避税天堂"，并不能直接反映中国海外投资状况。所以中外 BIT 虽多，但在实际中我国大多数海外投资者的利益无法通过 BIT 得到保障。

现如今国际上普遍流行的 BIT 模式是"准入前国民待遇 + 负面清单"。但三一集团 BC 项目的受阻反映出中资企业在美投资连准入后国民待遇都无法享有。因此，未来的中美 BIT 谈判，首先应该保证最基本的国民待遇（包括准入前和准入后），其次才是负面清单的确定。另外，国家安全和安全例外条款也是中美 BIT 谈判的重要内容，三一集团胜诉案对中美 BIT 谈判的安全例外条款有重要启示。结合第六轮中美战略与经济对话，不仅是三一集团胜诉奥巴马的个案，而且整个中美投资关系的健康发展都要求美方平等公正地对待中资企业的在美投资，改变其原有的单方面的投资审批规则。

4. 国内相关法律体系

目前我国相关部委已经出台了一系列规章制度来保障和规范我国的海外投资利益，但缺乏国家层面的立法和部际协调机制（见表8）。

表8　　　　　中央各部委制定的旨在保障海外投资利益的部分政策法规

序号	文件名称	发布单位	发布日期
1	转发《关于鼓励企业开展境外带料加工装配业务意见》的通知	国务院办公厅	1999 – 2 – 14
2	境外投资联合年检暂行办法	外经贸部、国家外汇管理局	2002 – 10 – 31
3	境外投资综合绩效评价办法（试行）	外经贸部	2002 – 11 – 19

续表

序号	文件名称	发布单位	发布日期
4	关于印发《对外直接投资统计制度》的通知	外经贸部、国家统计局	2002 – 11 – 22
5	关于简化境外投资外汇资金来源审查有关问题的通知	国家外汇管理局	2003 – 03 – 19
6	简化境外加工贸易项目审批程序	商务部、国家外汇管理局	2003 – 06 – 26
7	关于境外投资开办企业核准事项的规定	商务部	2004 – 04 – 01
8	商务部关于印发《在亚洲地区开展纺织服装加工贸易类投资国别指导目录》的通知	商务部	2004 – 05 – 19
9	关于做好 2004 年资源类境外投资和对外经济合作项目前期费用扶持有关问题的通知	财政部、商务部	2004 – 09 – 19
10	关于对国家鼓励的境外投资重点项目给予信贷支持政策的通知	国家发改委、中国进出口银行	2004 – 10 – 27
11	关于印发《国别投资经营障碍报告制度》的通知	商务部	2004 – 11 – 11
12	关于建立境外投资重点项目风险保障机制有关问题的通知	国家发改委	2005 – 01 – 30
13	关于印发《境外投资产业指导政策》的通知	国家发改委	2006 – 07 – 05
14	关于发布《对外投资国别产业导向目录（一）》的通知	商务部、外交部	2004 – 07 – 08
15	关于发布《对外投资国别产业导向目录（二）》的通知	商务部、外交部	2005 – 10 – 08
16	关于公布《对外投资国别产业导向目录（三）》的通知	商务部、外交部、国家发改委	2007 – 01 – 31
17	国务院关于同意推进境外经济贸易合作区建设意见的批复	国务院	2008 – 02 – 18
18	境外投资管理办法	商务部	2009 – 03 – 16
19	关于做好 2008 年度对外经济技术合作专项资金申报工作的通知	财政部、商务部	2009 – 05 – 31
20	关于 2010 年全国对外投资合作工作的指导意见	商务部	2010 – 02 – 26

续表

序号	文件名称	发布单位	发布日期
21	关于印发《境外中资企业机构和人员安全管理规定》的通知	商务部、外交部、国家发改委、公安部、国资委、安监总局、全国工商联	2010 – 08 – 13
22	关于印发《对外投资合作境外安全风险预警和信息通报制度》的通知	商务部	2010 – 08 – 26
23	关于印发《大陆企业赴台湾地区投资管理办法》的通知	国家发改委、商务部和国务院台办	2010 – 11 – 09
24	境外中资企业（机构）员工管理指引	商务部、外交部、国资委、全国工商联	2011 – 03 – 04
25	对外投资国别产业指引（2011 版）	商务部、国家发改委、外交部	2011 – 8 – 30
26	关于支持境外经济贸易合作区建设发展有关问题的通知	商务部、国家开发银行	2013 – 12 – 13
27	境外投资管理办法	商务部	2014 – 09 – 06

资料来源：根据商务部、国家发改委、财政部和国家外汇管理局等政府部门官方网站公布的文件整理。

从我国企业赴美投资的现状来看，我国企业面临着政治性、经济性的风险，现行的体系存在严重的缺陷。由于缺乏基础性的、统一的专门立法，现行的境外投资保障措施无法制度化，缺乏共同的原则性指导，这不仅造成了区别主体立法，而且还可能出现部门措施、政策之间的相互矛盾。因此我国应该进一步建立健全国内立法体系。

另外，我国应进一步完善海外投资保险制度，而这早已是主要资本输出国采取的保护本国海外投资，防范政治风险的基本保证措施。海外投资保险制度实质是国家保证，但目前我们缺乏立法。为此我们应健全审批机制（由政府机构承担），设立由财政部牵头，商务部、外交部及发改委等相关部委参与的投资决议委员会，在企业进行海外投资审批时，申请海外投资保险。

（二）海外投资利益保障机制的具体措施

针对我国赴美投资屡遭调查并蒙受损失的严峻形势，结合我国海外投资的现状，我们应从国际、国内两个方面，政府、行业、企业三种维度进行系统化、有针对性地应对国家安全审查的挑战。

1. 国际合作，致力于各国投资政策的国际协调

加强国际合作，从国家投资政策方面影响东道国的取向，实现投资政策的国际协调是妥善解决投资纠纷、应对国外歧视的首选。

《2012 年世界投资报告》非常鲜明地提出了"迈向新一代投资政策"，全面介绍了 UNCTAD 制定的综合性可持续发展投资政策框架（Investment Policy Framework for Sustainable Development，IPFSD），这一政策框架可为政策制定者制定国家投资政策提供参考，为国家与国际投资政策的探讨与合作提供基础（见表 9、表 10）。

表 9   可持续发展投资政策制定的核心原则

层面	核心原则
推动可持续发展的投资	投资政策制定的首要目标是使投资推动包容增长和可持续发展
政策一致性	投资政策应当基于一国的整体发展战略，所有与投资有关的政策都应当在国内和国际层面一致和协调
公共管理和体制	投资政策应当覆盖所有利益相关者，基于符合法规及高标准社会管理的体制框架，并保证投资过程可预测、高效和透明
动态化政策制定	应对投资政策进行有效性和相关性的定期检查，并根据情况变化进行调整
平衡权利和义务	为了共同发展的目标，投资政策应当在政府和投资者的权利和义务之间寻求平衡
监管的权力	每个国家都有权设立外资进入和运营的条件，这种条件应符合国际承诺，考虑公共利益，并最小化潜在的负面影响
对投资开放	投资政策应与国家发展战略相统一，为投资设立开放、稳定和可预测的进入条件
投资保护和待遇	投资政策应当为投资者提供恰当的保护和实质上无歧视的待遇
投资促进和便利化	投资促进和便利化政策应当符合可持续发展目标，并最小化吸引外资的不正当竞争风险
公司治理和公司责任	投资政策应当鼓励和支持公司遵守社会责任的国际惯例并实现良好的公司治理
国际协作	国际社会（尤其是最不发达国家）应当协作应对共同的投资——发展政策挑战，国际上应采取集体行动防止投资保护主义

资料来源：《2012 年世界投资报告》。

表 10   可持续发展投资政策框架下国家投资政策指南的结构

投资和可持续发展战略	将投资政策整合到可持续发展战略之中； 最大化投资对建设生产能力和提高国际竞争力的贡献
投资监管和促进	涉及关于以下方面的特定投资政策： 　投资建立和运营； 　投资待遇和保护； 　投资者责任； 　投资促进和便利化

续表

投资相关的政策领域	确保和其他政策领域的一致性，包括：贸易、税收、知识产权、竞争、劳动力市场管理、土地、企业社会责任和公司治理、环境保护、基础设施和公私合作
投资政策有效性	设立有效的公共机构实施投资政策； 衡量投资政策有效性并在新投资政策制定时吸取之前的经验教训

资料来源：《2012 年世界投资报告》。

2. 经济外交，多种途径建立互信寻求共赢

一方面，我国应当积极参与全球治理，适当调整不结盟政策，适当介入国际热点地区和难点问题，适当向周边小国和与我有矛盾国家让利，宣传中国模式，早日布局和建立海外利益的保护机制与机构；坚持对外投资互利共赢的原则，听取东道国的不同声音和批评，充分发挥中非发展基金等公益性基金的作用；坚持和平外交政策与和平崛起战略，营造企业发展的良好的国际外交环境。

另一方面，我们应不断修改和完善已经签署的双边与区域投资保护协定和税收协定，增签新的协定；在推进和实施中国的自由贸易区战略时，增加国际投资内容，或单独签署与投资相关的协定；积极推进 MAI 或 MFI 谈判的重启，支持建立多边国际直接投资规则。正在进行的中美 BIT 谈判显然是目前的工作重点。

3. 内外联动，做好对外投资与引进外资的政策协调

进一步完善内外联动、互利共赢、安全高效的开放型经济体系，将"走出去"战略和利用外资战略有机结合，加强其互动性和关联性。国家安全审查的歧视性行为体现了东道国对待外资的态度，实际上是东道国对外资的歧视，我国政府应当坚决抵制，并将行动提升到国家战略高度，纳入"走出去"战略，必要时适当修改我国的利用外资战略，对美方应据理力争，坚决予以回应。

4. 完善机制，健全对外投资服务促进体系和风险防范体系

近年来，中国政府相关部门已经逐步建立了对外投资促进服务体系。但是，这个体系还不够完善和不够强有力，特别是在帮助企业应对与突破投资纠纷方面。这主要是因为这个体系对这方面的问题关注还比较少。今后，在完善和强化对外投资促进服务体系的过程中，应多关注国外相关的政策法律障碍，应通过介绍东道国投资软环境、告知政策法律障碍的最近发展、提示和预警投资风险以及提供信息咨询服务等途径支持中国企业"走出去"。同时，我们应充分借鉴国外发达国家完善的海外投资保障机制，不断健全国别投资经营障碍报告制度，逐步建立适合我国国情的风险防范、保险保障和利益维护机制。另外，我国尽快建立类似 CFIUS 的机构，搭建对等交流的平台，为中国企业海外维权设立专门的协调机构。

5. 行业自救，借助行业组织的力量进行公关宣传

我国企业要想绕开国家安全审查机制成功走进东道国，除了政府的努力之外，行

业协会或行业组织的力量不容忽视，因为在很多情况下，政府机构参与投资纠纷往往有越权干预经济活动的嫌疑，单个企业又形单影只力量薄弱，此时行业组织则可以充分发挥其特殊的地位和行业影响力，做好沟通搞好公关，从而巧妙地化解矛盾和纠纷。

日本的海外投资在国外也会招致国家安全审查，但他们通过行业组织的力量，一定程度上有效地化解了此类纠纷。日本社会和经济事务研究所是独立的非营利性组织，受到日本企业、个人和海外子公司的资助，致力于在海外建立与日本经济相关的公共关系，其宗旨是努力缩短日本和其他国家质检以及日本商界和整个社会之间的理解差异。我们也应该充分利用行业组织（协会）的力量，如果有可能动用私人层面的外交关系，积极而又低调的宣传中国政府和企业的正面形象，影响政界、引导舆论、感染民众。

6. 充分调研，熟悉法律，做好评估，定好规划

所谓知己知彼方能百战百胜，要想在"走出去"的过程中成功地实现全球化战略，首先要做好调研的准备工作。据统计，摩托罗拉在中国投资之前，光调研费用就花了 1.2 亿美元，而用于法律调研费用就占总费用的 17% 之多。我国企业在进行对外投资决策前应熟悉和把握东道国的投资环境，既包括硬环境，也包括当地的社会文化舆论等软环境。

我们首先要做的就是熟悉国外的法律法规，从法律上"入乡随俗"。各国的法律千差万别，而且海外投资所涉及的法律条款众多，无论是绿地新建的手续办理还是海外并购的审查流程，不管是人事任免还是财务税收，法律问题都疏忽不得。另外，以往我们的企业对软环境中的政策法律环境比较重视，今后还应该在进入投资前对非政策法律环境（如工会组织、反对党、非政府组织、舆论媒体、宗教团体、社会风俗、企业社会责任等）进行全面把握，只有这样才能在投资过程中灵活并且有针对性地应对各种非政策法律障碍。最后，我们要做好风险评估和长远规划，不要总在幻想一劳永逸的并购，要做好持久战的准备。的确，海外投资是一场持久战，企业要有充分的思想准备和高度的战略眼光，要制定长远的发展规划和灵活的投资策略，不必在意一时一地的得失，而且应当充分发挥自身优势，合理利用天时地利人和的机遇。

7. 灵活多变，巧妙绕开审查机制的矛头

在计划进入东道国的敏感行业（资源与能源行业、基础设施行业、高科技行业、有品牌的行业等）进行投资时，我国企业应注意选择合适的投资进入策略，应提前做好准备和进行可行性研究，可以国企与民企合资进入，可以我国企业与外国企业合资进入，也可以我国企业与当地企业合资进入；另外，不应过于密集地进入某个国家（地区）或某个产业领域进行并购投资或新建投资。同时，在进行海外投资的时候要注意到投资的方式不止一种，应当因地制宜、灵活应对。如通过绿地新建的方式避开国家安全审查，因为此审查机制针对的大多是跨国并购。

8. 加强公关，借助中介地缘优势做好宣传

媒体的猜忌、民众的怀疑抵触在很大程度上源于对我国企业和相关投资项目本身

缺乏全面了解。对此,我国企业应注意拿出一定的资金开展公共外交工作,如:针对反对意见做出正面回答,主动增加媒体曝光度;与各种民间组织举办公开的系列讨论会,讨论反对或赞成投资收购的理由;支持当地民间组织举行签名运动或让选民直接写信给每个选区的议员,这种以民心为基础的签名比上层精英游说更为有效。通过企业开展的公共外交活动,可以让媒体和民众知道我国的投资企业是负责任的企业,使我国企业互利共赢的投资动机能够为大家所熟知。

另外,面对陌生的国度、迥异的文化和复杂的政治,借助律师事务所、咨询公司和公关公司的力量来实现跨国并购不失为一个理想的选择。2005 年和 2011 年中海油的两次并购,第一次失败了,第二次成功了,原因有很多,其中一条就是 2011 年的并购中海油聘请了艾伦·拉森的律师事务所负责项目的政府公关和游说。

9. 践行责任,积极主动地融入当地文化

中国的跨国公司应当主动践行社会责任,积极参与公益事业,树立良好的企业形象,并深入当地社区,融入当地文化,在实现自身经济利益的同时给东道国带去社会价值,从而实现互利共赢的"走出去"。

在这一点上,日本的经验同样值得我们学习。三井美国基金会成立于 1987 年,致力于促进对残疾人的关心和再教育;丰田美国基金会也是成立于 20 世纪 80 年代,致力于促进从幼儿园直到高中的科学教育。

同时应贯彻实施当地化战略,既包括产销模式与员工聘用的当地化,也包括企业文化和管理理念的当地化,只有融入当地社会文化之中,才能克服各种障碍,才能收获口碑和民心,才能获得商业投资的成功。

参考文献

[1] 陈积敏:《论中国海外投资利益保护的现状与对策》,载《国际论坛》2014 年第 5 期。

[2] 李锋:《美澳国家安全审查制度的比较及中国的应对策略》,载《国际贸易》2012 年第 11 期。

[3] 梁勇、东艳:《中国应对中美双边投资协定谈判》,载《国际经济评论》2014 年第 4 期。

[4] 刘凤朝、姜滨滨:《中国企业跨国并购的国家安全审查:以美国为例》,载《科学学与科学技术管理》2010 年第 3 期。

[5] 刘宏、汪段泳:《金融危机后中国对外直接投资的海外利益研究》,载《经济理论与经济管理》2011 年第 8 期。

[6] 卢进勇、李锋:《国际投资保护主义的历史演进、特点及应对策略研究》,载《亚太经济》2012 年第 4 期。

[7] 卢进勇、李锋:《国际投资保护主义新发展及中国的对策》,载《国际经济合作》2012 年第 3 期。

[8] 卢进勇、邹赫、杨杰:《新一代双边投资协定与中美和中欧 BIT 谈判》,载《国际贸易》2014 年第 5 期。

[9] 桑百川:《新一轮全球投资规则变迁的应对策略——以中美投资协定谈判为视角》,载《学术前沿》2014 年 1 月下期。

[10] 孙效敏:《论美国外资并购安全审查制度变迁》,载《国际观察》2009 年第 3 期。

[11] 王发龙：《中国海外利益维护路径研究：基于国际制度的视角》，载《国际展望》2014 年第3 期。

[12] 翟东升、夏青：《美国投资保护主义的国际政治经济学分析——以 CFIUS 改革为案例》，载《教学与研究》2009 年第 11 期。

[13] 张广荣：《外资并购中的"国家安全"法律问题研究——基于我国企业境外资源能源类、高新技术类投资并购受阻的思考》，载《国际贸易》2008 年第 9 期。

[14] 朱兴龙、李锋：《透过三一胜诉奥巴马案探析中国企业海外投资利益的保护》，载《国际贸易》2014 年第 8 期。

案例五

中美汇率博弈中的经济外交

指导教师：胡再勇

项目组成员：常蔚青　梁雪敏　乔培根　卢　泽　李姝澜

摘要： 本案例以中美汇率博弈过程中的经济外交为研究对象，详细分析了中美汇率博弈的背景、汇率博弈中中美可能的选项、中美汇率博弈过程及经济外交的得失。本文认为中国在中美汇率博弈中的经济外交有得有失，在前期，由于美方施压力度大、时间集中、方式多样以及府院联动等原因，而中方缺乏有力外交应对策略，导致人民币升值过快，资本市场过快开放；2008年金融危机爆发后，中国经济外交策略得当，形式多样，保持了汇率的基本稳定。

一、背景

中美两国之间关于人民币升值问题的争端始于20世纪90年代人民币汇率制度改革，而两国之间关于汇率问题的矛盾则是随着美对中贸易逆差连年扩增而逐步激化加深。

1993年，美国财政部在一份递交给国会的报告中将中国列为汇率操纵国，同年9月和7月中国均被置于汇率操纵国名单上；

2002年摩根士丹利经济师史蒂芬·罗奇提出"中国输出通货紧缩论"，引起国内外轩然大波；

2009～2010年间，美国总统奥巴马三次呼吁人民币升值；

2010年，美国国会召开人民币汇率听证会，国会众议院通过施压人民币法案；

2011年，美国会参议院通过了《2011年货币汇率监督改革法案》，要求美国政府对所谓"汇率被低估"的主要贸易伙伴征收惩罚性关税。

这十几年间，中美汇率矛盾逐步升级，事态逐步恶化，美方及诸多西方国家组织大有人民币不升值便不罢休之趋势。而人民币究竟应不应该升值，是利大于弊还是弊大于利，这一问题应该从中美两国的角度加以分析。

首先，中国方面，从1994年1月1日起，我国实行人民币汇率并轨，官方汇率由

1993 年 12 月 31 日的 5. 80 元人民币/美元大幅贬值至 1994 年 1 月 1 日的 8. 70 元人民币/美元，并实行单一的有管理浮动汇率制，取消外汇留成与上缴，实施银行结售汇，实行以市场供求为基础的、单一的、有管理的浮动汇率制度，建立统一规范的全国外汇市场，实现人民币经常项目可兑换，开始了人民币的市场定价。① 汇率改革后带来的显著效果是有目共睹的，这一制度不但减少了经济运行的中间成本，而且使中国的出口立即受益。加之中国劳动力廉价，西方产业、资金和技术不断向中国转移，带来了逐年增加的巨额外汇储备和贸易逆差，中国经济的实力在这十几年间迅速增强。如果人民币值持续维持此水平，那必将带给中国更大的外贸顺差收入。

　　然而，改革开放后中国的外向型经济却严重依赖海外市场，大规模廉价劳动产品的输出并未给中国带来巨额的净利润，反倒是造成了美欧多国巨大的贸易逆差赤字。由此也引发了美国多次对人民币施压，要求升值；国际上也出现了质疑中国操纵汇率获得不公平贸易优势的言论。

　　对于美国方面，人民币的升值能带来诸多益处。第一，此举能够转移国内压力，从而降低国内对美国新出台经济政策的批评；第二，自布什上台以来，美国新增失业人口 300 万，其中有 250 万都来自因中美巨额进出口贸易而受重创的制造业。而据统计数据显示，2000～2003 年间，中美持续的贸易顺差在 240 亿美元上下波动，巨额的外资流入逐年增加，2003 年高达 535 亿美元。人民币的升值能够缓解美国连年贸易巨额赤字以及失业率上升的不利处境，使美国低迷的制造业获得发展生机；第三，能够在一定程度上抑制中国经济的快速增长，并且促进中国向西方开放资本市场。

　　由此看来，对中美双方而言，汇率问题的实际是来源于国家政治、经济等多方面利益权衡，反映国家对自身国家利益的关注。中国应如何正确应对人民币升值问题，寻求国际平衡的支点，将是一个巨大的挑战，也将会面临许多的选择。

二、中美在人民币汇率政策调整上面临的选择

　　从上述的背景介绍部分可以看到，中美汇率博弈其实是中美政治经济博弈中的一个部分。正所谓，外交是内政的延伸，一个国家的外交政策必然要服务于其国内的需要，着眼于人民币美元双边汇率的中美博弈也一样会受到两国国内外因素的影响。

（一）中国在人民币汇率上面临的选择

　　自 2001 年加入 WTO 以来，中国对外开放的程度大大增强，货物进出口总额急剧增大，从 2001 年的 5 096. 50 亿美元，到 2003 年的 8 509. 88 亿美元，② 短短两年之间，进出口贸易总额就增加了 67%，如此快的增速配上中国的经济总量，不得不让

---

① 胡晓炼：《我国外汇管理体制改革的历程和经验》，载《中国金融》2008 年第 4 期。
② 中华人民共和国国家统计局。

世界重新开始关注中国，也难怪日美等西方国家开始关注人民币汇率问题，敦促人民币升值。对于人民币汇率调整的问题，不管国际社会的压力有多大，中国的政策制定者最终还是必须要着眼于国内长期的发展，国家利益才是一切政策的根本。国内的经济目标应该是保持中国经济平稳快速增长。

1. 中国政府可能会考虑的因素

（1）产业结构的优化与对外经贸的发展。改革开放以来，我国主要是个出口导向型的国家，主要依靠出口赚取外汇，来促进国内经济社会的发展。出口作为拉动我国经济增长的"三驾马车"之一，为我国经济发展提供了持续的动力。

改革开放以来，出口加工贸易占我国出口的比重增大，是对外贸易增长的重要力量。廖丹认为，在加工贸易中，来料加工的比重从1988年的44.7%增加到了1997年的70.4%，[1] 人民币升值会降低进口原料成本，抵消掉由于人民币升值而造成的对出口价格的不利的影响，从而使得我国的出口竞争力不会因为人民币的升值而受到过大的冲击。[2] 从1999～2003年的进出口贸易数据中可以看到，尽管期间人民币一直在升值，但是中国还是能保持一个相当规模的贸易顺差，虽然有所波动，但是贸易顺差一直在200亿美元以上。[3] 因此，只要人民币不是在短期内急剧升值，而是缓慢地升值，就可以给国内产业一个调整和适应的时间，从而不会对中国出口的总体情况造成致命的打击，但是一定的负面影响肯定还是有的。

商务部部长助理傅自应在2004年1月12日于中国对外贸易理事会年会暨中国国际投资与贸易形势报告会上表示，"近年来中国贸易大国的地位逐步确立，吸收国际资本、吸引国际产业转移的优势得以保持，但中国外经贸运行的质量和持续发展的能力还有待进一步提高。"[4] 这些年来，中国的出口高能耗、高污染、低附加值，低廉的价格给中国产品赢得了国际市场，但是对外贸易的质量和效益却并不是特别的高。人民币的缓慢小幅升值将有利于促使国内产业转型升级，向产业链的更高端发展。

（2）国家外汇储备与外债水平。人民币汇率变动的一个直接影响就是我国外汇储备转化为人民币计价时数额会变化。今年来，随着我国对外贸易规模的扩大，每年的贸易顺差积累使我国官方外汇储备逐年增加，截止到2003年，我国官方外汇储备已达到4 032.51亿美元，[5] 人民币升值无疑会使外汇储备转化为以人民币计价时大幅缩水。

但是，我们也应该注意到，2003年我国外债债务率达到了45.23%，外债余额的规模高达2 193.6亿美元，[6] 人民币升值一方面使用人民币计价的外汇储备缩水；另一方面也会使用人民币计价的外债规模减小。中国的偿债压力会降低，对外融资的成

---

①② 廖丹：《人民币汇率波动对我国进出口的影响》，载《湖南税务高等专科学校学报》2003年第2期第16卷。

③ 资料来源：中华人民共和国国家统计局。

④ 外交部："成为贸易强国：中国外经贸运行质量有待进一步提高"，2004年1月12日。

⑤⑥ 资料来源：中华人民共和国国家外汇管理局。

本也随之下降。

（3）人民币国际化。在总结世界主要国家货币国际化的历史经验的时候，国际货币基金组织（IMF）提到一条：合理的汇率体制，包括两个方面，在汇率上要能够客观地反映外汇市场的供求关系，正确引导外汇资源的合理配置；在汇率体制上要实行有管理的浮动汇率制。[①] 因此，在人民币走向国际化的过程中，逐步让人民币汇率更多地由外汇市场的供求关系决定将是重要的一步，但是这也是一步险棋，因为强大的供需错位或许会使人民币短期大幅度升值，从而对中国经济产生不好的影响。所以，人民币国际化的实现将是一个谨慎而且缓慢的过程，而且渐进式改革可能将会是一个比较好的方式。

从人民币国际化的角度分析，人民币保持升值的态势，并维持短期的相对稳定，将使人民币更容易被选为国际储备货币，特别是在 1997 年亚洲金融危机之后，美元和欧元都大幅贬值的情况下。

（4）国内就业压力。中国有 13 亿人口，其中农民就有 9 亿之多。随着社会经济的发展，农村人口向城市转移是必然趋势。[②] 几亿农村低技能的劳动力向城市转移，大量的低端的劳动力密集型产业成为吸纳这些劳动力的主要力量。但是，倘若人民币升值，这些本来毛利润率就很低的出口产业便会受到很大的冲击，在它们被市场淘汰的同时，大量的低技能劳动力将面临失业的风险。就业环境的恶化并不利于我国的稳定。

（5）国内经济的不稳定性。虽然中国的经济总量已经很大，但是其不稳定性也相当显著。虽然改革开放已经有三十多年的时间了，但是中国的金融体系和企业制度还没有完全跟上市场经济国家的步伐。中国的金融部门和金融市场尚处于不成熟的阶段，难以承受汇率剧烈波动的压力和冲击。中国的国企尚未完全建立现代企业制度，也无法快速地适应汇率的大变动。在这种情况下，要保持中国经济平稳快速发展，则需要一个相对稳定的人民币汇率。同时，孙鲁军指出，中国经济发展速度快、资本市场欠发达、进出口贸易基本上都以单一货币美元来计价，这使得人民币汇率的稳定十分重要。[③]

因此，对于中国来说，维稳是一直以来都不容忽视的工作，没有稳定的国内外环境，则难以真正实现经济的稳定增长。

（6）中美关系与贸易战。随着中国不断地融入国际社会并成为其中越来越重要的一员，中国需要更多地考虑国际社会的感受，尤其需要处理好与当今唯一的超级大国——美国的双边关系，这也是符合中国"大国是关键、周边是首要、发展中国家是基础、多边是舞台"的外交大方针的。同时，随着经济合作、贸易往来，中美两国对对方的依赖度越来越高。所以，中国如果因为汇率问题而与美国撕破脸，双方甚

---

①　于中琴：《试论中国人民币走向国际化的必要条件》，载《当代经济研究》2002 年第 10 期，第 71 页。

②　张建勇、刘益平：《人民币升值对我国经济的影响》，载《金融观察》2004 年 10 月号，第 16 页。

③　孙鲁军：《人民币汇率究竟怎么了》，载《中国经济时报》2005 年 6 月 14 日版。

至爆发贸易战，那对双方来说都会是相当不明智的。因此，适当考虑美方的建议是有一定必要的。

2. 中国可能的选择

从上述六个方面来说，中国在人民币汇率问题上可供的选择其实并不多。总体上来讲，大趋势应该是会以保持人民币汇率相对稳定为重要的前提，在此前提下，人民币可以小幅升值。

考虑到中国政府一向是我国主权坚定的维护者，而一国汇率的决定权是一国主权的重要组成部分，因此，政府由于屈服于外部压力而直接使人民币升值并不见得是我国政府会采取的做法。中国政府可能会向美国承诺实行汇改，使人民币汇率得以小幅度波动，从而间接地实现人民币升值的效果，但是何时会真正地行动起来则是不能给美国承诺的。

同时，迫于美国的压力，中国或许会通过扩大内需、促进进口，降低进口关税，派大型采购团访问美国等途径来缓和中美之间贸易失衡的状况，切实地致力于解决中美贸易失衡问题。

（二）美国在人民币汇率上面临的选择

1. 美国政府可能会考虑的因素

（1）政治考量。每一届美国总统及其领导班子都无法忽略美国的政治现实——总统是选民选出来的，无法忽略选民的呼声，国会是唯一的立法机构，有权通过立法约束政府行为。因此，在中美双方博弈的过程当中，总统及政府是无法忽略选民和国会的声音的。

在人民币汇率问题上，2001 年由美国制造商协会发起而成立的，代表着美国 95% 的出口商的 "健全美元联盟"（Coalition for a sound Dollar）通过游说国会、发布报告、政治捐款等方式，对美国政府和国会造成了巨大的压力。[①] 国会多次试图把中国列为汇率操纵国，并对华实施贸易制裁。来自国会的压力，美国政府难以忽略。

同时，2004 年正值美国总统大选年，选战则在 2003 年便已经爆发。由于民主党候选人炒作人民币汇率，不管小布什总统之前有没有要压迫人民币升值的想法，此时也只好被动地反击，于是顺便就将美国的贸易赤字归咎于人民币汇率过低。处于竞选连任的考虑，小布什政府也只好对中国政府施加压力了。[②]

（2）美国的国际地位。中国近年来经济总量越来越大，2002 年中国国内生产总值达到了 120 332.69 亿元人民币，[③] 如此巨大的总量，加上中国经济的连续高速增

---

① 邓彪、赵维焘：《论美国利益集团在人民币汇率问题上的结盟运动——以 "健全美元联盟"、"公平货币联盟" 为例》，载《中南财经政法大学研究生学报》2010 年第 8 期。

② 陈乔之、李锦元：《人民币汇率争议及其对中美经济关系的影响》，载《南方金融》2004 年第 1 期，第 13 页。

③ 资料来源：中华人民共和国国家统计局。

长，使美国作为唯一的超级大国，不能再坐视不管了。美国当然不愿意容忍任何国家的崛起对其国际地位构成威胁。20世纪的日本和德国经济崛起之时，虽说是盟友，美国也不会手下留情，通过迫使两国货币大幅升值，以重创两国的经济，日本到目前为止还没有走出当年广场协议造成的经济阴影。美国这次也可以通过压迫人民币升值，来借机打压中国的崛起，维护美国绝对老大的国际地位。但是，人民币升值，那美元就要贬值，弱势的美元不利于美元维持国际储备货币和国际结算货币的地位。

（3）出口与失业率。美元对多个货币的普遍贬值，能促进美国出口的增长，从而国内企业就能吸纳更多的劳动力，降低美国失业率。但是这却无助于解决中美之间贸易严重失衡的问题。

之前已经有学者的研究显示，美国长期保持着贸易逆差，当期的逆差只是之前逆差正常的惯性增长。而美国的国际收支平衡表里，只要资本和金融账户上的顺差能够弥补经常项目上的逆差，就可以认为美国经常项目上的逆差是可持续的。结合李石凯（2004）对近十年来中美双边贸易的研究，人民币汇率与美国贸易逆差两者之间并没有必然联系。[①]

（4）国内通胀水平。美国企业中有很多都把工厂搬到了中国，在中国加工完产品后，通过国际贸易的方式回售美国，倘若人民币升值，将对此类美国企业造成不良的影响。此外，人民币的升值将减少美国人能买到廉价商品的数量，无助于美国降低国内通胀水平。

（5）中美关系与贸易大战。虽然美国不希望中国崛起挑战其地位，但是中国崛起似乎已经不可逆转。如今在经济上，美国与中国的经济往来不断增多，双方对彼此的依赖程度也不断增强，政治上，美国也需要中国在国际舞台卜与美国合作，协助美国解决重启六方会谈等问题，将中国推到美国的对立面上是不符合美国的利益的。所以，美国也有必要与中国保持良好的关系。美国政府还必须得与国会周旋，避免将中国列为汇率操纵国，从而引起对双方都不利的贸易大战。

2. 美国面临的选择

从上述五个方面来讲，美国可供的选择主要有两个。

美国可以选择持续地向中国政府施压，要求人民币升值，但是为避免贸易大战，美国也要适当地向中方妥协，双方都作出适当的妥协。在这个过程中，美国通过施压人民币，有望让中方作出妥协，让美国获得在其他领域的利益，如进入中国资本市场等。

美国也可以不顾中美关系恶化，可以执意将中国列为汇率操纵国，并实行贸易制裁。

---

① 李石凯：《美国贸易逆差：增长惯性与可持续性》，载《当代财经》2004年第10期，第83页。

三、中美博弈过程

　　人民币汇率之争最早于 2002 年由日本挑起。随后，随着美国对中国贸易逆差的扩大，美国从日本手中夺过这一旗帜。于是人民币汇率问题在随后的近十年里，成为中美双方博弈的热点话题。美国通过各种场合，运用多种方式给中国政府施加压力，试图压迫人民币升值。中国政府在西方国家的压力下，有时也适时地妥协，同时也按照自身的需要，稳步推进人民币汇率形成制度的改革。

　　下文将从五个部分来分析中美自 2002 年以来关于人民币汇率问题的博弈过程。在前两部分里，我们将通过两个中美在人民币汇率问题上博弈的实例，来分析中美博弈的过程。随后的部分将重点介绍中美自 2006 年来建立的双边磋商机制——中美战略经济对话。希望通过对每一次对话期间中美双方的接触、磋商、交锋，以及对话达成的成果来分析汇率博弈的过程。最后一部分将介绍经过了近十年的博弈，随着人民币的不断升值和汇率制度的逐步改革，博弈也走向终结。

（一）2005 年汇率改革与汇改前的中美博弈

　　从 1994 年 1 月 1 日直到这次汇改之前，我国实行以市场供求为基础的、单一的、有管理的浮动汇率制。2005 年 7 月 21 日，中国官方正式宣布实施自 1994 年以来的第二次汇率改革，人民币自 7 月 22 日起实行：以市场供求为基础，参考"一篮子"货币进行调节，有管理的浮动汇率制度。从 2002 年 1 月 4 日的 8. 2766 到 2005 年 7 月 21 日的 8. 2765，人民币汇率在这期间顶住了外部压力，维持了汇率的稳定。在长期的压力下，2005 年 7 月 22 日，汇改之后的第一个交易日，人民币对美元汇率一次性升值了 2%，达到了 8. 11 的高位。这一轮博弈，以美国的持续高压开始，以人民币的汇改和升值告终。下面我们来回顾 2005 年汇改前中美博弈的过程。

　　1. 美国官员高调表态，国会持续提案，中国象征性回应

　　2003 年 2 月至 2004 年 1 月，美国国会通过了 13 起关于中国贸易实务的法案，其中有 11 项法案中提到了人民币的"低估"和敦促人民币升值的问题。[①] 2003 年 6 月 16 日，时任美国财长的斯诺首次就人民币汇率问题发表公开谈话。[②] 7 月 17 日，时任美联储主席格林斯潘在国会作证时表态，希望中国给予人民币更多的灵活性。[③] 8 月 26 日，美国国家安全委员会举行了一次会议，会上，布什总统表示美国应采取强硬的金融外交战略，为斯诺 9 月初的访华奠定了基调。9 月 1 日，布什总统在俄亥俄

---

　　① Thomas Legislative Information, Library of Congress, available at thomas. loc. gov/home/Thomas. html.
　　② 周叶菁：《美国对华金融外交研究》，复旦大学博士论文，2009 年 4 月 10 日。
　　③ 邓彪、赵维寰：《论美国利益集团在人民币汇率问题上的结盟运动——以"健全美元联盟"、"公平货币联盟"为例》，载《中南财经政法大学研究生学报》2010 年第 8 期。

州发表劳工节演说，表示对美国几百万制造业岗位丧失的痛心，对"中国的不公平的汇率政策"的不满，发誓会创造一个公平的贸易环境。①

这些举措并未对人民币汇率造成实质性的影响。中国及时表示会坚持自己的立场，宣称不会因某个人的来访而改变人民币汇率，但愿意作出放宽资本管制的象征性举动。② 于是，在斯诺来访前几日，人民币对美汇率以小幅度逐步回升至 8.277 以上，斯诺回国后，10 月份的人民币汇率又缓慢跌至原水平。

2. 美国调动民间力量，携手国际社会施压，中国不惧压力

紧接着，没达到目的的美国又采取了一系列重磅措施。包括全国制造商协会在内的 80 多个贸易组织，敦促美国国会和布什政府要求中国重新确定人民币币值，从而削弱中国商品在美国的竞争力。2004 年 9 月 9 日，由美国劳联—产联（AFL—CIO）组建的公平货币联盟（2007 年以前名为"中国货币联盟"）向美国政府提交了一份长达两百多页的文件，指控中国操纵人民币汇率，声称"中国的汇率政策使美国产业和工业生产蒙受了巨大损失"，并要求政府动用"301"条款进行调查。随后，在纽约州民主党参议员查尔斯·舒默的倡导下，30 位参众两院议员联名提出了与其完全相同的 301 申诉议案，同时对后者的申诉表示了支持。③

尽管美国民间团体和国会议员持续施压，但人民币汇率在此期间仍未有任何异常波动。作为对外部高压的回应，中国政府在 2005 年 1 月 23 ~ 29 日的达沃斯世界经济论坛（World Economic Forum in Davos）上表示，中国将最终采取灵活的汇率机制，但目前尚未就此确定时间表，而且也不会迫于外界压力放弃人民币汇率钉住美元的政策。

美国还携手国际社会合力施压人民币升值。2004 年 10 月和 2005 年 2 月，中国人民银行行长周小川、财政部部长金人庆两次受邀在 G7 会议上亮相。在当时美元汇率连续下跌，美欧等方面鼓吹人民币升值热情不退的情况下，人民币汇率被作为一项重要议题，中国的 G7 之行有赴"鸿门宴"之虞。欧洲央行首席经济学家伊辛在会前就曾代表 G7 呼吁，包括中国在内的亚洲国家应提高本国货币的汇率，以帮助美国缩小目前过于庞大的贸易逆差。④ 与此同时，美国还企图联合欧盟通过贸易制裁向人民币施压。

3. 美国实施惩罚性措施，中国积极交涉后适时作出妥协

2005 年 2 月 3 日，舒默协同南卡罗莱纳州共和党参议员林德塞·格雷汉姆向国会提交了一份后被称为《舒默—格雷汉姆议案》的提案，要求人民币汇率必须在六个月内升值 27.5%，否则将对中国出口商品加征 27.5% 的进口关税。⑤ 参议院以 67

①　曾雄军：《美国利益集团施压人民币升值的路径分析》，载《外交评论》2013 年第 3 期。

②　《斯诺访华老调重弹海外媒体评"政治秀"》，中新社，2003 年 9 月 3 日。

③　邓彪、赵维焘：《论美国利益集团在人民币汇率问题上的结盟运动——以"健全美元联盟"、"公平货币联盟"为例》，载《中南财经政法大学研究生学报》2010 年第 8 期。

④　张军果：《中美人民币汇率之争的回顾与思考》，载《唯实》2010 年 12 月 15 日版。

⑤　王丽军、周世俭：《人民币汇率：美国还在施压》，载《世界知识》2007 年第 6 期。

对 33 的压倒性多数通过该议案。舒默修正案的通过引起了白宫的震动，斯诺派特使访华，要求人民币升值 10~15 个百分点，即升到 7.44~7 元人民币兑换 1 个美元。[①] 但是，这样的要价是当时大部分中国出口企业所无法承受的。

2005 年 3 月 25 日，美国国会下属的美中经济和安全审议委员会（USCC）三管齐下：一是敦促国会向政府施压，要求政府将中国操纵汇率提交 WTO 仲裁；二是建议美国国会修正《1988 年综合贸易和竞争力法案》，以限制美国财政部灵活运用该法案技术定义而避免将中国列入汇率操纵国；三是敦促国会立即全面上调中国产品进口关税，以逼迫近期内人民币对美元汇率至少大幅上调 25%。

2005 年 4 月初，美国政府宣布将对从中国进口的纺织品和服装进行调查，从而确定是否需要重新实施配额限制，以保护美国国内纺织服装业制造商的利益。[②] 5 月 13 日，美国商务部长卡洛斯·古铁雷斯宣布，美国政府已决定对棉质裤子、棉织衬衫和内衣裤三个类别的中国服装产品重新实行配额限制。根据这一决定，这三类中国产品进入美国市场的数量当年最多只能增长 7.5%。[③]

中国政府迅速做出回应。5 月 14 日，商务部新闻发言人崇泉声明，中国政府对此表示坚决反对。中方认为，中国上述三种产品对美出口并没有造成市场扰乱，并且全球纺织品一体化刚刚实现 4 个月，美方就依据短期的不准确的数据对中国纺织品设限，无疑开了一个极坏的先例，将严重损害多边贸易体制。[④] 中国政府保留在世贸组织框架下采取进一步措施的权利。中方敦促美国修正错误做法，避免因滥用贸易保护主义措施给中美双边经贸关系蒙上阴影。[⑤]

5 月 18 日，美国商务部下属的纺织品协议执行委员会宣布再次对四类中国纺织品实行进口配额限制，理由是这些纺织品"正在威胁和扰乱美国的市场"。时任中国商务部部长薄熙来当天就在北京《财富》全球论坛上发言谴责："在国际贸易中不能采用实用主义态度，对自己有利的执行，对自己不利的就不执行。欧美把纺织品进口较快增长的责任归于中国，对中国的产品设限，这是不公平的。"[⑥]

随后，中国派出商务部副部长高虎城特地访问华盛顿，与美方进行交涉。[⑦] 欧盟贸易委员曼德尔森也同时访华。6 月 11 日，中国与欧盟双方经过长达 10 小时的谈判，终于达成协议，暂时避免了一场可能升级的贸易战。欧盟放弃对中国两种纺织品

---

① 王丽军、周世俭：《人民币汇率：美国还在施压》，载《世界知识》2007 年第 6 期。

② 崔笑愚：《美调查纺织品为重施配额制寻佐证》，人民网，2005 年 4 月 6 日，http：//finance. people. com. cn/GB/42773/3299025. html。

③ 《美国决定对三类中国服装产品重新实行配额限制》，新华网，2005 年 5 月 14 日，http：//news. xinhua-net. com/world/2005 – 05/14/content_2955894. htm。

④ 《美国特别限制中国三种纺织品》，商务部官网，2005 年 5 月 16 日，http：//www. mofcom. gov. cn/aarticle/wtojiben/t/200505/20050500091798. html。

⑤ 《中国反对美对我纺织品设限》，解放日报，2005 年 5 月 15 日。

⑥ 《商务部部长薄熙来在〈财富〉全球论坛上的演讲》，人民网，2005 年 5 月 18 日。

⑦ 《美再对我国 4 类纺织品设限，商务部官员赴美交涉》，人民网，2005 年 5 月 23 日。

实施"特保"措施。① 虽然中方也做出了一定退让，从 6 月起大幅度提高纺织品出口关税，幅度约为原来的 5 倍，但在人民币汇率问题上依然坚定立场，汇率仍未有大的变化。

2005 年 7 月 21 日，中国官方正式宣布实施自 1994 年以来的第二次汇率改革，人民币自 7 月 22 日起实行：以市场供求为基础，参考"一篮子"货币进行调节，有管理的浮动汇率制度。汇改之后第一个交易日，人民币一次性升值 2%。此轮博弈告终。

（二）2006～2008 年中美战略经济对话中的汇率博弈

1. 2006 年 12 月 14～15 日首次中美战略经济对话

此次战略对话的主题将集中在三个领域：在不引起巨大贸易不平衡的情况下保持美中两国经济的持续增长；继续开放贸易、金融和投资市场；改善能源安全和环境。② 同时，在对话开始之前，美国财政部一位高级官员表示，人民币汇率是本次对话的核心部分。③ 国内来自美国国会的政治压力驱使此次美方立场强硬，但美国财长保尔森也清楚一味地施压很难产生效果。保尔森表示，他对中国采取长期性、战略性的策略，期待从此建立起中美双方之间有效的磋商机制，并不迫切要求此次对话能立刻对人民币汇率产生影响。④

面对美方的期待，中国也做出了回应。中国人民银行行长周小川表示，中国将给予此次对话以积极和正面的应对。中美问题权威刘宝成还表示，中方只会按照加入WTO 时做出的承诺承担责任。⑤

对话会上，中美的交锋从汇率问题转向中国市场开放问题。美方利用对人民币汇率的施压换来在其他方面上的利益。美方得到中方承诺，中国将加大在促进出口、优化出口、开放对外投资等方面的改革力度。同时，美方拿到了价值 5.5 亿美元的订单，美国公司还将能够收购中国的家居建材连锁超市、与中国网通共同建立新的互联网解析站点。中国外贸政策自 2007 年起将进行转向积极扩大进口。⑥ 中方通过扩大进口和市场上的开放，缓解了人民币汇率急剧升值的压力，得以按照自身情况自主决定汇率制度改革的时间。

2. 2007 年 5 月 22～23 日第二次中美战略经济对话

此次对话的话题主要集中在服务业和金融市场开放、投资与透明度、能源和环境、平衡增长和创新等议题。对话开幕前，美国宣布对中国适用反补贴法，对华征收反补贴税，欧盟也在考虑重新修订对中国的反倾销政策，对中方形成了实质性的压力。

---

① 《长达 10 小时谈判达成协议　欧盟承诺终止调查中方十类纺织品》，信息时报，2005 年 6 月 12 日。
② 保尔森：《一次与中国的广泛对话》，华盛顿邮报，2006 年 12 月 11 日。
③ 《首次中美战略经济对话将举行　人民币升值成焦点》，中国青年报，2006 年 12 月 12 日。
④ 《美国财长保尔森对人民币汇率问题采取长期战略》，综合外电，2006 年。
⑤ 《中美战略经贸对话　美媒体称不能用波音订单交差》，搜狐网，2006 年 12 月 13 日。
⑥ 《中国外贸政策重大战略调整：积极扩大出口》，上海证券报，2006 年 12 月 16 日。

中国及时做出反击。2007 年 5 月 17 日，国务院副总理吴仪在《华尔街日报》上撰文，指责美国夸大中美贸易不均衡问题，反对某些人鼓吹贸易保护主义。① 实际上，人民币汇率从 2005 年 7 月 22 日汇改前的 8.2765 到 2007 年 5 月 21 日的 7.6652，② 已经累计升值 8%，中方希望中美双方能以长远的角度解决贸易不平衡问题，不要一直在人民币汇率问题上纠缠。③ 保尔森也表示，中国高储蓄率是导致中美贸易失衡的最主要原因。

这次美方在汇率问题和制裁措施上的高压换来了多方面的利益。中国贸易投资促进团在对话前三周里共与美国签署了金额高达 326 亿美元的合同，④ 中国加大开放金融服务市场，中美海关签署加强知识产权执法备忘录，加强对知识产权的保护。同时，中国人民银行宣布，从 2007 年 5 月 21 日起，银行间即期外汇市场人民币兑美元交易价浮动幅度由千分之三扩大至千分之五。吴仪在 24 日晚在美国美中贸易全国委员会等多个团体举行的欢迎晚宴上表示，中国的汇率改革将继续按照自主性、可控性和渐进性原则有条不紊地推进。⑤ 总之，中国积极解决中美双方的贸易不平衡问题，同时也按照自己国情自主可控地推进汇率改革。

3. 2007 年 12 月 12 ~ 13 日第三次中美战略经济对话

此次对话的主题是：抓住经济全球化的机遇和应对经济全球化的挑战。⑥ 在此次对话中，食品安全问题超越人民币汇率问题成为对话的头号议题。但是，不管怎样，人民币仍然是双方的一个必谈话题。

人民币在两次对话之间已经升值了 4%。⑦ 11 月，欧盟代表团访华谈汇率问题时，中方态度强硬，认为是美元贬值过快导致了欧元兑人民币大幅升值。新华社社论指出，美元疲软已经对所有对美出口国的经济造成了影响，持有美元资产的外国投资者已经受到了损害，暗示中国作为美国国债的一大债权国也受到了损害。美国著名"智库"兰德公司亚太政策研究中心主任威廉·奥弗霍尔特撰文指出，中国货币的升值并不会大幅减少美国贸易逆差，而且几乎不会为美国国内创造新的就业机会。⑧

于是，此次对话，美国在人民币汇率上松口，保尔森肯定中国汇改以来的成就，表示"升值速度谈不上迅速，但步伐已经加快"。⑨ 但是，美国代表团仍然不虚此行，因为依据相关审慎性规定，中方将允许符合条件的外商投资公司包括银行发行人民币计价的股票，允许符合条件的上市公司发行人民币计价的公司债券，允许符合条件的

---

① 《吴仪〈华尔街日报〉撰文：推进中美贸易互利共赢》，中国证券报，2007 年 5 月 18 日。
② 资料来源：国家外汇管理局。
③ 《中美战略经济对话十看点　中国本次也"要价"》，中国经济网，2007 年 5 月 21 日。
④ 《中美签署总额 326 亿美元的采购、投资合同或协议》，中国网，2007 年 5 月 24 日。
⑤ 《吴仪：人民币汇率改革将有条不紊地推进》，新华网，2007 年 5 月 25 日。
⑥ 《动向》，理财杂志，2008 年第 1 期。
⑦ 资料来源：中国国家外汇管理局。2007/05/21 汇率 7.6652，2007/12/12 汇率 7.3647。
⑧ 徐松、白洁、杨晴川，《四大关键词引领中美战略经济对话》，新华社每日电讯，2007 年 12 月 12 日。
⑨ 《中美对话易址：疲劳乍现》，东方早报，2007 年 12 月 10 日。

外资法人银行发行人民币计价的金融债券。① 也就是中国资本市场将门户洞开。

4. 2008 年 6 月 17~18 日第四次中美战略经济对话

此次对话正值美国次贷危机爆发引起全球金融危机，美元急速贬值。美国从执着于人民币升值转向更多地关心美元的稳定。对话中，保尔森主动回避人民币汇率问题，双方更多地讨论投资的问题，双方致力于改善投资环境。②

5. 2008 年 12 月 4~5 日第五次中美战略经济对话

前四次对话，两国已经走过了初始的试探、争吵、妥协集成的阶段，此次对话，双方转向理性协商和联手解决双方经济共同存在的深层次问题，即对话已经从最初的策略性接触深化到真正的战略层面。③

美方提出的第五轮对话的核心议题包括能源、环境十年合作框架以及中美双边投资保护协定谈判两个方面。外交部发言人秦刚 25 日宣称，中美双方将围绕"奠定长久的中美经济伙伴关系的基石"的主题，就管理宏观经济风险和促进经济平衡增长的战略、加强能源和环境合作、应对贸易挑战、促进开放的投资环境、国际经济合作等议题进行讨论。④ 对话过程中，美方称赞中国在金融危机中的表现，而不再提及人民币汇率问题。

我们不难发现，人民币汇率问题已经逐渐淡出中美战略经济对话的议题范围。

（三）2009~2010 年金融危机后期的中美博弈

在金融危机期间，作为危机的应对策略，中国保持人民币兑美元汇率基本稳定，从危机发生（2008 年 9 月 15 日）至 2010 年 6 月 18 日，人民币兑美元汇率除了前文提到过的在 2008 年有小幅波动外，在后期波动幅度非常小，基本维持在 6.82 元人民币/美元至 6.84 元人民币/美元之间。⑤ 在后期的 2009~2010 年间，随着美国逐渐走出次贷危机的阴影，人民币汇率又再次重回公众视野。美国在经过了 2009 年的恢复后，再次通过对人民币汇率的攻击转移公众的视线，将矛盾向中国转嫁，以保证自身党派在国内的利益。

1. 美国新政府希望借由汇率转嫁矛盾未成

2009 年年初，美国大选换届，奥巴马上台。中美双边关系开起了一个新的篇章，双方关于人民币升值的博弈也进入了一个新的阶段。

2009 年 1 月 22 日，盖特纳在出任美国财长前回复一位参议员的信中称，"美国总统奥巴马认为中国操纵了人民币汇率，且这一结论得到了大批经济学家结论的支持。奥巴马将为此积极使用各种外交手段，寻求中国改变汇率政策。"这一强硬的言

---

① 刘佳：《中国拟调整银行业外资持股比例》，北京商报，2007 年 12 月 14 日。
② 《王岐山 VS 保尔森：少提汇率 多谈投资》，财经时报，2008 年 6 月 20 日。
③ 《中美战略经济对话进入新拐点》，文汇报，2008 年 6 月 20 日。
④ 《中美经济对话要"奠定长久基石"》，新闻晨报，2008 年 11 月 26 日。
⑤ 胡再勇、刘曙光：《外部政治压力影响人民币对美元汇率吗?》，载《国际金融研究》2013 年第 12 期。

论，大大有别于布什任职期间对中国是"非汇率操纵国"的认定。中方迅速作出回应。时任中国人民银行副行长苏宁表示，中方注意到西方国家有人士称"中国正在操纵人民币汇率"，这些言论不仅不符合事实，更是对金融危机原因的误导。中方认为面对金融危机应该有自我批评的精神，这样有利于找到解决问题和克服危机的途径。① 苏宁这番"含而不露"的反击，成功戳到了美国的痛处——金融危机。而盖特纳随后也意识到问题的严重性并调整立场。在 2009 年 4 月 15 日呈交国会的国际经济和汇率政策报告中，美国财政部明确表示，包括中国在内的美国主要贸易伙伴都未被发现操纵货币汇率。②

2. 2009 年 7 月中美首次战略与经济对话

随后，美方态度愈加友善。2009 年 7 月 27～28 日，中美第一次战略与经济对话（S&ED）在美国首都华盛顿举行。这是自奥巴马上台之后，级别最高、规模最大的中美会议。中方主持者是胡锦涛主席的特别代表、国务院副总理王岐山和国务委员戴秉国，美方主持则者是奥巴马的特别代表、国务卿希拉里和财政部长盖特纳。中方共派出 150 名代表。在金融领域，派出的基本都是级别很高的正职人员，比如财政部长谢旭人、人民银行行长周小川、银监会主席刘明康、证监会主席尚福林等，充分展现出中方对这次人民币汇率这一议题的重视。

会上，美国对人民币汇率施压，中国便利用美国最大的债权国这一相对优势掌握主动权，对美国的财政赤字表示担忧和关切，反过来给美方巨大压力。美国政府不得不依赖中国的持续投资来维持其巨大的财政赤字，因此为了打消中国的担忧，美国几乎出动了以美联储主席伯南克为首的整个财经班底，如美国联邦储蓄保险公司主席希拉·贝尔、奥巴马首席经济顾问、白宫国家经济委员会主席劳伦斯·萨默斯等，向中方详细介绍了美国的财政赤字情况，并表明奥巴马已有削减赤字的计划，以此来安抚中方。但中方表示，美国动辄数千亿的赤字变动具有过强的不确定性，中方的担忧并未消除，继续向美方施压。终于，在 2009 年 7 月 28 日的最后一场会议上，美方最终同意做出让步，表示同意"采取前瞻性的货币政策，并适当关注货币政策对国际经济的影响"。

依靠对美财政赤字的施压，在本次会议上中方成功地掌握了主动权，虽然美方希望通过汇率对中方要利益，但迫于次贷危机的严峻形势和中国是美国最大债权人这一事实，美国不得不放低姿态，跟随中国步伐，将会议议程集中在政府赤字等问题上，从而延缓了美国对中国汇率的干预。

虽然在首次战略与经济对话闭幕后的记者会上，面对中国记者的提问，盖特纳用含糊的回答回避了中方清单上显示的美方给出的明确承诺，③ 但是中国在这次会议中利用天时，看准新上任的奥巴马政府急于同中国建立良好关系的心理，依靠次贷危机

---

① 刘洪：《金融大博弈：金融战略下的中国与西方未来》，中国友谊出版公司 2010 年版，第 131 页。
② 刘洪：《与盖特纳的一场圆桌会议》，载《瞭望东方周刊》2009 年第 6 期。
③ 刘洪：《金融大博弈：金融战略下的中国与西方未来》，中国友谊出版公司 2010 年版，第 126～128 页。

这一国际经济背景，取得了不少成就，给予了美方有力的反击，重新掌握了汇率问题的一部分主动权。

3. 2010 年中期选举，美国再度施压

2010 年，金融危机对美国的影响逐渐淡去，美国经济已步入复苏之路。美国便立即表达了对中国汇率改革停止的强烈不满：2010 年 1 月 29 日、2 月 9 日和 3 月 12 日，美国总统奥巴马三次就汇率问题对中国施压。

1 月 29 日奥巴马发表国情咨文，内容中包括要求人民币升值。2 月 3 日美国总统奥巴马会见国会议员，表示将在对外贸易领域采取强硬措施，暗示将在汇率上对中国施以压力，促进人民币升值的进程。

2 月 9 日《商业周刊》专访奥巴马，奥巴马再次表明态度，2010 年全年都将着力于催促人民币升值。此后，美国国会加入到美国政府对人民币的施压行列。

3 月 12 日，奥巴马发表演讲，要求中国应适应市场需求调整人民币汇率。①

同年 3 月 15 日，美国国会传出消息，130 名国会众议员联名致信财政部长盖特纳和商务部长骆家辉，敦促前者在 4 月的报告中将中国列为汇率操纵国，以及让后者对涉案中国输美铜版纸征收汇率补贴税。②

同时，美国在 2 月 5 日于加拿大举行的新一轮七国集团（G7）财长会议上，欲联合另外六大工业国对人民币发难。有西方媒体报道称，会前，日本和加拿大等国表示，已经同其他成员国达成共识，将在这次会议上进一步敦促中国尽快实现人民币升值。③

4. 多方面外交措施并行，中国巧妙应对，效果显著

同一时期，中方也及时给予了回应，在汇率问题上采取了强硬而坚决的态度。

2010 年 2 月 4 日，在外交部例行记者会上，外交部发言人马朝旭表示人民币汇率不是中美贸易逆差主因，指责和施压无助于解决问题，中方希望美国与中方相向而行，维护稳定友好的中美关系。④

2010 年 2 月 24 日，全国政协十一届三次会议新闻发言人赵启正称不会大幅度调整人民币汇率，会谨慎对待此问题，捍卫国家利益。⑤

同年 4 月 12 日，中国国家主席胡锦涛在华盛顿会见美国总统奥巴马时的表态更为强硬，指出中国汇改绝不会在外部压力中进行。⑥ 胡锦涛明确表示，中国自身的汇率改革绝对不会受外界力量的干扰，中国汇率改革的方向明确而坚定，具体改革的过

---

① 《奥巴马再次呼吁人民币升值》，联合早报网，2010 年 3 月 12 日，http：//www.zaobao.com/special/report/politic/rmb/story20100312 - 107076。

② 《中美汇率：一场没有硝烟的战争》，羊城晚报，2010 年 5 月 22 日。

③ 《七国集团欲联手压人民币升值》，载《环球时报》2010 年 1 月 22 日版。

④ 《中方回应美方强硬表态：望双方相向而行》，载《新京报》2010 年 2 月 5 日版。

⑤ 《全国政协发言人赵启正称人民币汇率不会大幅突然调整》，凤凰网，2010 年 2 月 24 日，http：//finance.ifeng.com/news/20100224/1853763.shtml。

⑥ 《中美汇率：一场没有硝烟的战争》，载《羊城晚报》2010 年 5 月 22 日版。

程中会依据社会形势以及经济实况做出相应的调整，但不会受到外力的干扰。

美国政府原计划于 2010 年 4 月 15 日发布一份针对中国对外贸易和汇率政策的报告。但财政部于 4 月 13 日宣称，取消发布此报告。与此同时，中国各个相关部门也相继表示了和善的态度，减少了敌对措施的实施。自此开始，中美在人民币汇率问题上的矛盾关系开始趋于缓和。中美汇率之战曾多次达到白热化，双方也分别采取了多种经济外交手段进行激烈的博弈。至此，中美双方才算是真正相继放出了缓和的信号。

随后，在 5 月份的第二轮中美战略与经济对话会议上，美国财长盖特纳表明，汇率改革符合中国自身利益，但是是否改革人民币汇率是中国自己的选择。

同年 6 月，中国重启了汇率改革进程。此次重新启动汇率改革并非是迫于美国方面的压力，而是在综合考察国内外经济金融形势以及市场现状下，中国自身所进行的必要的改革。随后的九月，美国国会在两天之内就人民币汇率问题举行了三场听证会，继续对汇率施以政治压力，不过人民币汇率却并未因此发生明显变化。

（四）博弈后期汇率趋于稳定

1. 美国 FX Report 中对人民币汇率负面评价有所减少

在 2010 年中国再次放开汇率波动后，美国对于人民币汇率问题的重视度已有所降低，且随后几年间关注度一直保持下降态势。这一点从两国官方文件的表述中可以看出。截止到 2011 年，汇率在美国财政部的外汇报告（FX Report，即 Report to Congress on International Economic and Exchange Rate Policies）中仍是首先谈到的问题，关于汇率的内容都出现在中国部分最靠前的位置，且对人民币汇率问题的关注贯穿整个中国经济问题研究部分，甚至在 2012 年下半年的外汇报告中还列出了人民币被大大低估的三个理由。这一情况在接下来的几年间发生了变化，尤为明显的是自 2013 年起，美国对中国的研究更多放在中国经济总量、国际收支经常项目、投资对 GDP 增长量的贡献率等更全面的经济数据上，而不是仅将关注点单纯聚焦在汇率问题上。

在 2014 年 10 月 15 日美国财政部向国会提交的最新一期的 FX report 中，对中国汇率的评估已经大大减少了负面内容。报告认为：中国已做出了大量双边和多边承诺，致力于使汇率更多地以市场为导向，并增加汇率的灵活性。这些承诺至关重要[1]。尤其值得注意的是，报告认为，包括中国在内的美国主要贸易伙伴均未操纵其货币与美元之间的汇率[2]。且过去五年的 10 份报告中都未将中国列为汇率操纵国，这从一定程度上反映出美国方面无意激化汇率问题，或将汇率问题上升为外交、政治高度。

---

[1]　Report to Congress on International Economic and Exchange Rate Policies, U. S. Department of the Treasury Office of International Affairs, October 15, 2014, P. 17.

[2]　Report to Congress on International Economic and Exchange Rate Policies, U. S. Department of the Treasury Office of International Affairs, October 15, 2014.

2. 双方对汇率问题共识增加，交流加强

2012 年年底，中共十八大会议落幕后，人民银行行长周小川在对十八大报告及当时中国经济形势和发展方向进行解读时，在 2012 新浪金麒麟论坛上的演讲中指出，要稳步推进利率和汇率市场化改革，不断完善以市场供求为基础、参考"一篮子"货币进行调节、有管理的浮动汇率制度，逐步增强汇率弹性。[①] 这是对美国方面一直以来要求人民币汇率市场化的一个积极回应。

此后，在 2013~2014 年间，中美双方关于汇率问题的共同意见进一步增多，其中尤为重要的一点是中美双方都对汇率的市场化机制问题表示赞同。2013 年 11 月，在中共第十八届三中全会报告中，提出要"完善人民币汇率市场化形成机制"。2014年 4 月，在美方的外汇报告中对此做出了回应，称："中国按照自己的承诺，加快速度建立一个由市场决定的汇率形成机制，也是极其符合其自身利益的⋯⋯"[②] 至此，美国明确表明对中国的汇率制度基本无异议，这可以说预示着两国之间的汇率之争基本平息。当然，中美在关于人民币升值与否的问题仍会存在小的博弈与纷争，这是难以避免的。但在常态化机制（汇率调节市场化和中美战略与经济对话）建立后，汇率已很难成为双方的主要着眼点了，而且正常情况下以后也难以再就此问题产生较大的矛盾与冲突。

特别要提的一点，中美双方通过中美战略与经济对话（S&ED）等方式加强沟通，协调并以和缓的方式解决人民币汇率问题，这一平台对解决人民币汇率之争有不可忽视的作用。从美国财政部每半年的外汇报告来看，这一机制是美国了解中方意图的最佳途径。自 2010 年起，各报告中均会出现"在中美战略与经济对话上，中方许诺⋯⋯"的字样，用以引出对中国未来行动的分析。换言之，美国已将中美战略与经济对话视为当前极其重要的信息获取方式，且对其信息准确性有很高认可度。以这种方式，美方相对减少了对中方的臆测，与中方形成了具有互信的信息交流平台。

3. 美国施压力度减小，效力远不及往日

2013 年 3 月 20 日，美国国会 101 名议员联名签署提案，欲向中国施压加速人民币升值，但最后不了了之，法案也没有对人民币汇率带来任何实质影响，法案的提出也没有引来人民币汇率的大幅波动。同期美国新任财长雅各布·卢访华，同样未能使人民币汇率大幅变动。

2013 年 7 月，美联储主席伯南克在出席一场众议院的听证会时，指责中国为刺激出口维持低汇率。[③] 但是这次指责只是其在众议院会议上的一次表态，并未采取实际行动对中国进行反击，美国国会、白宫和财政部三方也均未随之对中国施压，人民

---

① 周小川行长在 2012 年新浪金麒麟论坛上的讲话，中国人民银行官网，2012 年 11 月 20 日，http://www.pbc.gov.cn/publish/goutongjiaoliu/524/2012/20121120113927991823695/20121120113927991823695_.html。

② Report to Congress on International Economic and Exchange Rate Policies, U. S. Department of the Treasury Office of International Affairs, April 15, 2014, P. 16.

③ 张茱楠：《指责中国压低汇率，伯南克犯了逻辑错误》，载《经济研究参考》2013 年第 9 期。

币汇率没有大幅波动或升值。

2014 年 4 月初，美国在 G20 峰会召开及中期选举前，再次抛出人民币汇率问题，甚至还在 FX report 中提及中方压低人民币汇率，但是和之前一样，人民币仍未出现大幅波动或升值现象，始终维持平稳态势。在随后的几个月内，美国财长曾表示人民币汇率市场化至关重要，美国两位民主党参议员也敦促对人民币施压，但这些表态或施压都未成体系，没有采用多种外交手段向中国方面施压，也未带来太多的国际影响，故而未对人民币汇率产生实质性影响。

以上三方面的变化均表明，当前中美汇率博弈已逐渐趋于平静，走入了博弈的后期。随着汇率市场化机制的逐渐完善与沟通机制的建立，双方都不再将中美汇率当做经济外交博弈中的重要部分，人民币汇率也在逐渐实现常态化的双向波动。

四、汇率博弈中中美经济外交的得失

在中美就汇率问题展开经济外交博弈的过程中，双方互有得失。且因为经济外交博弈中，经济与外交两者相互缠绕，存在着一定的联动机制，故这一博弈过程中既可能是经济的原因带来外交的结果，也可能是外交为原因带来相应的经济结果。这一过程中，人民币汇率可能是经济外交的关键，也可能是筹码。

我们抽取具体的事件与时间点，观察经济和外交在其中扮演的角色，从中方的角度来进行得失分析，并按时间顺序进行简单归纳后，可以得到表 1。表 1 基于 2005 年以来人民币对美元汇率变化的特征选择一些重要的节点来分析中国经济外交的措施及其得失，这些重要的节点包括 2005 年 7 月的汇改、2007 年年底的人民币的快速升值、2010 年 6 月人民币重新升值、2012 年人民汇率出现明显的双向波动特征、2014 年 3 月以来人民币双向波幅扩大，中国采取的经济外交措施及得失情况详见表 1。

表 1　　　　　　　　　中美汇率博弈过程中中国经济外交的得失分析

时间	具体经济结果/原因	中方得失分析	外交原因/结果概述
2005～2012 年	基本确保人民币没有过快升值	得：人民币没有过快升值，避免了对经济发展的影响	通过多方努力，保证了人民币的平稳升值，一方面中方为了保证汇率，对美国的行为进行相应的外交反击；另一方面主动采取行动保证汇率平稳
2005 年 7 月	宣布实施汇改且人民币升值 2%	失：导致资本市场过快开放，影响部分对外贸易，造成损失	美方突然提出要求，且通过多种途径施压，中国则几无应对策略
2007 年	人民币于年底开始快速升值	失：升值速度过快，缺乏安排	美方突然通过多种途径外交施压，中方仓促应对，只能立刻升值

续表

时间	具体经济结果/原因	中方得失分析	外交原因/结果概述
2010 年	人民币于 6 月开始升值，晚于美国的提议半年	得失参半，为升值留下了足够的缓冲时间，确保了相对平稳的过渡，但付出了一些外交筹码	虽然美方在多个外交场合敦促人民币升值，但中方通过多种途径，以外交手段争取了足够的时间
2012 年	人民币汇率仍由市场决定，初期有一定升值，但总体保持了相对稳定并开始出现双向波动	得：初步实现了汇率由市场调节的目标	尽管美国因为大选而将汇率问题重新提出，但中方并没有直接放开人民币升值，基本保持了自己的步伐
2014 年 3 月起	人民币日交易波幅扩大一倍至 2%，汇率双向波动常态化	得：中方主动进行了汇率政策的调整，并进一步加深了市场化	中方正在通过汇率的进一步市场化来弱化人民币汇率问题作为经济外交议题的重要性，从而让自身的经济外交具有更多灵活性

总体上来看，中美汇率的博弈可以以 2008 年全球经济危机深化为分界点，危机前，中国经济外交准备不足而被动应付，危机后，中国采取有力的经济外交措施在汇率问题上游刃有余。

（一）中国在前期时未做充分准备而导致失误

在关于人民币汇率问题的经济外交开始之初，因美国对人民币汇率问题的施压力度大，施压时间集中，施压方式多样，白宫与国会联动强等多个原因，美国处于博弈的上风。且因为汇率问题事起仓促，中方缺乏相关外交准备，导致前期中国多是依照美国的步伐来选择行动方式，属于战略防御的一方，行动相对被动并有一些失误。

1. 汇改太过急进，资本市场开放过快

美国政府在日本于 2002 年提出人民币应升值的问题后，立即附议支持，并随后开始以多种外交途径对中国人民币汇率进行施压。

如前所述，美国对中国就人民币汇率问题的施压在 2003～2005 年处于一个小高潮，通过美国白宫和国会多个方面对汇率施压。尤其是在 2005 年上半年，美国国会通过提出《舒默—格雷汉姆议案》和要求将中国列为汇率操纵国等方式，向中国施以重压。中国方面随后于 2005 年 7 月宣布实施汇改，人民币相对美元一次性升值 2%，并在随后一直保持震荡升值的态势。

此次汇改过于突然，且升值速度过快，虽然在升值前做了一定准备，但还是对中国相关行业有不小的冲击，中国人民银行在 2005 年汇改后的调查中显示，确实证明有一些公司没有做好避险措施，造成一定的经济损失。

2. 中期汇改再次加速

2007 年美国鹰派财长保尔森通过访华和第三次中美战略经济对话，列举了数个人民币升值的理由并不断要求人民币升值，于是人民币汇率交易价波动幅度增加，并开始新一轮的升值。到 2008 年金融危机时，人民币已累计升值超过 20%。

在此过程中，升值再次加速，给中国对外贸易行业带来了新一轮冲击。而之所以导致这次快速升值的主要原因即是中国外交方法的欠缺。作为美国鹰派财长，保尔森的上任意味着美国的相关政策会更具有进攻性，但中国缺乏对美方政策变化的预估，当美国通过白宫与国会的联动造势，再通过访华和相关会议的议题施压时，中国只能接受升值的结果。

（二）中国有了足够的准备后在外交中有所得

2008 年金融危机成为中美汇率问题的转折点。美国则因为次贷危机，无暇顾及人民币汇率问题，不再将汇率作为中美对话的重点，从而使中国在汇率问题上更加自主。金融危机稍稍平复后，美国虽然再次对中国强力施压，但中方不再如前期一样对美方的施压高度敏感，而是更多地按照自己的步伐选择改革的时间和力度。

这一时期，人民币汇率保持固定长达两年，且在 2009 年的中美战略与经济对话上，美方并未提出汇率问题。可以说，美方的经济外交政策在这两年中是非常保守的，不仅因为其并未向中国进行过任何威胁性言论或举动，还因为美方在和中国进行相关交涉时，采用了互动性更强，能体现更多尊重的外交方式（中美战略与经济对话等）。

2010 年，美国再次提出要求人民币升值，并通过 G7 财长会，国会，总统国情咨文等多个途径施压，但这次中国应对游刃有余，没有如 2007 年一般，立刻按照美国要求进行相应改变，而是申明要"谨慎对待，捍卫国家利益"。随后，胡锦涛主席在通过核安全峰会与美国总统奥巴马进行双边会谈时，强调了中方立场。中方还相继通过外交部、商务部、政协会议等的新闻发布会，以及中美第二轮战略与经济对话，对外传达了中方立场，充分运用了多种外交手段，向美方进行反制。本次博弈，在距美方提出要求后 6 个月，中方才重启汇改进程，可以说是充分准备之后的选择，与 2007 年不足半个月的时间就改革已不可同日而语。

2012 年，美国因大选而再次提出人民币汇率问题，但已无法对人民币汇率产生任何实质性影响。

这一阶段，中国的经济外交逐渐成熟，外交形式逐渐多样，且美方已不再如开始时咄咄逼人，而是在尊重中国的基础上，和中方就汇率进行谈判，不再对中方的汇率问题提出惩罚性方案。这些改变，一方面是美国经济外交政策战略防御的体现；另一方面，更是中国经济外交成型的表现。中国通过多部门、多场合表达立场诉求，以平等外交方式解决了汇率问题，维护了相关经济利益，故在这后一阶段，中方是处于上风的得分者。

五、启示与反思

随着经济全球化对世界影响不断加深，经济问题已不再仅仅是国内问题了，其牵涉范围已拓展至外交、安全和世界金融等各个方面。所以解决经济问题也不能单单依靠经济思维去运作，有时候还要有成熟的外交眼光，依靠不同外交场合、利用多种外交技巧去处理应对。在关于人民币汇率问题的经济外交活动中，中方的处理方式由一开始简单地"兵来将挡，水来土掩"，变为了后来的巧用外交积极应对，中方的处理方式逐渐成熟，在这一过程中，也有许多启示与值得反思的地方。

（一）启示

1. 经济外交博弈过程中经济问题是基础，政治考量占比重大

经济外交是立足于经济基础之上的双方或者多方的博弈。经济问题是基础，美国之所以压迫人民币升值，根本上是为了解决本国的经济问题。中国之所以汇率改革，一方面是自身问题。原来的汇率制度与快速发展的市场经济状况不符，为了顺应市场潮流，促使经济更快更好发展，中国筹备良久后推出汇改方案。另一方面是美国对人民币升值的不断敦促。人民币升值不利于国内经济稳定发展，因此我国采取一系列措施与美国政府周旋，试图维护自身利益最大化。无论是中方还是美方，做出任何的政治决策都是依就本国经济状况。任何的政治考量都是基于经济基础。

在博弈过程中，政治考量尤为关键。基于对方的经济实力采取合理的政治手段，做出合理有效的进攻或者让步，适时地做出改革以及出台相关政策法规，以减少摩擦，争取自身利益，促成双方达成基本一致，这些都需要针对具体问题做出合理有效的政治考量。

2. 威胁性法案与妥协相伴相生

每一次的威胁性法案和美国略带攻击性的姿态出现后，都会紧接着出现妥协，而这种妥协也同样出现在中国（如 2010 年强硬表态后不到一个季度，中国即着手重启汇率改革）。这些妥协其实真正促进了常态化机制的逐渐形成。

3. 经济外交活动中的关键在于建立常态化机制

在汇率问题上，同其他国际问题一样，冲突涉及双方甚至多方的利益。各个国家自然会为了各自的利益最大化抗争。相对强势的一方可能会采取较强的攻势，相对弱势的一方则会在相对妥协的同时据理力争，争取自身的利益最大化。经济外交中威胁性法案和妥协性法案的相互作用，政治上的让步与抗争，以及一系列政策法规的出台，最终促使解决这一问题的常态化机制的形成。在中美关于人民币汇率之争的问题上，现阶段可以认为已经形成了稳定有效的平衡，建立了长久而合理的常态化机制。美国对人民币汇率的重视程度也是大幅度降低。目前以及今后一段时间内双方交涉的

重点也不在汇率问题上。

（二）反思

1. 经济外交中应注意为自己争取更多时间

中国在 2007 年的汇率改革中，时间过急，升值速度过快，使得国内成本迅速提高，对于中国劳动密集型产业影响巨大，从而对出口贸易带来巨大影响，使得 2007 年中国出口贸易总额增长量较上年同比下降 1.5%，其中人民币升值后出口贸易额增速由 7 月份的 34.2% 回落到 12 月份的 21.7%。由此可见仓促之下进行的汇率改革对我国经济带来的巨大影响。

而在 2010 年，美国连续施压过后近半年，中国才重启汇改。这近半年的时间为中国出口企业带来了风险预防的机会，让中国出口企业实现了稳步平稳过渡，未对中国经济带来巨大影响。

所以，在经济外交中，仓促应变是大忌，不仅使得己方气势变弱，更会因急速的政策调整让跟不上的国内经济蒙受巨大损失。简言之，经济外交，外交应为经济服务，让经济在更有利的环境中良性发展，其中一个表现方面就是争取更多转型时间。

2. 经济外交要善用多种外交形式

在前期的经济外交博弈中，中方外交形式单一，只能依靠中美战略经济对话。而美方则善用各种手段，既有国会的参议院提交法案，又有众议院联合声明，同时还有财政部的外汇报告与财长访问以及白宫的国情咨文和总统访问。种种外交手段都为同一个经济外交目的服务，使得美国很好地打出了一套外交组合拳，让中方倍感压力，疲于应付。可以说中方前期的失利很大程度都因此而来。

后期虽然美方也通过国会、白宫、财政部进行三位一体的外交施压，甚至还通过 G7 财长会这样的国际会议来逼中国就范，但中国因为依靠外交部、商务部、政协、核安全峰会双边会谈和中美经济与战略对话这数种方式同时应对，使得中国的回应也变得立体化了许多，应对压力也不再束手无策，而是多部门联动，集体应对。

这前后的反差，深刻说明经济外交问题中，外交是关键，必须善用多种外交形式施加压力或回应压力，这样才能更好地发挥外交优势，创造经济外交良好的大环境。

3. 经济外交中要注意有全局眼光

可以感受到，中国在整个经济外交的过程中是相对迟滞的，之所以会有这种结果，原因不外乎中国对整个汇率问题的预计相对缺乏全局眼光和忧患意识。全局眼光包括两点，一方面是意识到汇率问题和其他问题的相关性，比如国内经济，对外投资等；另一方面则是意识到可能利用这一问题对中国产生阻碍的国际场合。

在中国 2010 年 4~5 月间和美国就汇率问题的博弈中，中国第一次展现出了这种全局眼光，通过核安全峰会和伊朗核问题的四个制裁问题，进行了一次漂亮的外交利益交换，将整个外交活动与经济活动紧紧相连，并同时取得了不俗的成果。

从失误与所得的对比中，我们不难发现，要想做好经济外交的博弈，一定要有全局眼光，一方面对某一问题，要能预料到其可能的发展及随之而来的对其他领域的影响；另一方面则是在外交的大局中加入经济因素，获得外交平衡的同时争得外交利益。

参考文献

[1] 陈乔之、李锦元：《人民币汇率争议及其对中美经济关系的影响》，载《南方金融》2004 年第 1 期，第 13 页。

[2] 邓彪、赵维焘：《论美国利益集团在人民币汇率上的结盟行动》，载《中南财经证法大学研究生学报》2010 年 8 月 20 日版。

[3] 胡再勇：《人民币汇率的决定模型及变化趋势研究》，经济科学出版社 2014 年版。

[4] 胡再勇、刘曙光：《外部政治压力影响人民币对美元汇率吗?》，载《国际金融研究》2013 年第 12 期。

[5] 胡晓炼：《我国外汇管理体制改革的历程和经验》，载《中国金融》2008 年第 4 期。

[6] 郝家龙、高鹤：《"中国输出通货紧缩论"与人民币升值的经济分析》，载《经济师》2003 年第 12 期。

[7] 刘洪：《与盖特纳的一场圆桌会议》，载《瞭望东方周刊》2009 年第 6 期。

[8] 刘洪：《金融大博弈：金融战略下的中国与西方未来》，中国友谊出版公司 2010 年版。

[9] 李石凯：《美国贸易逆差：增长惯性与可持续性》，载《当代财经》2004 年第 10 期，第 83 页。

[10] 于中琴：《试论中国人民币走向国际化的必要条件》，载《当代经济研究》2002 年第 10 期，第 71 页。

[11] 王丽军、周世俭：《人民币汇率：美国还在施压》，载《世界知识》2007 年 6 月 1 日版。

[12] 张建勇、刘益平：《人民币升值对我国经济的影响》，载《金融观察》2004 年 10 月号，第 16 页。

[13] 张幼文、刘曙光主编：《中国经济外交丛论 2009》，经济科学出版社 2009 年版。

[14] 赵晓、吕彦博：《人民币怎么办——中美经济冷战和未来大趋势》，经济日报出版社 2012 年版。

[15] 张茉楠：《指责中国压低汇率，伯南克犯了逻辑错误》，载《经济研究参考》2013 年第 9 期。

[16] 周叶菁：《美国对华金融外交研究》，复旦大学博士论文，2009 年 4 月 10 日。

[17] 曾雄军：《美国利益集团施压人民币升值的路径分析》，载《外交评论》2013 年第 3 期。

案例六

《巴塞尔协议》谈判及其实施
中的国家利益安排

指导老师：张慧莲
项目组成员：曹丰玉　冯斯健　谢晓莎

摘要：《巴塞尔协议》是国际清算银行（BIS）的巴塞尔银行业条例和监督委员会的常设委员会——"巴塞尔委员会"制定的一系列重要的银行监管规定。几十年来，随着监管环境的变化，《巴塞尔协议》的内容不断丰富，迄今为止共经历了《巴塞尔协议》Ⅰ、Ⅱ、Ⅲ三个阶段。由于各阶段国际环境与各国实际国情不同，各主要国家从本国利益出发，在这三个协议的谈判和实施过程中展开了博弈，甚至对这些协议进行了裁剪以适应本国银行业的发展。本案例探讨了各国的这些安排，并分析了《巴塞尔协议》Ⅲ框架下的协议中国化问题。

20世纪70年代以来，经济全球化进程不断加速，在国际上金融领域的创新活动日益活跃、跨国合作蓬勃发展。跨国银行在国际金融领域中逐渐扮演着越来越重要的角色，为了规避由银行危机引发全球经济危机的连锁反应，统一国际银行监管便显得愈发紧迫和重要。其中，巴塞尔银行监管委员会对统一国际银行监管起着重要推动和指导作用。目前，二十国峰会（G20）通过金融稳定委员会（FSB）将国际银行监管责任交予巴塞尔银行监管委员，足足可见其在全球银行监管领域的地位。由于各国银行情况以及各国监管政策各不相同，各国在《巴塞尔协议》的谈判很难顺利达成一致意见。在谈判中，各国根据本国银行业特点围绕自身利益不断博弈，以期制定出的协议符合其银行业特点，实施成本较小，银行保持并增强竞争力，实现国家利益最大化。在《巴塞尔协议》的谈判及实施过程中，各国结合本国银行业特点和经济状况，有时迫于一些国际合作组织和联系比较紧密的国家的压力，半主动半被动地实施本国版本的《巴塞尔协议》。

一、《巴塞尔协议》的背景及主要内容

《巴塞尔协议》是国际清算银行（BIS）的巴塞尔银行业条例和监督委员会的常

设委员会——"巴塞尔委员会"通过的一系列关于国际银行监管标准的协议的简称。

(一) 巴塞尔委员会的成立背景

20 世纪 60 年代，各国逐渐意识到监管机构对银行的严格监管导致经济运行效率降低，世界主要国家开始采取一系列银行去监管化和金融自由化的政策。从 1967 年德国放弃实行利率调控的政策后，美国、加拿大、英国甚至一些发展中国家相继采取金融自由化的政策。金融自由化措施包括放松对国际资本流动的限制、减少对国内金融部门和股票市场的管控，以及降低进入一些金融市场的门槛等。辛格顿发现此后随着全球金融自由化浪潮的掀起，越来越多的银行前往国外开设分行，开设海外业务，抢占国际市场。离岸市场随着金融自由化的趋势崛起。[1] 但因为银行对一个国家或一个地区的经济起着重要作用，银行的连锁倒闭可能会使得本国或本地区经济运行缓慢甚至走向萧条。因而在金融自由化趋势的推动下，银行海外市场的不断扩张以及金融工具不断创新一方面使金融市场不断繁荣发展，另一方面又使本地区经济发展变得更加不稳定，全球经济运行的风险也逐渐上升，这最终加大了经济危机的频繁程度和严重程度。

1974 年，赫斯塔特银行（德国）和富兰克林国民银行（美国）的倒闭使各国监管者意识到制定银行监管国际统一规则的重要性。1975 年 2 月，包括比利时、加拿大、法国、德国、意大利、日本、卢森堡、荷兰、瑞典、瑞士、英国和美国在内的代表齐聚在瑞士的巴塞尔，成立"巴塞尔银行监管委员会"（简称"巴塞尔委员会"）。作为国际清算银行正式机构的巴塞尔委员会，其总部设在瑞士巴塞尔，主要负责国际银行监管，委员会代表则由各成员国央行官员和银行监管当局组成。目前，成员国家包括比利时、加拿大、法国、德国、意大利、日本、卢森堡、荷兰、瑞典、瑞士、中国、英国和美国等 27 个国家。自此，巴塞尔委员会一直致力于修复国际监管中的漏洞和完善国际银行监管体制。

(二)《巴塞尔协议》的演进

《巴塞尔协议》是巴塞尔委员会成员国在巴塞尔就银行监管问题达成的一系列重要协定的统称。该委员会披露的目标为：统一国际银行监管，增强国际银行的系统稳定性，消除因各国之间的监管差异化而产生的不平等竞争，加强监管标准，完善各国监管体制，降低银行风险，减少因银行危机导致的国内、区域或全球经济危机风险。

巴塞尔银行监管委员会自成立以来，先后发布了《统一国际银行资本衡量和资本标准的协议》（即《巴塞尔协议Ⅰ》）、《资本计量和资本标准的国际协议：修订框架》（即《巴塞尔协议Ⅱ》）以及由一系列文件组成的《巴塞尔协议Ⅲ》等众多监管文件。以下将简要回顾这三份《巴塞尔协议》的主要内容。

---

[1]　John Singleton, Central Banking in the Twentieth Century, 2011, Cambridge University Press.

1. 《巴塞尔协议 I》

《巴塞尔协议 I》分为两个阶段：提出阶段和调整阶段。在这两个阶段，成员国分别达成了一系列的文件。

提出阶段的主要文件包括：《对银行国外机构的监管报告》（1975 年）、《资产负债表并表方法》（1979 年）、《银行外国机构的监管原则》（1983 年）以及《统一资本计量和资本标准的国际协议》（1988 年）。这一系列文件的主要内容包括：第一，明确界定各类资本，将银行的资本构成划分为核心资本和附属资本两个层次。第二，根据资产的类别、性质以及债务主体不同，将银行资产的风险划分为五个等级，从"无风险"到"十足风险"，分别赋予 0、10%、20%、50% 和 100% 的风险权数；第三，资本与风险资产的目标标准比率，银行资本对风险加权资产的最低目标比率为8%，其中核心资本至少为 4%，允许 5 年（1987 年年底到 1992 年年底）过渡期内各银行对其资本基础进行必要的调整，以达到该水平。

调整阶段的协议文件主要包括：1990 年的《银行监管当局信息交流》、1992 年的《关于监督国际银行集团及跨国机构的最低标准》、1996 年的《市场风险修正案》以及 1997 年《有效银行监管核心原则》。其中，《市场风险修正案》增加了对银行市场风险的资本要求。1997 年《有效银行监管的核心原则》则形成了比较系统的全面风险管理理念。这一阶段的《市场风险修正案》虽然对市场风险有所涉及，但界定过于笼统，缺乏可操作性。此阶段的协议仍然以信用风险监管为主。对于操作风险，则提及甚少。

2. 《巴塞尔协议 II》

《巴塞尔协议 I》存在着明显的不足，一是主要以信用风险为主，而忽略了市场风险和操作风险；二是在风险权重政策方面存在一定的歧视性；三是协议无法适应金融形势的变化；四是全面风险管理的理念与框架还不够完善，缺乏可行的方案。

20 世纪末，随着金融全球化趋势的不断加强，国际银行业迫切需要一个对于风险更加敏感的风险监管框架。在这样的时代背景下，《巴塞尔协议 II》诞生了。《巴塞尔协议 II》的主要文件是 2004 年《资本计量和资本标准的国际协议：修订框架》，该协议由三大支柱构成：

第一支柱是最低资本要求。最低资本要求主要由监管资本的定义、风险加权资产分类以及对风险加权资产的最低比率要求三部分组成。《巴塞尔协议 II》仍然规定资本由核心资本和附属资本构成，并增设了三级资本。它对银行风险的监管范围既包括信用风险和市场风险，也包括操作风险。其中，信用风险采用标准法、初级内部评级法以及高级内部评级法衡量。市场风险的衡量主要是通过 VaR 模型来确定的。操作风险的计量主要是基本指标法、标准法和内部计量法三种。

第二支柱是监督检查。该思想的基本原则是：银行应具备一整套程序，用于评估与其风险相适应的总体资本水平，并制定保持资本水平的战略，监管当局应检查和评价银行内部资本充足率的评估情况及战略，监测并确保银行监管资本比率的能力，若对检查结果不满意，监管当局应采取适当的监管措施，监管当局应鼓励银行资本水平高于监管资本比率，应该有能力要求银行在满足最低资本要求的基础上，额外持有更多的资本；监管当局应尽早采取干预措施，防止银行的资本水平降至防范风险所需的最低要求之下，如果银行未能保持或补充资本水平，监管当局应要求其迅速采取补救措施。

第三支柱是市场约束。通过对银行的资本结构、风险状况、风险评估程序及资本充足率等重要信息披露提出定性、定量的信息披露要求，将银行的风险暴露告知市场。

《巴塞尔协议Ⅱ》为风险管理提供了适应性较强的方案，使得各银行可以完成更多方法的风险测量，各个国家的银行可以根据本国情况以及自己银行的特定情况灵活执行《巴塞尔协议Ⅱ》（见表1）。

表1　　　《巴塞尔协议Ⅰ》、《巴塞尔协议Ⅱ》和《巴塞尔协议Ⅲ》的区别

	《巴塞尔协议Ⅰ》	《巴塞尔协议Ⅱ》	《巴塞尔协议Ⅲ》
监管方式	只强调资本充足率的要求	提出了三大支柱，新增了外部监管和市场约束	延续三大支柱，新增两大监管工具：杠杆率监管机制和流动性监管机制
风险监管	侧重于关注信用风险	扩大风险的范围，操作风险被首次纳入监管体系。建立全面的风险监督体系	风险覆盖更全面。提出了两大定量指标流动性覆盖率（LCR）和净稳定融资比率（NSFR）
监管技术	强调标准法。主要依靠银行外部评级结果与风险权重	提出了内部评级法。内部评级法分为基础内部评级法和高级内部评级法	由原来仅仅注重微观资本监管，过渡到强调宏观审慎监管。宏观审慎监管分为两个维度：时间维度和横截维度。时间维度包括杠杆率、流动性、逆周期资本缓冲等监管机制。横截维度主要有压力测试和系统重要性银行附加资本等要求

3. 《巴塞尔协议Ⅲ》

2007年8月美国贝尔斯登银行破产，9月雷曼兄弟公司破产，以及房地产行业泡沫破裂引发金融危机，并迅速向其他国家蔓延，最终演变成一场全球金融危机。此次金融危机的爆发暴露了《巴塞尔协议Ⅱ》中存在的不足。为了应对金融危机并进一步完善国际银行监督体制，巴塞尔委员会制定了一系列文件对银行业提出了新的监管标准，这些协议构成《巴塞尔协议Ⅲ》。除了对三大支柱进行完善之外，为增强流动性风险管理，《巴塞尔协议Ⅲ》还增加了流动性比率标准和逆周期的资本缓释要求。

对于第一支柱，《巴塞尔协议Ⅲ》重新定义了资本构成，提升了资本质量。扩大了资本框架的风险覆盖范围，特别是扩充了对交易账户的风险、资产证券化的风险、表外工具的风险以及衍生品带来的交易对手风险暴露的覆盖；对最低资本要求比率更加严格；引入了杠杆率作为资本充足率的补充方法。

对于第二支柱，《巴塞尔协议Ⅲ》提出了与流动性风险管理相关的具体原则，加强对金融工具的评估，提升了压力测试的地位，规定了薪酬原则和标准的评估方法，完善了公司治理原则，并突出了加强跨国监管协调的重要性。

对于第三支柱，《巴塞尔协议Ⅲ》提高了信息披露的要求，增加了对交易账户中的证券化风险，表外交易工具信息、内部评估方法和其他资产支持商业票据流动性信息、再证券化风险、证券化资产评估风险以及管道和仓储风险证券化风险等方面的披露要求。

二、《巴塞尔协议》谈判和实施中的国家利益安排

《巴塞尔协议》的制定起初是为了更好地监管国际金融体系，增强金融机构特别是商业银行系统的稳定性。然而，这些监管制度在一定程度上限制了商业银行谋求利益最大化的行为。银行作为经济主体中的重要一员，各国对其银行业的发展都极为重视。因此，在既定的规则下，如何最大限度地保证自身银行业的利益，便成为各国政府相互博弈的一个重要内容。

（一）《巴塞尔协议Ⅰ》谈判和实施中的国家利益安排

1974 年，赫斯塔特银行（德国）和富兰克林国民银行（美国）的倒闭，使各国监管者意识到国际银行监管需要各国监管机构之间的沟通与协调。而不同时期、不同国家和地区对市场不稳定和机构倒闭的包容程度各不相同。那些认为宽松或者低管制的市场环境更有利于吸引国际资本的国家，可能会从决策灵活的角度出发，不愿意实施一些国际标准做法，这阻碍了国际金融监管标准的最终形成。由于金融监管以一国为基础，且监管的实质是对市场自由度的限制，因此监管有可能阻碍金融服务的跨国交易。当然，很多时候监管是被有目的地作为保护本国市场、防止外国金融机构入侵的工具。另外，随着协议需要满足的利益相关方名单不断扩充，达成一致意见的难度也增加了。譬如，美国和欧盟的立法者认为，那些有可能改变本国法律体系的磋商是由一些非现任官员发起的，与自身当下的利益关系不符；再加上那些认为磋商方向已经开始与自身利益背道而驰的银行的不断鼓动，立法者们开始纷纷干预磋商。这在美国和德国尤为明显。德国的政客尤其担忧协议对银行小企业贷款业务的潜在影响，因为协议有可能因这类业务的风险较高而要求更多的资本保护[1]。

《巴塞尔协议Ⅰ》着重从资本的构成和资产的风险权重系统方面强调资本与资产的关系，促使国际银行在规定的期限内达到资本与风险资产的最低目标比率，以加强国家银行系统的稳定性，减少国际银行竞争中的不平等。《巴塞尔协议Ⅰ》对资产负

---

[1] 国研网金融研究部，《巴塞尔协议Ⅲ及其影响解读》，国研网《金融中国》月度分析报告，2010 年 9 月。

债管理影响深远，银行的资本及资本充足比率已成为衡量银行成功与否的重要尺度。如何适应新的资本充足比率要求，达到银行资产、负债和资本的最佳结构和合理配合，是国际银行业面临的重要课题。以下是美国、西欧、日本、中国实施《巴塞尔协议Ⅰ》的具体问题和措施：

1. 美国和日本之间的利益之争

在 20 世纪 80 年代，日本银行大举进入美国市场。1988 年，以总资产计，全球前十大银行都是日本银行。到 90 年代初，日本银行发放的贷款占美国消费和工业贷款的 18%。美国认为日本银行之所以能够迅速大幅度占领美国市场的主要原因是日本的银行监管机构对银行的资本监管相对于美国来讲更为宽松。国家间不同的监管政策决定了不同国家银行业的竞争力和优劣势情况。而美国政府希望能统一监管政策，有效地抑制日本银行的高速扩张①。

当时的美联储主席沃尔克到国际清算银行去寻求国际协调以确定统一的监管政策，却遭到了联邦德国、法国和日本等国的强烈反对。于是，美国改变了策略，首先与英国达成双边协议，并率先在两国银行的国际业务中实施了他们的标准。这给其他国家的银行带来了很大的威胁，不执行美英的标准就无法与他们的银行进行交易。这相当于在变相地强迫其他国家接受这一协议。而日本大藏省在关于国际清算银行规则标准的交涉中，要求美国考虑日本有大量的未公开储备，同意将银行未公开储备的45% 作为自有资本计算，最终得到美国的认可。

从《巴塞尔协议》的内容来源来看，《巴塞尔协议Ⅰ》十分符合美国的国家利益，因而总体上美国自然相对比较严格实施《巴塞尔协议Ⅰ》。就 1980 年年底的数据来看，美国情况比较乐观：核心资本比较充足，八家货币中心银行中已有四家达到了4% 的标准比率，五家地区性银行中也有四家达到标准，因而美国对《巴塞尔协议Ⅰ》比较热心。

此阶段，第三世界国家尤其是拉美国家的债务危机对美国银行影响很大。1987 年美国银行大幅提高了坏账准备金，使许多银行发生了不同程度的亏损。另外，1988 年垃圾债券市场的崩溃也给美国银行沉重打击。美国监管机构十分担心美国银行系统的安全性，一再强调要控制高风险业务，转向更加稳健的经营。

因此，美国基于《巴塞尔协议Ⅰ》采取如下措施：

首先，美联储借机加强对银行的监管，增强银行业系统稳定性。1980 年 1 月，美联储宣布了对本国银行的资本及资本比率的要求，其中资本金的计算、资产的风险权重及监管对象的范围等方面甚至比《巴塞尔协议Ⅰ》的规定更为严格。

其次，美国银行大幅缩减资产负债规模。为了提高资本充足比率，美国银行不得不主要缩减资产负债规模。美国银行还努力处理大量的拉美债务，甚至以远低于面值的价格出售，以减缓资本压力。

---

① 王伟旭：《警惕美国的第二次阴谋》，人民日报出版社 2003 年版。

最后，改变资产结构中的资产组合。改变资产结构，严格控制风险权重为100%的资产，增加资产的流动性。

当时日本的金融监管机构大藏省在银行安全性管理方面制定了一整套极为详细的规定，大到利率的确定，小到营业时间的长短均有明确的规定。实践证明，这套管理方案是有效的。自1945年以来，尽管有些日本银行出现暂时性的危机，但没有一家银行倒闭。《巴塞尔协议》出台后，恐于被西方国家认定为不平等竞争，从而被排斥在国际经济圈之外，日本不得不同意实施《巴塞尔协议》。

由于当时日本银行业的核心资本比率很低，很多银行家认为《巴塞尔协议》是在针对日本。三菱银行的核心资本占风险资产的比率为3.25%，日本信贷银行为2.25%。[①] 从表面数据看，日本银行需要在短短的五年中筹集到巨额核心资本才能达到《巴塞尔协议Ⅰ》的标准。但实际上当时的日本并没有受到很大威胁，因为日本银行有大藏省的鼎力相助、大量未公开资产、发育良好的股市三大优势，加上日本银行本身素质较高，且积极配合协议的实施，所以，按时达到标准比率困难并不大。

为帮助日本银行顺利达到预定目标，大藏省采取了多项措施：（1）积极建议资本中应包括未公开资产。日本未公开资产数额巨大。大藏省极力要求从属资本中应包括未公开储备，要求库克委员会在从属资本中可包括不超过45%的未公开储备，在得到美国的认可后，日本于1989年采纳《巴塞尔协议Ⅰ》。（2）在规定资产的风险权重时，大藏省的规定均未超过《巴塞尔协议》的权重上限，在有多种选择时，也尽量选择最低权重。如：《巴塞尔协议》规定金融机构和地方政府贷款的风险权重，各国可根据国情定为0、20%或50%，大藏省则将日本的此类贷款风险权重定为0。（3）从宽处理银行相互持有股权。日本银行相互持有股权现象十分普遍，而且数额巨大。大藏省在划定相互股权时很宽容，仅仅扣除银行资本中人为地为提高资本水平而专门持有的其他银行股权。（4）放宽坏账准备金限制。大藏省取消了对发展中国家债务提取呆账准备金的限制。1990年4月，废除了呆账准备金不得超过25%的上限规定，准备金提取比率上升至50%。这有利于日本银行出售或转换其债务，削减资产规模。[②]

经过努力，1980年年底，日本银行平均核心资本与风险资产之比达到4.1%，资本充足率达8.2%，总体上已符合巴塞尔标准。1980年住友银行和三菱银行分别增资1 658亿和1 573亿日元。[③] 虽然日本银行的资本充足比率在世界大银行中是较低的，但是多数银行的资本比率状况得到进一步改善。

由于《巴塞尔协议》统一的资本监管要求，日本银行业对于美国的比较优势消失使其竞争力下降，进而降低了日本银行业对美国市场的占有率，从美国当初怂恿建立统一的资本监管体系初衷来看，可以说其目的已达到。美国基于自己国家利益的做法不仅仅保护了本土银行业，还伤害了日本银行在美国的利益，使日本经济遭受严重

①②③　胡波：《日本、美国和西欧如何实施巴塞尔协议》，载《国际金融研究》1990年第11期。

的破坏。

2. 西欧国家的总体态度

当时，英国银行的资本充足率普遍比较充足，监管部门也热衷于实施《巴塞尔协议》。1975 年年底《对银行国外机构的监管报告》发表，1976 年元月英格兰银行推出了新的监管条例，个别条款甚至更加严格。如英格兰银行规定，呆账准备金不列入资本计算；而且监管的对象甚至包括了所有的金融机构。1980 年上半年，受拉美债务危机影响，英国四大银行中有两家银行完税后出现亏损，银行股本对资产比率也因此降低。英格兰银行要求英国的银行不要过分涉足高风险的债务市场和地产市场，转向较为稳健的银行经营。

荷兰、法国的多数银行 1980 年提高了资本/资产比率，尤其是法国，通过立法手段有效地提高了资本比率，奥地利和比利时银行资本实力也有较大提高。然而，德国 1989 年有 3/5 的银行资本比率下降，这反映了德国银行在资产迅速增长的同时很难保持资本的同步增长。总的来说，西欧 1975 ~ 1980 年间资本虽然增长很快，但资产增长也不少，所以平均资本充足比率仅略有改善。

西欧证券业十分发达，西德银行收益中就有 1/3 来源于经纪佣金手续费。西欧政府鼓励银行发挥经纪业的优势，发展对客户的综合服务，因为中间业务不在资本要求内，可以在不增加资产总值的前提下，增加收入。

《巴塞尔协议Ⅰ》对国内贷款的风险划定要比跨国贷款低。欧洲 1992 年建立起了统一市场，意味着欧共体成员国的银行或政府贷款将可作为国内贷款，位于更低的风险权重内，降低了资本金的要求。例如，西德政府需要一笔贷款，美国与法国都想争得贷款权，但美国对西德的贷款属跨国性质，风险权重较高，需要较多的资本。相反，法德贷款属于国内贷款，风险权重较低，所需的资本支持也较少，因而在价格上更具竞争力。统一大市场的建立对欧洲各国银行十分有利。

3. 对中国银行业监管的影响

《巴塞尔协议Ⅰ》对我国银行业发展产生了深远影响。当时实施的资产负债管理办法只处于初级阶段，存在着资产负债结构不协调、比例不平衡的问题，同业拆借在负债中所占的比重偏高。为达到风险资产的要求，中国的银行不得不减少贷款发放，以提升资本与风险资产的比率。

因为《巴塞尔协议Ⅰ》规定 OECD 国家是资信较高的组别国家，对他们可以给予较低风险权重的优惠待遇，而其他国家则被赋予较高的风险权重。而我国不在享受优惠待遇的名单之中，这提高了我国从国外融资的成本。

依照《巴塞尔协议Ⅰ》的要求，1995 年，我国出台了《商业银行法》，原则上规定商业银行的资本充足率不得低于 8%；1996 年，《商业银行资产负债比例管理监控、监测指标和考核办法》出台，在规范商业银行资产负债比例管理时，对计算信用风险资本充足率的方法提出了具体的要求。这些管理办法参考了 1988 年资本协议的总体框架，但在诸多方面放宽了标准。

（二）《巴塞尔协议Ⅱ》谈判和实施中的国家利益安排

《巴塞尔协议Ⅰ》成功地促进了世界主要经济体之间的金融业监管体系的统一。但随着金融危机的爆发与国际金融环境的复杂化，尤其是衍生品市场的崛起，巴塞尔协议Ⅰ的漏洞不断暴露。

美国原本希望通过《巴塞尔协议Ⅰ》来统一全球的银行监管体系，消除监管标准差异化给日本银行业带来的相对优势，进而抑制日本的目的已经达到。所以，新的协议急需解决的是《巴塞尔协议Ⅰ》的漏洞，而不是继续针对某些国家。这些因素使得《巴塞尔协议Ⅱ》具有更加宽松的实施环境，各国不必强制性实施《巴塞尔协议》。

但是，与1988年资本协议所不同的是，从一开始巴塞尔委员会就希望新资本协议的适用范围不仅局限于十国集团国家，其各项基本原则应普遍适用于全世界的所有银行。协议实施的范围包括国际活跃银行以及各国监管当局认为需要包括在内的其他大银行。巴塞尔委员会提出，十国集团国家监管当局应确保对不实施《巴塞尔协议Ⅱ》的银行进行审慎的资本监管。更大的覆盖范围也在一定程度上意味着它达成一致的难度在增加，换句话说各国实际上变相地寻求一定程度的自由。

《巴塞尔协议Ⅱ》于2006年开始实施。世界上越来越多的国家开始根据各国实际情况进行适当调整。这些调整主要是简化《巴塞尔协议Ⅱ》的执行。

1. 美国：分步执行《巴塞尔协议Ⅱ》

《巴塞尔协议Ⅰ》的实行对美国银行和金融业起到了非常重要并且积极的作用，日益复杂化的风险管理需求和资本测量方式体现了新巴塞尔资本协议的必要性。新巴塞尔协议可以通过更加直接地将资产风险与相应的监管资本费用联系起来，减少由于《巴塞尔协议Ⅰ》的资本充足率的漏洞带来的监管套利，更好地进行风险管理；《巴塞尔协议Ⅱ》将资本监管和风险管理联系起来。银行将可以采用更正式的量化风险度量和管理程序和流程，银行管理层和监管机构也可以更全面地评估资本充足率与银行的整体风险。

《巴塞尔协议Ⅱ》也是合乎美国自身需求与利益的。但是，出于对自身需求和利益的考量，美国并没有将《巴塞尔协议Ⅱ》完整地实施于整个银行业。由于新协议太过复杂，甚至超出了合理的范围。如果完整实施于银行业，无疑会给银行带来沉重的负担；银行必须设计多种系统，并且还要培训员工来应对复杂的新规则；同时，复杂性也增加了公众的接受困难，可能削弱其可信度。另外，各国银行监管在方法、频度、强度和质量等方面都可能存在很大差异，使新协议的公平运用受到挑战。因此，美国的三家银行监管机构一致同意分步骤简化实施新协议：

第一步，美国银行只采用内部评级高级法和操作风险的高级计量法。银行使用越高级的方法，其资本要求则低。这样就鼓励银行投资于各种所需的系统。

第二步，巴塞尔新协议先适用于美国的大型国际活跃银行。采取强制要求采用和自愿采用新协议相结合的方式，落实巴塞尔新协议的部分内容。

第三步，在起草美国的资本管理框架时，结合法规语言和监管指引，把巴塞尔新协议的目标和原则"翻译"成与美国资本监管制度方法相一致的词汇和资本框架。美国规则所要求的资本，不低于巴塞尔新协议的要求。[①]

2. 欧洲：统一"第二支柱"的执行

欧盟要求所有商业银行、信贷机构和投资银行如期实施新协议。2005 年，按照"巴塞尔新资本协议"的监管思路，欧洲议会通过"资本要求指令"（CRD），该指令将新资本协议的实施上升至法律层面。欧洲银行监管委员会针对银行内部资本评估过程、监管当局检查评估以及银行和监管部门间的对话机制出台了指导性文件，以提高欧洲各国在执行新协议"第二支柱"上的一致性。[②] 在德国，巴塞尔新资本协议适用于所有银行，而不仅仅是针对国际活跃银行。十国集团国家（英国、法国、德国、意大利、荷兰、比利时、瑞典、瑞士）在 2004~2006 年实施前的缓冲，2007 年 1 月 1 日正式实施。

3. 日本：修改最低资本要求的计算标准

在《巴塞尔协议Ⅱ》的谈判中，日本表示在新协议最终实施前，将和银行业进行充分沟通，并做出符合实际情况的修改。当时日本国内大多数商业银行都已满足资本充足率等要求，对于新的巴塞尔协议，日本的修改意见主要集中在有关最低资本要求的计算标准（第一支柱）方面。例如：简化内部评级法中的最低资本要求内部评级法中的某些参数进行调整；以及对操作风险相关的一些条款进行修改。此外，日本也提出了关于第二支柱和第三支柱的修改意见，要求进行相应的简化，以防止复杂的信息披露误导投资者。[③]

4. 中国：延迟执行《巴塞尔协议Ⅱ》

《巴塞尔协议Ⅱ》谈判期间，我国银行业资产质量有较大提升，不良贷款继续下降。当时的银监会主席刘明康致函巴塞尔委员会主席卡如纳表示："银监会完全支持新资本协议期望实现的各项目标。新协议代表了监管理论中的先进理念和发达国家商业银行逐渐完善的风险管理最佳实践经验。但是，新资本协议还须做进一步的修订，以确保在不久的将来能在更多国家实施。"[④]

虽然，新协议与老协议相比，有很大的进步。新协议的设计初衷也不再局限于十国集团，但并没能充分考虑发展中国家的国情。同发达国家相比，发展中国家的市场发育程度和监管水平存在较大的差距，快速实施新协议难度较大。按照新的资本协议，整个中国银行业的资本要求会进一步提高。中国选择在十国集团 2006 年年底开始实施新资本协议之前，仍然继续执行 1988 年的老协议。然而，中国商业银行在国

① 约翰·霍克（时任美国货币监理署署长），《美国实施新巴塞尔资本协议的具体考虑》，中国银监会网站，2003 年 8 月。

② 刘兴华：《对"巴塞尔新资本协议"实施状况的解读》，载《区域金融研究》，2009 年。

③ 张戈弋：《巴塞尔协议Ⅲ及其对中国银行业的影响》，载《金融时报》2013 年第 3 期。

④ 《银监会有关负责人就银监会对巴塞尔新资本协议的意见和建议答记者问》引自中国银行业监督管理委员会网站，http://www.cbrc.gov.cn/chinese/home/docView/49.html.

外的附属机构，则需要按照有关东道国监管当局的要求，实施新协议的有关规定。这一决定是从我国实际出发，建立符合我国实际的资本监管制度。为提高资本监管水平，银监会对 1988 年老版本协议的资本规定进行了修改。银监会出台的《商业银行资本充足率管理办法》在许多方面借鉴了新协议的内容，将第二支柱和第三支柱的内容包括在内。2007 年 2 月，银监会友布《中国银行业实施新资本协议指导意见》，正式开始实施《巴塞尔协议 II》。

（三）各国设计国别版的《巴塞尔协议 III》

2008 年全球金融危机之后，国际社会更加意识到加强国际金融监管的重要性。在 2009 年的 G20 峰会上，与会的领袖们呼吁共同建设一个更安全、更稳健的全球金融体系。此后，G20 承担起督促巴塞尔银行监管委员会出台相关协议并且监督其成员国实施相关协议的责任。巴塞尔委员会出台相关协议后，需要在 G20 峰会进行投票获得 G20 批准后才会在 G20 成员国实施。由于 G20 包括全球 20 个主要经济体，总 GDP 占全球 90% 以上，因而在 G20 的监管下，各国对《巴塞尔协议 III》实施更全面更严格，对全球银行监管的影响也更大。这使得巴塞尔委员会出台的协议更具有权威性，也相对更具有强制性。

《巴塞尔协议 III》于 2010 年在瑞士巴塞尔出炉，并在韩国首尔举行的 G20 峰会上获得正式批准实施。《巴塞尔协议 III》出台后，巴塞尔委员会建立了新协议实施小组，鼓励各国监管当局就新协议的实施方法进行交流，由此促进新协议实施的一致性。新协议实施小组制定了具体的合作与协调机制，旨在减轻银行实施新协议的负担，并节约监管资源。在母国与东道国监管当局合作推动新协议的有效实施问题上，母国监管当局应起着主导作用。美国和欧洲银行业在全球范围内业务广泛，系统性重要银行占比较大，它们的国际银行业与全球经济发展息息相关

1. 美国：顾及中小银行的诉求

2012 年 8 月 30 日，美国货币监理署（The Office of the Comptroller of the Currency，简称 OCC）、联邦储备委员会（Board of Governors of the Federal Reserve System）以及联邦存款保险委员会（Federal Deposit Insurance Corporation，FDIC）关于《巴塞尔协议 III》在美国的实施发布了三份立法草案。三份法案分别是《巴塞尔协议 III 立法草案》（《监管资本规则：监管资本、巴塞尔 III 的实施、最低资本监管比率、资本充足率一级过渡条款》）、《标准法立法草案》（《监管资本规则：风险加权资本计算的标准法、市场纪律一级信息披露要求》）、《高级法和市场风险立法草案》（《监管资本规则：风险资本计量的高级法和市场风险资本规则》）。就三份草案与《巴塞尔协议 III》的相同点来看，资本定义和最低资本要求和过渡期资本工具扣除基本与国际规定保持一致。资本留存缓冲要求与《巴塞尔协议 III》一致，并且完善细化了《巴塞尔协议 III》的过渡期股利支付比率的规定。草案将逆周期资本缓冲作为资本留存缓冲的拓展，在逆周期资本缓冲规定方面与国际标准保持一致。草案提出逆周期资本缓冲规定

仅对使用高级法的银行使用。

与国际标准相比，美国的这三份文件显示出了一定的差异：在商誉调整方面的规定更为严格；杠杆率监管采用两项杠杆率监管指标，分别为核心一级资本杠杆率和附加杠杆率。前者适用于全部银行，后者适应于使用高级法的银行。尽管美国采用双杆杆法，但总体上要求低于国际版《巴塞尔协议Ⅲ》。草案继续沿用了联邦存款保险法案规定的即时惩治行动（Prompt Corrective Action，PCA）规定，并基于新的监管比率对 PCA 作了重新修订。未能满足监管最低要求的参保存款类金融机构会被强制限制经营活动。

虽然美国针对自身实际情况对《巴塞尔协议Ⅲ》进行了相应的修改，但是草案仍然遭到了中小银行的强烈反对。主要原因是：美国银行体系复杂，难以实施统一的监管。而统一的监管规定会损害中小银行的发展。美国银行体系中除了全国性的大型商业银行还包括数量众多分布零散的社区银行以及存款储蓄机构。统一的、非差别化的监管要求使得大多以住房抵押贷款为主要收入的社区银行的成本被迫提高，利润被压缩。若将监管系统性重要银行的严厉标准强加于中小银行，将严重限制中小银行的发展，进而减少其在就业方面为美国经济所作的贡献，阻碍美国经济的复苏和重振。[①] 2012 年 11 月，美国监管机构宣布无限期推迟实施《巴塞尔协议Ⅲ》。直到 2013 年 7 月 2 日，部分修正后的美国版《巴塞尔协议Ⅲ》草案才得以实施。

2. 欧盟：在内部分歧中磨合

欧债危机暴露了欧盟银行业存在的两大问题：银行从事风险较高的信贷业务和欧盟金融系统的监管不足。欧盟希望通过实施《巴塞尔协议Ⅲ》来整顿欧盟银行业，以强化银行资本金充足率要求和抑制银行业的过度投机行为。因此，同美国相比，欧盟在实施《巴塞尔协议Ⅲ》方面相对是比较积极的。

但是一开始，欧盟成员国在与《巴塞尔协议Ⅲ》相关的新银行业法规内容方面存在着较大的分歧，经过多次讨论最终仍未能达成共识。欧盟内部在成员国是否有权要求本国银行提高资本金充足率、这样做是否需要得到欧盟委员会批准、如何限制银行员工的奖金，以及是否允许成员国银行业的流动性适用不同标准等问题上存在着较大分歧。为保护本国银行业免遭竞争压力，德国和法国试图弱化新银行业法规的相关规定。以英国为代表的部分成员国认为，成员国的银行业出了问题，往往都是由成员国的纳税人来埋单，因此成员国自己有权要求本国银行提高资本金充足率而不需要得到欧盟委员会的批准。但是，以法国为代表的部分成员国则提出，如果某个成员国单方面提高资本金充足率，必将影响其他成员国的经济。英国在欧盟有关新银行业法规的投票中就投了反对票。

纵然欧盟成员国内部分歧较大，但为了加强欧洲银行业的稳定性，同时也是为了深化欧洲经济与货币联盟，欧盟不得不力排外界压力与干扰实施《巴塞尔协议Ⅲ》。

---

① 巴曙松等：《巴塞尔协议Ⅲ在美国的实施及其对中国的启示》，载《学术月报》2013 年第 9 期。

作为泛欧金融监管框架的一部分，欧盟经历了整体层面的银行监管法规体系，由欧盟理事会（Council of the European Union，CEU）统一提请欧洲议会（European Parliament，EP）及理事会起草实施《巴塞尔协议Ⅲ》的法律法规和监管指引，于 2012 年 5 月出台了两步征求意见稿——《提请欧洲议会及理事会的对信用机构和投资公司的审慎性要求的提案》（Capital Required Regulation，CRR）和《提请欧洲议会及理事会的有关信用机构行为准入以及对信用机构和投资公司的审慎性监管指引》（Capital Requirements Regulation Ⅲ，CRR Ⅲ），经过巴塞尔委员会的审查和基于审查意见的部分修订后，于 2013 年 6 月正式定稿和颁布了 CRR 和《资本要求指引Ⅳ》（Capital Requirements Directive Ⅳ，CRD Ⅳ）。

欧盟版《巴塞尔协议Ⅲ》与国际上的《巴塞尔协议Ⅲ》的异同点有以下几个方面：

首先，欧盟各国对普通股的定义不同，CRR 没有在核心一级资本定义中列明"普通股"一项，而是以"符合标准的资本工具"的形式出现在核心一级资本中。CRR 采用这样的表述方式扩宽了小型金融机构核心一级资本定义。风险加权资产的计算方法差异主要体现在信用风险的标准法和内部评级法中。在信用风险的标准法中，CRR 以"声誉期限不超过三个月"代替《巴塞尔协议Ⅲ》中的"原始期限不超过三个月"作为短期债权的衡量标准，放松了对短期债权归类的要求。由于短期债权可以获得低至 20% 的优惠风险权重，加上 CRR 对零售资产和非零售资产的划分的执行标准低于《巴塞尔协议Ⅲ》的要求，导致 CRR 的标准法存在权重低估，从而致使信用风险加权资产总体偏小。在信用风险内部评级法中，CRR 实施的方案与国际准则也有所不同，导致对欧盟银行业对风险暴露的低估，欧盟对核心一级资本、其他一级资本和二级资本的最低要求与国际标准一致，在资本缓冲要求上作了一定的差异化处理。中小银行经过成员国监管当局向欧盟委员会说明其并不会对金融体系稳定造成威胁就可以免除资本缓冲规定。

其次，由于欧盟成员国众多，无法统一监督检查，因而欧盟将监督检察权交给成员国的监管当局，并不作详细要求，在一定程度上架空了泛欧层面的监管权，降低了银行业监管的有效性。[①]

再次，欧盟对信息披露的要求要低于巴塞尔委员会要求：一是，披露范围缩小。CRR 规定，除与自有资本相关的信息必须披露外，银行只需披露那些自认为重要的信息，而对"重要信息"缺乏明确界定；二是，信息披露频率更少。相比《巴塞尔协议Ⅲ》对信息披露的半年一次的最低频率要求，CRR 要求最低披露频率为一年一次；三是，信息披露途径更多。CRR 允许金融机构选择适当的途径来披露，而《巴塞尔协议Ⅲ》的规定是金融机构的网站上应包括所有应披露的信息。

最后，虽然欧洲系统风险委员会负责检测系统性风险，制定宏观审慎监管决策，

---

① 巴曙松等：《巴塞尔协议Ⅲ在欧盟的实施及其对中国的启示》，载《西北工业大学学报（社会科学版）》2014 年第 3 期。

并为宏观审慎工具的应用提供指导方针和具体建议，但是它并没有超过其成员国的监管权，而且其政策制定受到央行和财政部门的影响，因而其实际的监管效果有限。

总体来看，欧盟版《巴塞尔协议Ⅲ》的整体水平低于国际标准。由于欧盟成员国内部分歧较大，考虑到各国银行业情况不同，欧盟不仅放松了资本定义、风险加权资产计算方式和资本缓冲要求，而且给予成员国更多自由裁量权，信息披露要求较低以及杠杆率和流动性指标强制性明显不足。

3. 中国：实行更严格的版本

虽然 2008 年金融危机并未给中国经济带来直接破坏性的影响，但中国也意识到全球银行监管的重要性，并于《巴塞尔协议Ⅲ》出台之后积极地实施。中国之所以积极实施《巴塞尔协议Ⅲ》，主要原因有三：一是中国是 G20 成员国之一，受到 G20 的监督和来自其他成员国的压力；二是实施《巴塞尔协议Ⅲ》符合中国国家利益，通过对《巴塞尔协议Ⅲ》的实施有利于加强自身监管体制建设，学习国外先进银行监管技术，推动中国银行业走向国际市场，并带动中国对外贸易增长；三是通过参与国际行业规则的制定与执行，促进全球化与维护世界金融行业稳定，履行区域与国际性大国的应尽职责，进而提高中国的国际地位与话语权。

2011 年 5 月 3 日，中国银监会颁布《中国银行业实施监管标准指导意见》，标志着中国版的《巴塞尔协议Ⅲ》的形成。它对资本要求、杠杆率要求、流动性要求做出了具体规定。总体上，系统重要性银行于 2013 年年底实施新监管规范，非系统重要性银行有三年的过渡时期，必须在 2016 年底达到最低监管标准。

2011 年 6 月 1 日，银监会发布《商业银行杠杆率管理办法》，规定了杠杆率的计算方法和监督管理原则。2012 年 6 月，《商业银行资本管理办法（试行）》发布，《商业银行杠杆率管理办法》对资本监管标准做出了重大修改，对资本管理、监督检查和信息披露做出了详细的规定。《商业银行杠杆率管理办法》标志着我国正式实施《巴塞尔协议Ⅲ》。

总体来说，中国版的《巴塞尔协议Ⅲ》将商业银行分为系统性银行与非系统性银行。相较于国际《巴塞尔协议Ⅲ》，我国对银行业的资本监管要求更高。一级资本充足率由原来 4.5% 提高到 5%。中国版《巴塞尔协议Ⅲ》新增了 1% 的系统重要性银行附加资本，这对于防范银行系统风险的爆发具有较大作用。中国版《巴塞尔协议Ⅲ》的过渡期要短于巴塞尔协会对国际《巴塞尔协议Ⅲ》计划的过渡期，规定于 2013 年实施至 2018 年完成。同时中国将在全行业实行中国版的《巴塞尔协议Ⅲ》。

通过以上对《巴塞尔协议Ⅲ》在美国、欧盟、中国实施情况的介绍，我们可以看出，《巴塞尔协议Ⅲ》在各国的实施情况差别很大。《巴塞尔协议Ⅲ》主要对各国银行业起到指导的作用，对银行业的监督提供更为详细更为具体的操作方法，对于各国的实施情况并没有强制性。世界各国都在《巴塞尔协议Ⅲ》的理论基础上结合本国具体经济状况和银行业发展情况制定出符合本国利益的本国版《巴塞尔协议Ⅲ》。

三、中国版的《巴塞尔协议Ⅲ》

作为《巴塞尔协议》成员国，同时又是 G20 成员国，中国势必会选择接受并实施《巴塞尔协议》，这样既可以完善我的银行业监管体系，又可以使我国商业银行更好地与世界接轨。但在《巴塞尔协议Ⅲ》各自为政的新特点下，为了利益最大化，中国无须全盘接受巴塞尔协议，而是结合中国的自身需求与实际行业环境将《巴塞尔协议Ⅲ》中国化。

我国在积极实施《巴塞尔协议Ⅲ》的基础上，对协议中国化作出了相应的尝试与努力，并取得了一定成果——《中国银行业实施新监管标准指导意见》，即中国版《巴塞尔协议Ⅲ》于 2013 年 1 月 1 日开始正式实施。中国版《巴塞尔协议Ⅲ》保留了国际《巴塞尔协议Ⅲ》的基本思想，但有较多创新，推出了四大监管工具，分别为资本充足率监管、杠杆率监管、贷款损失准备监管和流动性风险监管。我国商业银行接受四大工具和《巴塞尔协议Ⅲ》的共同监管。

中国版《巴塞尔协议Ⅲ》与国际上《巴塞尔协议Ⅲ》的异同点有以下几个方面：

首先，资本定义的不同。国际《巴塞尔协议Ⅲ》中，一级资本没有包含未分配利润，并把一般风险准备扩充为累计其他综合收益。而中国版的《巴塞尔协议Ⅲ》中包括未分配利润、资本公积和少数股东权益（见表 2）。

表 2　　　　　　　　　　中国版和国际版一级资本比较

中国版巴塞尔协议Ⅲ	巴塞尔协议Ⅲ
实收资本/普通股	实收资本/普通股
盈余公积	留存收益
未分配利润	
资本公积	资本盈余
一般风险准备	累计其他综合收益
少数股东资本可计入部分	超出子行最低资本要求的少数股东权益

资料来源：2012 年 6 月银监会发布《商业银行资本管理办法（试行）》；2010 年 9 月《巴塞尔协议Ⅲ》，国际清算银行 BIS。

其次，监管指标要求不同。中国版《巴塞尔协议Ⅲ》对监管指标要求更为严格。核心一级资本充足率高于国际《巴塞尔协议Ⅲ》0.5 个百分点，杠杆率标准提高 1 个百分点。其他指标要求与《巴塞尔协议Ⅲ》国际准则完全一致。因而，相对于其他国家，中国版《巴塞尔协议Ⅲ》对银行业监管要求更高（见表 3）。

表3   中国版和国际版监管指标比较

	中国版《巴塞尔协议Ⅲ》	《巴塞尔协议Ⅲ》
核心一级资本充足率（1）	5%	4.5%
一级资本充足率（2）	6%	6%
总资本充足率（3）	8%	8%
留存资本缓冲（4）	2.5%	2.5%
逆周期资本缓冲	0~2.5%	0~2.5%
系统重要性附加资本（5）	1%	1%~3.5%
（1）+（4）+（5）	8.5%	8%
（2）+（4）+（5）	9.5%	9.5%
（3）+（4）+（5）	11.5%	11.5%
杠杆率	4%	3%

资料来源：2012年6月银监会发布《商业银行资本管理办法（试行）》、2010年9月《巴塞尔协议Ⅲ》，国际清算银行BIS。

再次，资本充足率计算方法不同。在资本充足率计算当中，我国对于普通股扣除项与国际标准存在较大差别，由于我国扣减项不全，国际《巴塞尔协议Ⅲ》扣除项更全面。许多在国际《巴塞尔协议Ⅲ》中需要扣除的项目，我国却并不需要扣除，这样使得按照国际《巴塞尔协议Ⅲ》计算出的资本充足率相对我国偏低。

过渡期安排也存在不同。国际上的《巴塞尔协议Ⅲ》对资本充足率过渡期的安排是从2013年开始实施，到2019年要求各国最终达到监管标准。而中国版的《巴塞尔协议Ⅲ》缩短了资本要求的过渡期安排，要求中国的银行从2013年开始，到2018年达标。

最后，信用风险权重设置上也存在差异。国际版《巴塞尔协议Ⅲ》采用权重法和外部评级法的信用风险测量方法。由于我国外部评级体系建立不完善，因而基于外部评级法的权重法在我国的适用需要一定的特殊化处理。而且中国版《巴塞尔协议Ⅲ》根据我国的具体情况下调了小微企业债权风险权重并对信用转换系数做了调整。

四、总结

纵观《巴塞尔协议》的发展脉络，该协议对于资本要求愈加严格，风险管理方式更加多样，更加科学。同时，随着全球化的推进与金融创新的不断发展，市场环境日益复杂，这对协议能否适应各国实际情况，能否有效监管，防范风险提出了挑战。

从《巴塞尔协议Ⅰ》到《巴塞尔协议Ⅲ》，国际环境越发宽松自由。《巴塞尔协议Ⅰ》时，各主要经济体都被迫实行《巴塞尔协议》。日本若不加入协议，美国在内的其他发达国家的银行将拒绝与日本银行进行国际业务。但从《巴塞尔协议Ⅱ》开始，各成员国自由选择与计划实施《巴塞尔协议》的空间在加大。这主要是国际环境变化导致的。随着金融危机的爆发，衍生品的崛起，监管环境日益复杂，旧的《巴塞尔协议》逐渐力不从心。发达国家内部对比《巴塞尔协议Ⅲ》的态度也存在分歧，欧洲一贯支持《巴塞尔协议》，但美国的《巴塞尔协议》相关方案由于国内反对声音一再拖延实施进度。

随着《巴塞尔协议》实施的国际形势的变化，主要的利益博弈不再是和巴塞尔委员会关于具体条款，具体数字或准备期长短进行谈判，而是如何结合国内实际情况，进行合理的协议本土化。

《巴塞尔协议Ⅲ》试图建立统一的银行业监管标准与体系，这与我国作为新兴经济体与发展中国家银行业尚未完善，正处于蓬勃发展阶段的实际情况并不符合。这需要监管者结合行业实际情况，进一步进行创新与改革，使巴塞尔协议或国别版的《巴塞尔协议》更好地与各国实际情况相结合。

参考文献

[1] Governor Mark W. Olson at the Annual Washington Briefing Conference of the Financial Women's Association, Washington, D. C. May 16, 2005.

[2] 巴曙松等：《巴塞尔协议Ⅲ在美国的实施及其对中国的启示》，载《学术月报》2013 年第 9 期。

[3] 巴曙松等：《巴塞尔协议Ⅲ在欧盟的实施及其对中国的启示》，载《西北工业大学学报（社会科学版）》2014 年第 3 期。

[4] 本·斯泰尔、罗伯特·E. 利坦著，黄金老等译：《金融国策：美国对外政策中的金融武器》，东北财经大学出版社 2008 年版。

[5] 甘培根、王丹：《巴塞尔协议及其对我国的影响》，载《中国金融》1993 年第 10 期。

[6] 胡波：《日本、美国和西欧如何实施巴塞尔协议》，载《国际金融研究》1990 年第 11 期。

[7] 霍华德戴维斯、大卫格林著、中国银行业监督管理委员会国际部译：《全球金融监管》，中国金融出版社 2009 年版。

[8] 霍晓冉、王振耀：《巴塞尔协议的演变历程梳理》，载《财政金融》2011 年第 12 期。

[9] 姜波克：《银行监督当局国际协作的发展与巴塞尔委员会》，载《世界经济》1984 年第 3 期。

[10] 金中夏等：《中国与 G20：全球经济治理的高端博弈》，中国经济出版社 2014 年版。

[11] 刘丽京：《巴塞尔协议对日本银行业战略的影响》，载《国际金融研究》1993 年第 5 期。

[12] 刘世平等：《巴塞尔协议的历史和内涵》，载《金融电子化》2006 年第 5 期。

[13] 刘兴华：《对"巴塞尔新资本协议"实施状况的解读》，载《区域金融研究》2009 年第 1 期。

[14] 卢鸿：《巴塞尔协议Ⅲ对中国银行业的影响》，载《金融时报》2011 年 1 月 24 日版。

[15] 梅良勇、刘勇：《巴塞尔协议Ⅲ的资本监管改革及其影响分析》，载《金融理论与实践》2010 年第 12 期。

[16] 任映国：《巴塞尔协议对西方及亚太地区银行业的影响》，载《金融与经济》1992 年第 10 期。

[17] 王林：《巴塞尔协议Ⅲ新内容及对我国商业银行的影响》，载《西南金融》2011 年第 1 期。

[18] 王伟旭：《警惕美国的第二次阴谋》，人民日报出版社 2003 年版。

[19] 约翰·霍克：《美国实施新巴塞尔资本协议的具体考虑》，银监会网站，http://www.cbrc.gov.cn/chinese/home/docView/317.html，2015 - 1 - 16 访问。

案例七

中国对非援助面临的典型
问题与对策
——基于坦赞铁路的案例分析

指导教师：郭宏宇

项目组成员：李娅溱　冯家悦　王桓榕

摘要：非洲在中国经济外交中的重要性日益显著，其中，援助是中非经济外交的主体，如何保证援助项目的有效性，以帮助非洲实现走向现代化的非洲梦是最为突出的问题。本团队选取在对非援助中极具代表性的援助项目——坦赞铁路作为研究蓝本进行调研与分析。坦赞铁路是 20 世纪中国对非洲最大的援助项目，经过将近 38 年的运行，项目的效益与影响可以得到足够时间跨度的验证。本次调研以发展趋势、技术转移以及项目管理为着眼点，覆盖了援助项目的整体定位、外在影响以及后续影响。

一、坦赞铁路调研的背景

本次调研侧重于坦赞铁路的长期效果，着重考察坦赞铁路对非洲发展的作用、存在的问题及体现出的对非援助发展趋势。为此，课题组结合非洲发展实际，以非洲的发展目标和长期项目在非洲发展中的作用为调研的背景。

（一）非洲的发展目标

1. 非洲基本概况

非洲是世界经济潜在的增长点，除名列"金砖五国"的南非之外，尼日利亚也已经名列"薄荷四国"。在进入 21 世纪之后，非洲除能源与资源继续被世界关注之外，潜在的庞大市场也开始引起各国的注意。非洲人口占全世界约 13%，而创造出来的 GDP 却只占世界 GDP 总量的约 1%。与之相对，非洲拥有大量且种类丰富的矿物资源，有着令人羡慕的石油、金铜矿，一旦非洲开始进入快速增长的轨道，其经济增长是非常可观的。非洲的落后往往被归结为历史遗留问题，如 15 世纪开始的西方殖民主义和帝国主义对其造成了巨大的伤害、殖民统治和黑奴买卖使得非洲的经济和文明等无法正常蓬勃地发展，以及没有太多原始资本积累。但是，以东亚等国的发展经验来看，这些历史遗留上的困难可以通过基础设施的建设、科技与资本的引进等方式来弥补。目前主要的制约因素，是在新时代的新帝国主义和霸权主义之下，非洲在世界范围仍要受到"新游戏"规则制定者的约束，无法建立长效的发展机制。

2. 非洲距离长期目标的差距

非洲想要跳出落后发展的"怪圈"并不容易，冰冻三尺非一日之寒，若没有一个长期的目标和计划，想实现这一点是不可能的。非洲现在首要解决的问题是，如何不再给世界平均发展进程拖后腿。《联合国千年发展目标》的 8 个目标给世界指明了发展方向：消灭极端贫穷和饥饿；普及小学教育；促进两性平等并赋予妇女权力；降低儿童死亡率；改善产妇保健；与艾滋病毒/艾滋病、疟疾以及其他疾病对抗；确保环境的可持续能力；全球合作促进发展。但是，以 2012～2014 年的发展数据来看，非洲，主要是撒哈拉以南非洲，与世界平均发展水平仍有很高的差距（见表1）。

表1　　　　　　　　　　　　非洲与世界的差距

	撒哈拉以南非洲	中东与北非	世界平均水平
人均 GNI（现价美元）	1 657	3 456	10 679
城市人口比重（%）	37	60	53
预期寿命（岁）	56	71	71
小学总毕业率（%）	70	95	92

注：人均 GNI 为 2013 年数据；城市人口比重为 2014 年数据；预期寿命为 2012 年数据；小学总毕业率为 2012 年数据。

资料来源：世界银行数据库。

非洲也有自己的目标。非洲发展新伙伴计划的主要目标是：突出非洲国家对该计划的主导权；确定以消除贫困和实现可持续发展为目标，以基础设施建设、人力资源开发、农业生产、环境保护和科技发展为重点发展领域的长期战略；争取在今后 15 年内全非洲的国内生产总值年均增长 7% 以上和贫困人口减半；防止非洲被边缘化，重视与国际社会、特别是西方发达国家建立平等互惠的新型伙伴关系，努力争取西方国家向非洲提供更多的资金和援助；提高妇女地位；注重环境保护等。但是综合看来，无论是外部还是内部制定的这些基本目标，非洲大部分国家都还没有做到合格的程度，甚至离及格相差甚远。事实上，目前全非洲有 54% 的居民生活在贫困线以下，有 150 多万难民流离失所，还有旱涝等自然灾害；全非洲文盲率高达 70%，而且每年有大量高级人才流失，经济建设人才缺乏；非洲是艾滋病感染率最高的地区；非洲也是世界各大洲中交通运输条件较落后的大陆，基本上不存在覆盖整个大陆的铁路网，铁路均为从沿海伸向内陆的局部路线，且轨距不一；公路虽然比铁路发达，但分布不平衡，路面等级参差不齐，难以发挥网路的整体效益，这些都是制约非洲经济发展的内在因素。

（二）长期项目对非洲发展起重要的支撑作用

1. 通过长期项目才能实现发展目标

非洲需要一个长期的计划来解决长期发展问题。具体的实施则需要长期项目的支撑。基础设施建设是长期发展所积累起来的，尤其是医疗、教育更不能在一朝一夕就实现整体飞跃。

非洲基础设施建设的重要性与其多方面的发展目标相联系。如果仅着眼于经济发展，那么在基础设施不健全的条件下也可以有较高的经济增长率。但是如果以经济社会的整体发展为目标，那么不仅要实现较快的经济增长，还要实现人均寿命、教育等多项指标的改善，这就需要建设较高规模且全面的基础设施体系。

因此，非洲对长期项目的需求，主要是对基础设施的需求。作为先行资本，基础设施的完善是非洲经济发展，并走出饥饿与贫困的前提。目前，非洲最为亟须的是运输等三类基础设施（见表2）。受制于非洲的较落后的资金与技术，仅依靠非洲自身的力量是难以完成的，需要其他国家，包括发达经济体与新兴经济体的援助支持。

表2 非洲最为亟须的基础设施类别

运输业基础设施	交通基础设施落后的状况使非洲面临比其他发展中国家更高的运输成本，据统计，非洲的公路运输费用是其他国家的4倍。非洲的城市、地区之间互联互通程度较低，严重制约着非洲内部贸易发展
能源基础设施	目前非洲国家的总发电能力仅为德国一国的发电量。据世界银行估计，仅减少因电力供应不足而造成的损失就可使非洲GDP提高1~2个百分点。非洲地区的电力费用高昂且供电不足和不稳定的问题严重影响到了非洲国家的经济发展。而非洲企业的生产成本更是因为高昂的电费而升高，导致竞争力不足
社会生活基础设施	在非洲，只有不到40%的人口具有使用先进医疗设施的条件，互联网普及程度只有8%，远低于世界平均水平，固定电话的普及程度则更低。生活的不便利大大浪费了发展的时间和精力，对非洲的整体发展形成严重的制约

资料来源：根据非洲开发银行等机构的资料整理。

2. 中国对非洲进行援助的主要项目

对比美欧，非洲逐渐发现了一个更好的合作伙伴——中国。中国作为一个从殖民主义和帝国主义的阴影下走出来并迈向繁荣的国家，对非洲来说有着相似的亲切感并具有巨大参考意义。中国政府积极支持中国企业进一步扩大对非承包工程业务规模，逐步建立对非承包工程的多、双边合作机制。在这一系列的长期援助合作项目中，加强技术和管理方面的合作，逐渐帮助非洲国家提高自主发展能力并实现技术转移。尤其在中非合作论坛成立后，以"平等磋商、扩大共识、增进了解、加强友谊、促进合作"为宗旨，中国在基础设施建设的合作计划中强调了中非在交通、通讯、水利、电力等领域的合作。

中国针对非洲的需要，在基础设施领域帮助非洲建设大量的项目，从非洲首脑与媒体的态度上可以发现，中国的援助是他们所需要的。中非合作论坛提出的多个方面的援建计划已经逐步落实，如表3所列的典型基础设施援建项目。截至2012年年底，中国共向53个非洲国家提供了援助，援建1 000多个涉及工农业、基础设施、文教卫生等多个领域的成套项目；派出技术人员35万多人次。总的来看，中国对非长期项目的供给，和非洲对基础设施建设的现实需要具有较高的匹配度，无论是在运输业、公共事业基础还是社会生活基础方面，中国的援助项目都有涉及，并且正在逐渐补足非盟计划的有效资金投入不足的缺口。

表3　　　　　　　　　　　　中国对非援助的典型长期项目

援助领域	典型长期项目
交通	坦赞铁路——1970年援建，全程1 860公里。为修建坦赞铁路，中国共发运各种设备材料近100万吨，先后派出工程技术人员近5万人次，是迄今中国最大的援外成套项目之一。斯亚贝巴–阿达玛高速公路——埃塞首条、东非规模第一和等级第一的高速公路。这条连接着埃塞俄比亚首都亚的斯亚贝巴和第二大城市阿达玛的物流大通道，不仅由中国企业设计、施工，而且沿途还有由中国公司联营建设的风力发电场
能源开发	麦洛维大坝——位于苏丹首都喀土穆以北350多公里，是尼罗河干流上继埃及阿斯旺大坝后兴建的第二座大型水电站，也是中国中标承建的最大国外水电工程
文体	莫桑比克国家体育场——占地面积近27万平方米，拥有4.2万个座位，是中国政府在非洲国家最大的援建项目之一，2011年4月投入使用。塞内加尔国家大剧院——是中塞2005年10月复交后中国无偿援助塞内加尔的重大项目，造价2.335亿元人民币，工期27个月
教育	"非洲人才计划"，2013~2016年将为非洲培训3万名各类人才，提供1.8万个奖学金留学生名额
医疗	巴马科东区的"马里医院"——坐落于马里共和国首都，是中非合作论坛框架下，由中国政府援建非洲30家综合性医院中首家建成开业的医院；也是将医疗队撤点合并到首都医院，为受援国提升医疗服务层次的首次尝试
政治地标	非盟会议中心——中国继坦赞铁路后对非洲最大的援建项目，位于埃塞俄比亚首都亚的斯亚贝巴，项目耗资2亿美元。而李克强在埃塞俄比亚期间，也将在此演讲，并阐述中国对非洲合作的意愿和努力

资料来源：根据商务部相关资料整理。

二、从坦赞铁路看对非技术转移的动力与制约因素

要真正地实现非洲的整体发展，就要提高非洲的技术实力。大型项目的建设常常伴随着技术转移，坦赞铁路便是典型的案例。从中可以发现中非双方的技术转移动力与技术转移中的主要制约因素。

（一）坦赞铁路建设中的技术转移

改革开放之前的中非技术转移，是伴随着援建项目进行的。尽管存在政治思潮的干扰，中国仍然在"文革"时期完成了对发展中国家的 470 多个援助项目。在 1978 年，全球共有 74 个国家接受来自中国的援助，非洲是受援国的最大群体。总体来看，改革开放前的中国对非援助，政治上的因素多于经济上的考量，中国的决策者们在国际主义精神的鼓舞下无私地援助非洲朋友，希望非洲朋友能够摆脱殖民主义的控制。在实现非洲民族独立目标的援助过程中，中国对非洲的技术转移起到了非常重要的作用。非洲国家也意识到，只有拥有了自己的技术工人才有资本发展自己的工业，只有工业发展起来了，才有实力摆脱对殖民者的依赖。在坦赞铁路的开工仪式上，坦桑尼亚的首位总统裘利斯·尼雷尔亲自观看了非洲的工人操作挖掘机器，他自豪地宣称："我们有了自己的产业工人！我们有了自己的产业工人！"[1]

尽管没有明确的口号，但是中国对非洲的技术转移是主动而有计划的。遵照着周恩来总理在 1963～1964 年间提出的"对非洲发展援助八项原则"，中国在坦赞铁路项目上"刻意表现得与其他国家有所不同"。[2] 随着项目的提前完成，中国的工程技术被传授给非洲的年轻人，中国力图帮助非洲培育自己的熟练技术工人。坦桑尼亚总理拉什迪·卡瓦瓦在 1975 年坦赞铁路投入使用仪式上宣称，非洲工人在坦赞铁路的修建过程中从中国专家那里得到了"最好的培训"，而这些学习来的专业知识现在能够在其他发展项目中找到用武之地。[3]

但是，我们也可以发现，伴随着援助的技术转移效率有限，需要后续的反馈与培训进行补充。如此便可能导致技术转移缺乏监督，缺少一个对技术转移的效果评价，技术转移的效率得不到保证。在坦赞铁路项目中，1975 年移交铁路的时候，接受了专门培训并得到提拔的人只占整个工人队伍中很小的一部分，尤其是在铁路的运营和维护领域。因此，中国政府同意在 1976～1986 年的十年技术合作期内继续向非洲方面提供援助和技术培训。很明显，施工期间的技术转移并不是那么成功，所以要通过

---

① 张铁珊：《友谊之路：援建坦赞铁路纪实》，中国对外经济贸易出版社 1999 年版。

② Deborah Brautigam, Chinese Aid and African Development: Exporting Green Revolution, London: Macmillan, 1998, P. 23.

③ 《坦桑尼亚与赞比亚庆祝铁路竣工》，载《人民日报》1975 年 10 月 24 日版。

后续的培训来完成技术的转移。

（二）中非双方的技术转移动力

从坦赞铁路的建设来看，中非双方的技术转移意愿都很强烈。

1. 中方的动力

中国与非洲国家有着深厚的传统友谊，真诚地希望将发展所需的技术传递到非洲。这种真诚的愿望并非空洞的设想，而是有着较深的政治经济基础。

（1）实现民族解放的共同愿景。筹建坦赞铁路时，中方决策受政治因素的影响很大，共产国际的意识理念让中国人民帮助非洲人民的愿望更加强烈。毛泽东在1967年与赞比亚共和国总统谈话时就说过，先独立的国家有义务帮助后独立的国家。周恩来总理在1970年的与坦赞两国政府代表团的谈话中也指出，"中国人民一向很热爱非洲人民，我们过去都是被压迫民族，现在都在争取维护和巩固民族独立，我们是战友。"淳朴的共产国际思想激励了当时的中国，即便是在自己也面临巨大困难的时候，也要援建坦赞铁路。"帮助友好国家的建设项目——铁路算是一个大项目——不仅要完成，而且一定要使受援国的人民掌握和使用，使他们学会和掌握全套技术和经营管理，训练好技术人员和工人，使我们的技术人员和工人能够尽快离去，完成了的项目交给受援国使用。这才算是完全做到了援助，而且器材还要不断补充供应。"这是中方领导者对于坦赞铁路援建的要求。中国援建坦赞铁路是以另一种方式去削弱帝国主义在非洲的殖民势力，支持非洲人民的民族独立运动，也是中国在国际上履行无产阶级国际主义的义务。[①]

（2）摆脱西方控制的必要前提。让非洲拥有自己的技术工人和自己的工业有利于帮助非洲人民摆脱殖民主义、帝国主义、强权主义的控制。以赞比亚为例，赞比亚与中国有着相似的历史遭遇和强烈的反帝反殖、争取民族独立的意识，本着共同的历史使命和相互之间的深切同情，更重要的是考虑到赞比亚在南部非洲的独特影响力，新中国答应了修建坦赞铁路的请求。也只有真正让非方掌握了技术，才能保证其有能力去继续项目的后续运营和发展自己的技术工人和产业。周恩来曾明确说道：我们"把外援看成是平等互利的，帮助别人也帮助自己。受援国经济建设搞好了也就是削弱了帝国主义，这对中国也有利"。[②]非洲国家因为长时间处于被殖民地位，国内经济不发达，十分依赖西方国家的援助。要想使非洲国家富起来，便要从根本上解决问题。没有自己的技术工人，国家就无法摆脱落后的困境，不能挺直了腰杆子说话。只有以坚实的工业基础为后盾，才能为自己谋得更好的发展条件。南罗得西亚就曾威胁

---

① 陈素娥：《中国援赞的历史反思与现实审视》，中南大学硕士论文，2012年。

② 《周恩来总理同恩克鲁玛总统会谈记录：周恩来总理访问非洲：与八国有关经济援助和贸易方面的会谈摘》，外交部档案馆，档号：203－00496－01。

说要撤回该国在赞比亚的铁路技术人员，以此向赞比亚政府施加压力。[①]

（3）中国外交战略的必然选择。成立不久的新中国面临着严峻的国际形势，受到以美国为首的资本主义阵营和社会主义苏联大国沙文主义的夹击，使得当时的新中国腹背受敌。1963～1964年，毛泽东明确了"中间地带有两部分"的观点，指出，一部分是指亚洲、非洲和拉丁美洲的广大经济落后的国家，一部分是指以欧洲为代表的帝国主义国家和发达的资本主义国家，这两部分都反对美国的控制，在东欧各国则发生反对苏联控制的问题。[②] 面对这样的国际局势，毛泽东制定了依托第一个中间地带，偏向第二个中间地带的外交战略。此时的中国需要朋友，非洲国家众多，而随着第三世界原有的殖民统治和同盟关系行将瓦解，新的政治同盟尚未建立，这对中国来说无疑是个转机，中国将目光放到了非洲。

那么如何去结交非洲这个朋友？中国该如何体现自己的诚意？其中一种做法就是，通过技术转移帮助非洲发展自己的工业。技术转移充分显示了我们与西方国家的援助模式的不同。一些西方国家不愿意将技术教给非洲，担心非洲对自己的依赖会降低。中国则完全不同。技术的转移证明了中国是非洲可靠的朋友，是真正想要帮助非洲的朋友。技术的传播也能让中非的感情更加牢固真诚。如在坦赞铁路的修建过程中，绝大多数的被选拔者都是国内最优秀的铁路专家，他们拥有者丰富的经验和顽强的毅力，能够在最艰苦的环境下工作。可以说，他们带去的不仅仅是中国的技术，更有中国的诚意。通过这批中国的专家，让非洲人民感受到了中国人的友好，塑造了一个积极的中国形象。

（4）调整产业结构的自然趋势。进入21世纪后，随着世界经济的发展，中国对非洲技术传播的意愿更加强烈。中国的产业结构到了一个调整期，这个过程中势必会将一些低层次的工业适当转移，转移到哪里？非洲是个很好的选择，这也是适应现阶段非洲发展趋势的。

非洲的相对廉价劳动力和招商引资的需求吸引着中国企业去非洲投资生产。根据商务部的数据，1965年，中非贸易额只有2.5亿美元，2013年首次突破2 000亿美元，达到2 103亿美元。中国已连续5年成为非洲第一大贸易伙伴国。截至2013年年底，中国对非直接投资存量已超过250亿美元。越来越多的中国企业要在非洲发展，需要越来越多的非洲技术工人。中非的技术转移和交流能够为中国企业提供充足的技术人才。而且，非洲的熟练技术工人的价格非常高，技术人才的增多也能在一定程度上降低招工成本（见表4）。

---

① 中国驻赞比亚大使馆电报：《卡翁达对于建设坦赞铁路的态度》，1965年8月17日，中国外交部档案馆，108-00649-02。

② 中共中央文献研究室：《毛泽东文集（第8卷）》，人民出版社1999年版。

表4					中国对非洲主要国家投资额				单位：万美元
直接投资净额（年）									直接投资存量
2004	2005	2006	2007	2008	2009	2010	2011	2012	2012年年底
31 742	39 168	51 985	157 431	549 055	143 887	211 199	317 314	251 666	2 172 971

资料来源：商务部网站。

对非的基础设施技术传播可以为中国企业提供更好的生产和投资环境，有利于进一步的中国产业结构调整。随着中非经济合作的深入发展，中国对非洲援助和投资项目正在从传统产业向新兴产业转型，以初级产品和加工贸易品为主的贸易格局正在被更加多样化的经济合作模式所取代，比较图1和图2可以发现，在短短两年中，中国对非洲投资从低端投资迅速向高端投资领域发展，投资规模和技术含量都有了很大提升。①

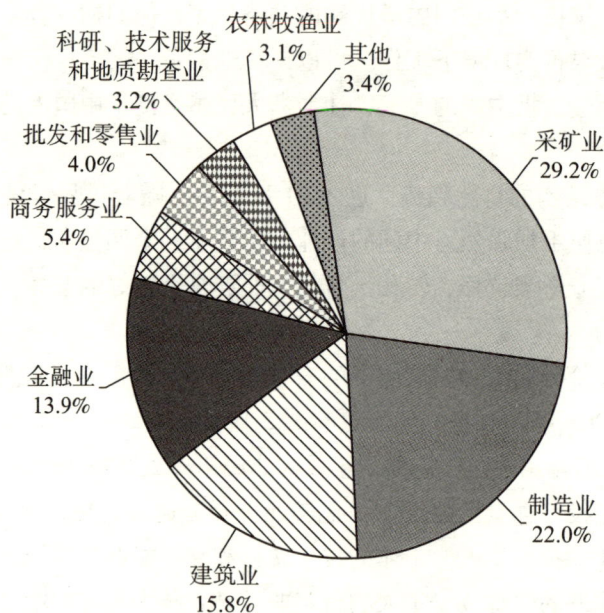

图1　截至2009年年底中国对非直接投资分布

资料来源：《中国与非洲的经贸合作（2010）》。

---

① 张海冰：《中国对非洲援助的"战略平衡"问题》，载《西亚非洲》2012年第3期。

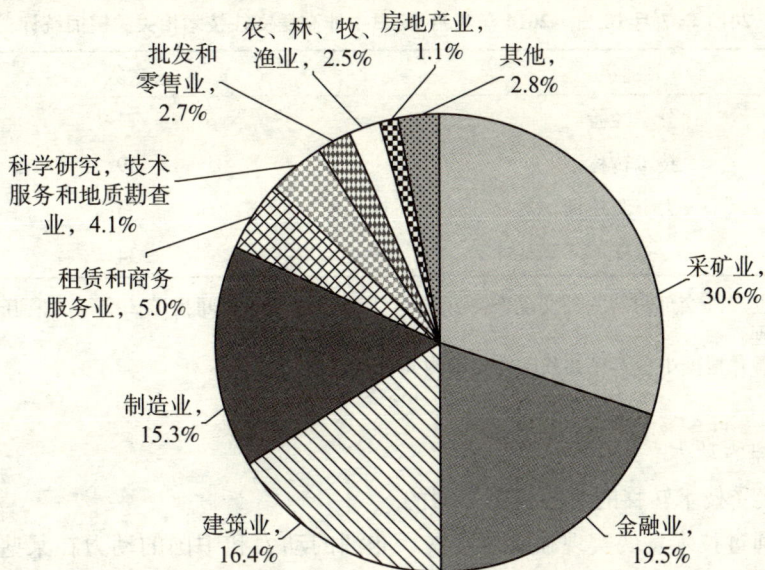

图 2　截至 2011 年年底中国对非直接投资分布

资料来源：《中国与非洲的经贸合作（2013）》。

（5）支撑经济发展的战略诉求。一些观点认为，中国有求于非洲强于非洲有求于中国。中国是能源消耗大国，也是能源进口大国，为了保持经济高速增长需要大量资源、能源。非洲拥有着得天独厚的资源储备，每年中国都从非洲进口着大量的能源，保持长期友好的战略合作伙伴关系能够使中国的能源进口得到一定保障。比如，赞比亚丰富的矿产资源就是中国紧缺的战略物资。赞比亚的矿产资源不但种类齐全，有铅、铁、锌、锡等矿物，而且储量丰富，铜蕴藏量 1 900 万吨，约占世界铜总蕴藏量的 6%，素有"铜矿之国"之称。钴是铜的伴生矿，储量约 35 万吨，居世界第二位。目前，作为世界上最大的铜消耗国，中国国内的铜储量有限且铜矿石品位不足，长期不能满足国内经济发展的需求，对国际铜资源的依存度高达七成以上。这样，赞比亚丰富的铜矿资源在一定程度上就起到了缓解了中国铜矿资源紧张状况的作用。[①]非洲石油对中国的意义更是不言而喻的。

总体来看，非洲这个战略伙伴对中国的地位是至关重要的。我们需要非洲的能源，希望保持长久的战略伙伴关系，这需要让非洲觉得我们是真心帮助他们的，而技术转移就是加强双方关系的强心针。在近年的中非高层交往中，也可以看到技术交流、技术转移、人力资源培训等关键字频繁出现（见表 5）。但是，对于技术转移始终缺乏一个监督评价体系，在中国的援非过程中技术转移的有效性仍然有待考察。

---

① 陈素娥：《中国援赞的历史反思与现实审视》，中南大学硕士论文，2012 年。

表5　　　2013 年 7 月 10 日 ~ 2014 年 7 月 15 日中非高层交往技术相关关键词统计

关键字	次数
分享经验	21
技术转移	9
人力资源培训	4
总计	34

注：根据"外交部网站 – 外交动态 – 领导人活动"栏目的新闻报道，按每次报道是否出现特定关键词整理。

资料来源：根据中华人民共和国外交部网站材料整理。

2. 非洲的动力

非洲接受技术转移的意愿也是强烈的。

（1）通过技术发展实现独立与发展。非洲的动力和中国的动力在某些方面是共通的，比如通过技术发展自己来获取民族独立和工业发展。非洲为摆脱贫穷而寻求发展出路，要改变拥有资源但只能出口初级产品的贸易格局，这就需要非洲国家拥有自己的技术工人来发展本国工业和经济。因此，许多非洲国家需要用中国的援助来获取技术，进而促进其国内经济的发展。

（2）需要无附加条件的技术转移。为最大化实现其援助的目的，西方国家往往在援助中附加政治条件，以便通过这些援助影响和改变受援国的发展进程与方向。例如美国国会在 1975 年将人权作为条件纳入美国对外援助法，禁止美国政府向侵犯人权的国家政府提供官方发展援助。其他国家在援非时也往往有一定的要求。为实现非洲的独立自主，非洲希望能获得不附带政治条件的技术转移。

中国不需要非洲接受附加的援助条件，并且在某些方面，中国的技术与西方国家相比显得更为"草根"，便宜、实用、适用性广。中国在历史上也曾经受到压迫和排挤，因而在面对非洲时本着一种"难兄难弟"的情结，更加愿意去帮助非洲成长，这种不同于西方殖民国家的援助态度也往往能给非洲以尊重感。1964 年 2 月，周恩来总理在访问非洲十国期间，首次提出了以平等互利、尊重受援国的主权、绝不附带任何条件为核心的中国对外经济技术援助时所遵循的"八项原则"。这些原则为中国对外援助敲定了基调，特别是"在援助中不附加任何条件尤其是政治条件"是中国对外援助的特色，并为历届政府所坚持。李克强总理进一步强调，中非合作是相互尊重、平等相待的合作。国家不论大小，都是国际大家庭的平等一员。在对外合作中，应当尊重各国探索符合本国国情发展道路的努力，不干涉别国内政。中国对非援助不附加任何政治条件，愿与其他国家和国际组织一道，参与和推进非洲发展建设。

（三）中国对非技术转移的制约因素

虽然双方都有技术转移的动力，但是技术转移的效果并未完全发挥。课题组以坦赞铁路项目为研究对象，认为有以下几方面制约因素。

1. 中方技术转移的条件不够充分

（1）中国对非洲的技术转移与具体援助规划存在冲突。中国援非的许多项目都是高层走访时签订的，事前调研并不充分，对于技术转移的条件和可能遇到的问题等并没有经过深入的调查与充分的论证，制订的项目预期和进度计划可能会给技术转移带来难度。

坦赞铁路是赞比亚前总统卡翁达访华时提出并签订合约的。出于多种考虑，坦赞铁路必须要在规定时间内建造完成。非洲铁路管理当局还希望铁路能提前建好，这与中方将技术传给非洲工人的目标存在一定的矛盾。正如菲利普·斯诺所说，施工队最看重的是工程进度，而技术培训却会拖进度的后腿。中方专家在这里面担负着两个角色，一个是培训者，一个是管理者。作为管理者，希望工程能尽快完成，就会希望多把时间花在施工上，在大多数时候更喜欢用中国的熟练工人。而作为培训者，则会希望能有多一点的时间来对学员进行培训，并且在实际运用中一边教一边使用。坦赞铁路有着许多的技术难关，想要在规定时间内完成，就势必要减少培训的力度。此外，中国人的吃苦耐劳和交流的方便让中方更愿意用自己的人去建造铁路。

（2）对非技术转移缺乏质量保证机制。对非的技术传播还遇到的另一个问题是专家的质量在下降。以医疗援助为例，以前中国输送到非洲的医学专家是全能型的，能处理各种疾病，但是现在的专家可能只是某个科，只能看外科。这也许是因为经过几十年的专家输送，中央级的专家已经输送完了，只好从下级单位挑选，也可能是因为环境的变化，有些专家不愿意去非洲。而非洲国家则反映，他们需要的专家不是中国输送来的专家。这在一定程度上反映了一个事实，那就是中国对非的技术转移缺乏质量保证机制。援助项目问责机制不健全，造成援助结果好坏无所谓的局面。在一些援非的具体工作中没有采用责任到人的问责机制，而集体负责的真实结果又往往为谁都不用负责。无人负责使援助计划者们养成了只重视项目量的完成而疏忽质的好坏的习惯，这样就造成了大量援赞物资被浪费而类似的援助计划仍将按部就班进行的局面。

2. 非洲工人的接受程度受制约

（1）语言文化差异导致交流困难。非洲工人与中国专家的语言不相同，信奉的理念也存在一定的差异，这就导致了很多时候技术转移会遇上麻烦。如果工人的本身文化素质不高，学习的难度会加大。坦赞铁路是通过密集使用劳动力的方式建成的，这种建设方式意味着大多数工人必须在恶劣的环境条件下从事艰苦的体力劳动。正是因为这一点，良好的身体素质是招募工人的首要条件。大多数响应号召参与这一建设项目的非洲青年的年龄都在16～25岁之间（相比之下，参加这一项目的中方人员多数年龄都在30～40岁之间），而且他们中大多数人都只接受过初等教育。[①] 而中方对大多数非洲工人的培训方式是"言传身教"，通过谈话、教导和示范来引导非洲工

---

① 蒙洁梅，仝克林译：《赶在时间的前面：坦赞铁路修建期间的施工和现代化问题》，载《冷战国际史研究》第9辑。

人。语言文化差异使得技术转移中的交流格外困难。除此之外，宗教问题也有着一定的影响。中方人员都不信教，所以施工日程中并没有留出做礼拜的时间。很多非洲工人因为不能做礼拜和艰苦的施工环境选择了离开。可以看到，不同的宗教体制使得中国的一系列技术管理体制到非洲不一定能完美适用当地的状况。

（2）缺乏学习意识导致厌烦情绪。在对非洲工人的培训过程中，中非双方都克服了很多困难，中国专家不断地鼓励非洲工人，劝说他们不要因为一点挫折就打退堂鼓，这些精神财富都是技术转移宝贵的一部分。然而，在实际工作中，高强度的工作节奏和艰苦的施工环境仍然让不少非洲青年产生了放弃的念头，离开了施工团队。坦赞两国的工人对中国人这种埋头苦干、吃苦耐劳的精神是十分敬佩的，但是他们中的一些人确实无法忍受工程给自己带来的巨大身心压力，不断地有人离开，还有些人在工作中开小差。在这样的工作压力下，中方还要求他们抽出时间来参加培训，不少人产生了厌烦的情绪。早在坦赞铁路正式动工以前，中国工程技术人员就摸索出一些向坦、赞两国工人传授技术的经验。"三定、四教、一课、二保证"是其中的一种方法。在工程早期，培训确实起到了一定的作用，1973 年时，在施工现场培训的各种技术工人共 10 875 人，其中有 175 名担任实习领工员，944 名担任工班长。但是在后期，有些坦桑尼亚工人坚持不下去退出了学习，中国专家的教学动力也有了一定的减弱。所以在最后，为了能加速完成工程，现场教学就被放弃了。原定的技术培训放在了接下来的十年技术合作期。

（3）西方歪曲宣传带来仇中心态。非洲地区的媒体被西方主流媒体所占据，这些媒体对中国的对非援助往往会进行夸张不实的丑化，放大某些事故，激起非洲民众的仇中心态。这也使得一些非洲人民对中国的技术转移存在抵触心态，不能很好地接受中方的技术培训，或者接受培训之后就转业到其他单位。

虽然根据BBC的调查报告显示，南非对中国的好感度一直很稳定，但是BBC的调查只选取了 3 个非洲国家——加纳、尼日利亚和肯尼亚。新一代的非洲人对中国的了解主要来自BBC等西方媒体，他们从当地报纸上总是看到"中国是非洲的新殖民主义者"、"中国为获得资源而来到非洲"、"廉价的中国货正在挤垮非洲民族工业"之类的报道。2007 年《纽约时报》的社论典型地显示了西方媒体是如何进行这种讨论的：其标题《非洲乱治的庇护者》指的是中国。这篇社论说如果非洲国家把自然资源抵押给中国，中国将为他们开出巨额的支票，而不关心腐败或专制的问题。它说中国正在进行"冷酷的人民币外交"，与实行"种族灭绝"的苏丹政府保持"丑陋的伙伴关系"，并把津巴布韦总统罗伯特·穆加贝当作"最喜欢的人"，使津巴布韦缺乏自由选举和"理智的经济政策"。《纽约时报》还断言，中国正在用廉价商品充斥非洲，给非洲国家提供贷款却不坚持西方国家所努力推动的《采掘业透明度倡议》（EITI）的准则，从而使最贫穷的非洲工人变得更加困苦。社论还对中国公司对赞比亚矿工的剥削表示愤慨。①

　　诸如此类的报道数不胜数，中国的许多专家也对此类报道做出过驳斥，提出中非关系既不能简单地用"双赢"来概括，也不是西方媒体所描述的噩梦。中国的行为应放在世界体系的大环境下来看，应使用比较的方法来进行分析讨论。

三、从坦赞铁路看对非援助项目管理的问题与模式选择

　　我国的援助项目在援助时大多起到较好的效果。但是，对于长期项目，后续的管理同样重要，也影响着对项目效果的评判。就此而言，长期项目的完工交付并不意味着援助项目的结束。由于其使用时间较长，甚至可以说援助项目在完工交付之后才刚刚开始。长期看我国援建的一些项目，诸多问题便逐渐暴露出来，如坦赞铁路。

（一）坦赞铁路项目在管理方面出现的问题

　　坦赞铁路在刚刚建立的时候收到诸多关注，且被非洲人称赞。但是久而久之，由于年份较长，又没有专门负责的管理人员，现在的坦赞铁路已经是一副衰败景象。甚至成为某些人口中的援非反面例子（见表6）。

表6　　　　　　　　　　　　坦赞铁路管理问题及表现

出现的问题	问题具体表现
未发挥预计的作用	坦赞铁路近些年在运输量方面现状相比以往有大幅下降：坦赞铁路设计年运量200万吨，但是由于没有人管理，从移交之初就每况愈下，2008财年最低时仅37万吨，近几年有所回升，目前约为64万吨。坦赞铁路自西向东的货车，一个月才发了一列
管理的混乱与落后	坦赞铁路实际上是由坦桑尼亚和赞比亚两个国家联合管理的。这样一来就不免出现很多问题。两个国家各自管各自辖区内的铁路段，各人自扫门前雪。但是一条铁路是一个完整的整体，在很多方面都需要统一的意见，两个管理者的结果就是出现意见分歧，导致管理的低效率，甚至是为了各自的利益产生更多纠纷②
影响力大幅衰落	相对于坦赞铁路初期的巨大反响，目前的坦赞铁路几乎处于可有可无的状态。坦桑尼亚当地的年轻人很少有人知道坦赞铁路，也不知道这是中国对非洲援助的项目，只有一些上了年纪的人，才依稀记得坦赞铁路的往事③

---

　　① 沙伯力、严海蓉：《"中国在非洲"：全球体系的困境》，载《中国经济》2010年第1期。
　　② 海明威：《记者重走我国援建的坦赞铁路：年久失修常晚点》，载《瞭望东方周刊》2010年第8期。
　　③ 沈喜彭：《中国援建坦赞铁路：决策、实施与影响》，华东师范大学博士论文，2009年。

续表

出现的问题	问题具体表现
与周边发展完全脱节	基础设施的优势在于对周边投资的拉动效应，但是坦赞铁路沿边经济没有及时开发，拉动效应也无从谈起。坦赞铁路的初期发展只是为了铁路两端的运输，并没有计划带动周围的沿岸的经济发展。这就降低了修铁路的意义和价值。事实上，完全没有必要去为了两个相距很远的地方连接起来而专门修建一条铁路，已经有当地的民众专门雇来卡车货车来运输货物

　　资料来源：根据调研及相关文献整理。

存在后续问题的长期援建项目不仅是坦赞铁路，对非援助的其他长期项目也往往有类似问题，比如建好的体育场，时间久了以后因为雨水侵蚀没有人员管理而使场地荒废破旧；或者是建好的医院，也会因为没有长期的维护管理而逐渐衰败。

（二）对非长期援助项目的管理运营问题

项目建设固然重要，但是后期的管理才是保证整个项目可持续发展的前提，而这也是常常会被忽略的问题。

1. 跨国基础设施导致的管理责任不清

在中国建坦赞铁路的时候，对市场机制的重视程度不足，也无法针对非洲作为主要资本主义国家附庸的经济状况设计基础设施的后续管理措施。最为致命是，对于跨国基础设施建设，管理责任一般是分配不清的。由两个国家管理，而且每个国家只管理自己的路段，这种管理机制本身就存在诸多的问题，如分界不清的模糊路段谁来管理？关于整条路线的问题听谁的？当两方的管理者意见分歧时如何解决？管理经费如何解决？怎么管理才叫达到了标准？如果这些问题没有解决透彻，就很难在后期管理好坦赞铁路。这是导致现如今坦赞铁路衰败的直接原因。

2. 受援的文化惰性与现代管理组织的冲突

非洲人有着天生的独特的性格，某些理念和其他地区的人们不尽相同，所以会造成当地的文化和现代管理理念的冲突。常见的评论是，非洲人不够勤快，也不太懂得珍惜援建的成果。不只是坦赞铁路，其他一些中国帮非洲援建的项目也都因为非洲人管理不善，最终让中国好的初衷变成不好的结果。长期的援助使非洲在经济上和文化上形成了依赖，援助项目过低的边际成本对应着使用时过低的边际收益，从而对于援助项目过度使用。同时，较低的援助申请成本使得申请援助的成本远小于维护的成本，这进一步降低了非洲对基础设施的维护意愿。过度使用和放弃维护相叠加，长期项目后续效果不佳的现象也就难以避免。以坦赞铁路为例，在坦赞铁路有了问题以后，非洲人不想着自己怎么去维护，而是更希望中国能够帮助他们让坦赞铁路重新焕发光彩。就此而言，非洲在基建的理念上是需要进步的。只有非洲的理念更新跟上时代发展，才能真正让非洲自己独立强大起来。中国要"授人以渔"而不是"授人以鱼"！

3. 长期项目对发展态势的变化缺乏适应性

在传统的援助思路下，项目的交付即援助项目的结束。但是，长期项目的使用时间较长，必然面临受援国的经济发展问题。如果要长期项目持续发挥作用，就必须与受援国的长期发展目标相适应。以坦赞铁路为例，周边地区是双轨铁路，坦赞铁路则是单轨的，建设之初并未预想到这一发展态势，以至于现在如果想要和其余铁路线路连接上，就必须要翻修全部，这将是一笔不小的费用。项目规划之初并未考虑到这一长期的发展态势，也就没预留下翻修的费用承担方案。按照目前国际通行的做法，如果中国重新翻修坦赞铁路并且不再像以前那样无人修缮维护坦赞铁路，那么中国应该会尝试分享管理权。但坦赞铁路又定位为援助项目，分享管理权的做法既然没有事先安排，那么在事后的提出就会让受援国误会中国的动机，还可能会遭到外媒的批判。

（三）长期援助项目管理模式的创新

为实现长期项目的有效运营，就需要建立与项目长期运行相适应的管理模式。模式创新既可用于坦赞铁路，又可以作为以后其他援建项目的参考。

1. 第三方监督模式

保持管理现状，仍由坦桑尼亚和赞比亚两国各自管理，两个管理团队并存，但是要有第三方作为监督，要建立管理的标准评判以及失职惩戒制度。对外援助是做好事，但有时候也会因为一些细节问题的不注意而被他人指责。中国对非洲的援助可能在西方媒体的眼中并不是单纯地做好事，并演化为负面宣传。不乏有媒体以坦赞铁路为例，说中国的援建质量低，刚建完还好，过一阵子就坏掉了。为避免这样不公正的指责，最好的方式就是建立一个国际第三方的监督援建的机构，对于援助国设定一定的标准，也对被援助国提出一些修复完善的要求，使援助的模式更加规范透明。这样一来援助方可以放心大胆地去援助，被援助方也知道要去珍惜他人赠与的劳动果实，再者公开的标准和监督也使得国际上对援助的认识与评价更加清晰、准确。

2. 联合管理模式

联合管理，即一个领导班子，人员由两个国家的人共同组成。管理人员的选定采取平均的方法，不使任何一方吃亏，觉得自己实力单薄。关键的决策可以由这些团队的成员们投票决定，过半数便可以通过。这种模式的好处是使得坦赞铁路的管理人员更团结，但是不排除两国的工作人员为了某些利于自己国家的决策做出非理性表决，甚至是拉帮结派使两国的管理人员貌合神离。为了防止这种现象的出现，可以设立团队整体效益与管理人员工资福利挂钩的机制，在体制内做好分权制衡。可以内部设立监督机制，比如 A 国的人员做管理会计，那么审计就由 B 国的人员负责；或者是提出方案的为一国，判别是否通过或是执行的环节由另一国负责。这样一来，双方互相监督，就会减少腐败现象。

3. 代理管理制模式

这一模式参考公司的委托代理管理制度。管理班子只负责铁路的日常维护和经营，铁路的所有权属于受援国，使得受援国可以充当铁路管理的监督者。但是，参与管理的代理人不一定是坦赞两国的人员，可以是中国的有管理经验的专业人士。这样一方面解决了非洲国家不懂得维护修缮铁路的问题，另一方面最终的控制权属于坦赞两国，避免对援助国的指责。这个方法目前的可发展性是比较强的，也是最能体现出中国不同于西方国家援助非洲的殖民方式的特色。我国充分为非洲国家考虑，可以让他们放心地接受我们的援助。

4. 多方控股模式

对于坦赞的修复问题，中国的态度启示很明确，那就是要好人做到底，一定要帮助坦赞铁路恢复生机与活力。但是，坦赞铁路由于修建的年头比较久远，很早的时候只有单轨，而现在其余的铁路都是双轨，如果要全部翻新，将产生一笔不小的费用。这部分费用不应全部由中国政府来承担，多方投资、多方控股是较好的选择。一方面可以解决资金的压力，另一方面，多方监督下更有利于管理的成效，同时各方的投入也迫使各国都有一定的责任感，而不是以往的中国单纯援助只有中国人负责的观点。但是这种方法目前成效甚微，因为要做成一件这样牵头多方，而且还要照顾各方利益最终达成协议的事非常不易。涉及的利益方越多，问题就会越难解决，效率也会更加低下。

四、从坦赞铁路看对非援助的发展趋势与影响因素

坦赞铁路的后续效果也取决于对非援助的大趋势及影响因素。根据课题组的调研，将对非援助的目标、模式和宣传趋势演变及对非援助的国内、国际影响因素列举如下：

（一）对非援助的发展趋势

我国对非援助的目标、模式和宣传趋势均发生变化，并且模式与宣传的变化从属于目标的变化。

1. 目标上的改变

对非援助目标的最大改变，是政治目标逐渐让位于经济目标，生存目标过渡为发展目标。

早期的对非援助主要基于政治目标，强调第三世界国家团结合作，共同反帝反封建，以实现非洲的独立自主与打破主要西方国家对国际秩序的垄断。在20世纪50～70年代，中国面对非常险恶的国际环境，先是受到以美国为首的资本主义国家的封锁与包围；而后在1969年中苏交恶，双方发生严重的冲突和对抗。巩固和加强与包括非洲在内的广大第三世界国家的团结与合作，成为打开中国外交新局面的一个基本

立足点。① 在这种国际环境的背景下，1967 年，我国与坦桑尼亚联合共和国政府、赞比亚共和国政府签订了修建坦赞铁路的协定，以促成中国与非洲在政治、外交上的合作。

改革开放是对非援助目标的重要转折点，对非援助的目标开始向经济转移。从改革开放到 20 世纪末，中国和非洲都发生了重大变化。在中国，1978 年确立了以经济建设为中心，实行改革开放的基本路线，支持外国来华投资，并在国内开始了大规模的经济建设。在非洲，70 年代末非洲大陆出现的经济危机，宣告了无论是西方模式或者是东方模式都不适合非洲国家。中国对非援助的"去政治化"由此开始。1983 年，中国政府确立了中国对非洲经济技术合作的"平等互利、讲求实效、形式多样、共同发展"四项原则，在新形势下中国对非援助更加重视项目的经济效益和长远效果。

进入 21 世纪之后，中国经济处于快速增长阶段，虽然对非援助的目标仍以经济目标为主，但是随着非洲经济开始快速发展，对非援助由短期的生存目标向长期的发展目标演变。《中国的对外援助（2014）》白皮书中指出，支持其他发展中国家减少贫困和改善民生，是中国对外援助的主要内容。② 从表 7 统计数据中可以看出，中国重点支持其他发展中国家促进农业发展，提高教育水平，改善医疗服务，建设社会公益设施，并在其他国家遭遇重大灾害时及时提供人道主义援助。中国积极帮助其他发展中国家建设基础设施，加强能力建设和贸易发展，加大对环境保护领域的援助投入，帮助受援国实现经济社会发展。

表 7　　　　　　　　2010～2012 年中国对外援助成套项目领域分布

类别	行业	项目数（个）
社会公共设施 （共 360）	医院	80
	学校	85
	民用建筑	80
	打井供水	29
	公用设施	86
经济基础设施 （共 156）	交通运输	72
	广播电信	62
	电力	22
农业（共 49）	农业技术示范中心	26
	农田水利	21
	农业加工	2

---

① 何先锋：《中国对非援助的历史演进及其特点》，载《改革与开放》2011 年第 7 期。
② 国务院新闻办公室：《中国的对外援助（2014）白皮书》，商务部网站。

续表

类别	行业	项目数（个）
工业（共15）	轻工纺织	7
	建材化工	6
	机械电子	2
总计		580

　　资料来源：根据《中国的对外援助（2014）白皮书》整理。

2. 模式上的改变

对非援助模式的最大改变，是由单边的经济援助到援助与经济交流相促进。

早期的经济援助几乎不涉及中非贸易和投资的发展，只是以非洲单方面的需求来拉动。在 20 世纪 50～70 年代，根据非洲提出的需求，中国利用无偿赠与或无息贷款的方式向非洲国家提供成套的项目援助。这一时期，新中国刚成立，百废待举，自身的经济发展也非常困难，但仍给予非洲国家大量的无私援助，在 1956～1977 年间向非洲国家提供了超过 24.76 亿美元的经援，占中国对外援助总额的 58%。以这一时期的坦赞铁路为例，修建所需的装备、路轨、机车、人员等等，都需要从中国本土运至坦赞两国。

从改革开放到 20 世纪末，对非援助模式开始大的调整，对非援助更注重效益与项目的可持续性。1995 年 10 月，国务院召开外援工作会议决定对外援方式的改革，主要的变化为：将过去的政府无息贷款改为具有援助性质的政府优惠贴息贷款；推动有竞争力的中国企业和受援助国企业就援助项目开展合作；实施以援助和投资带动贸易的战略。这次对外援助改革的核心是提高援外项目的效益，从此，援非项目正式强调利益共享、风险共担的经营方式，一方面提高了援助项目的效益和可持续发展能力，另一方面也促使中国在非企业积极同非洲当地进行交流和互动，帮助他们培养当地的经营管理人员和技术人员。[①]

进入 21 世纪以后，中国在新国际形势下正在寻求更适合国情的援助模式，对非援助更注重互惠与务实。为实现真诚、务实的对非援助，中国注重在区域合作层面加强与受援国的集体磋商，利用中非合作论坛、中国—东盟领导人会议等区域合作机制和平台，多次宣布一揽子援助举措，积极回应各地区的发展需要。随着参与国际发展事务能力的增强，中国在力所能及的前提下，积极支持多边发展机构的援助工作，以更加开放的姿态开展经验交流，探讨务实合作。截至 2010 年年底，中国为非洲国家援建成套项目 900 多个，培训各类人员 3 万多名，派遣各类技术人员 35 万人次，医疗队员 18 万人次，减免了 35 个非洲国家 300 多笔债务，还提供了大量物资和紧急人道主义援助。根据 2014 年国务院新闻办发表的《中国的对外援助（2014）》白皮书，

---

① 何先锋：《中国对非援助的历史演进及其特点》，载《改革与开放》2011 年第 7 期。

2010～2012 年，中国对外援助规模持续增长。其中，成套项目建设和物资援助是主要援助方式，技术合作和人力资源开发合作增长显著，为非洲改善社会经济发展条件，提高自主发展能力，增加就业和收入、消除贫困产生了积极作用，给受援国人民带来了实实在在的利益（如图3、图4）。

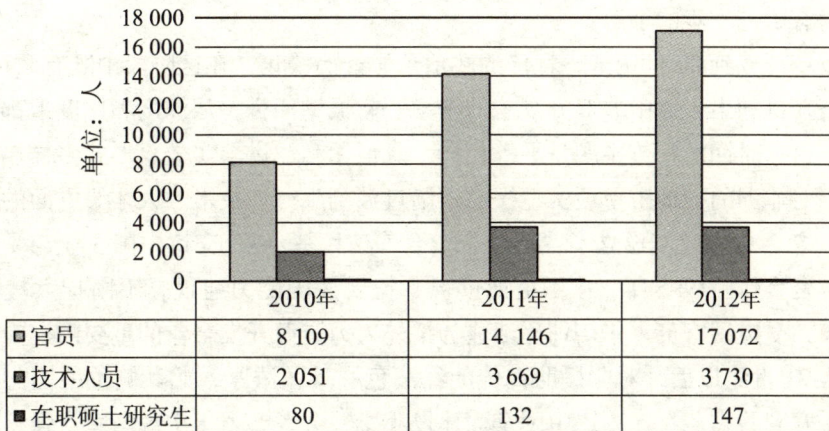

	2010年	2011年	2012年
□ 官员	8 109	14 146	17 072
■ 技术人员	2 051	3 669	3 730
■ 在职硕士研究生	80	132	147

图3　2010～2012 年中国对外人力资源开发合作情况

资料来源：《中国的对外援助（2014）白皮书》。

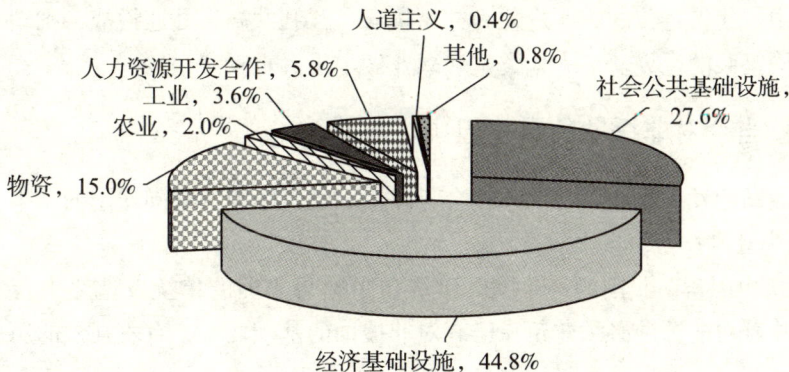

图4　2010～2012 年中国对外援助资金分布（按援助投入领域划分）

资料来源：《中国的对外援助（2014）白皮书》。

3. 宣传上的改变

对非援助的宣传一直以中非友好关系为基调，但是，仍存在由侧重政治合作宣传到侧重经济合作宣传的转变。

早期的对非援助宣传基于政治目标，以政治宣传为主。20 世纪 50 年代，毛泽东指出："因为中国是一个具有 960 万平方公里土地和 6 亿人口的国家，中国应当对于人类有较大的贡献。"60 年代初，他再次强调："已经获得革命胜利的人民，应该援助正在争取解放的人民的斗争，这是我们的国际主义义务。"可以看出，中国在这个阶段的宣传主要是政治倾向上的，主题是中非友谊、世界人民大团结、无私援助。这一期间，中国承担了一批规模大、投资多、技术复杂的成套项目，其中最著名、规模最大的就是 1970 年援建的坦赞铁路。坦赞铁路全程 1 860 公里，所经地区地形、地质条件十分复杂。这一时期，中国援建的项目符合非洲国家的实际需要，建设速度快、质量好，中国的专家和工人与当地人民同甘共苦、平等相待，使非洲国家和人民对新中国有了进一步的了解。

从改革开放到 20 世纪末，宣传的政治色彩开始淡化，在这阶段中既有政治动机，也有经济动机和出于对中非双方友谊的考虑。就援助而言，从深度和广度上都有一定的发展。这一时期的宣传主题是平等相待、真诚无私、讲求实效、形式多样。在此阶段，中国对非洲的援助由单项资金援助逐渐过渡到生产、技术、人才等方面的双向合作。1993 年，中国政府设立了"援外合资合作项目基金"，支持中国企业与受援国企业进行合资合作。1995 年，中国更加重视支持受援国能力建设，不断扩大援外技术培训规模，受援国官员来华培训逐渐成为援外人力资源开发合作的重要内容。

进入 21 世纪以后，对非援助宣传的经济色彩日益浓厚，尤其侧重中国与非洲共同发展，互利共赢。在国内，中国全面建设小康社会，致力于实现国家富强、民族振兴、人民幸福的中国梦。在国际，中国顺应和平、发展、合作、共赢的时代潮流，坚持正确的义利观，尊重和支持发展中国家探索符合本国国情的发展道路，积极推动南南合作，切实帮助其他发展中国家促进经济社会发展。这些基本的原则落实到对非援助的宣传中，使得宣传的主题进化为共享机遇，互利共赢，共迎挑战，推动实现持久和平、共同繁荣的世界梦，为人类发展事业做出更大贡献。[①]

(二) 当今对非援助的影响因素

对非援助的发展是我国与国际社会、政治和经济等因素共同作用的结果。

1. 影响对非援助的国内因素

（1）历史因素。我国的对非援助建筑在中国与非洲的传统友谊之上。强调传统友谊，意味着对非援助必须建筑在已有对非援助的基础之上，有着强烈的历史路径依赖性。

初期的对非援助一直影响后续对非援助的目标、模式与宣传。可以说，初期致力于独立自主、民族解放的对非援助构建了中非友谊的基础，并持续影响至今。毛泽东表示，已经获得革命胜利的人民，应该援助正在争取解放的人民的斗争。在新中国成立后，百废待兴，苏联提供大量援助，成为中国医治战争创伤、振兴民族经济的重要手段，很多项目至今仍在发挥重要作用。中国在革命胜利之后，也要支持和帮助那些正在争取民族解放的国家。中国对非洲国家的援助起于老一辈革命家的历史性选择，付出的是应尽的国际主义义务，收获的是中国与非洲的长久友谊与合作。[②]

---

① 何先锋：《中国对非援助的历史演进及其特点》，载《改革与开放》2011 年第 7 期。

② 吕友清：《中国对非援助的历史回顾——论为什么要对非援助》，21 世纪网，2012 年 4 月 5 日。

（2）政治因素。我国的对非援助受我国政治环境的影响。在改革开放之前，我国在政治上的诉求主要是开拓我国在国际政治交往上的空间。[①] 在新中国建立初期，美国对新中国政治上孤立、经济上封锁、军事上威胁，到了 20 世纪 60 年代初，中苏交恶，此时的印度在边境地区挑起大规模的武装冲突，在苏联与美国结合部的空隙，构成对中国安全的威胁。中国领导人经过认真慎重思考，认为需要与发展中国家、特别是非洲地区那些新独立的国家广交朋友、发展友谊。中国政府决定派出高级领导人进行一系列的出国访问，与非洲各国直接接触，促进了解，增加信任。开拓国际政治空间的政治诉求促使中国向大部分非洲国家提供了无私援助和各种形式的帮助，使得这些国家坚定地和中国站在一起，成为中国最稳定和可靠的朋友。在支持中国统一大业和恢复中国在联合国合法席位这两个大问题上，这种友好态度得到了最突出的体现。非洲多数国家坚决反对美国插手台湾问题，支持中国早日实现统一。1971 年 11 月的联合国大会上，26 个非洲国家不畏西方国家的压力和威胁，投票赞成恢复中国在联合国的合法席位，非洲国家的赞成票占总赞成票的 1/3。

在改革开放之后，尤其是进入 21 世纪，中国的政治诉求向承担正在崛起大国的责任转变。中国对非平等互利、不附加任何政治条件的援助提高了中国的国际地位和影响力，树立了自身的大国形象，也承担了大国责任，对于提高中国的软实力有重要作用。通过加大对非援助力度，中国实现对国际事务的积极参与。[②]

（3）经济因素。中国的对非援助与中非贸易、投资之间的联系日益紧密，使得对非援助受中非贸易与投资的重大影响。贸易影响有直接贸易效应，例如援助项目中的出口货物，以及间接效应，包括我国企业与产品知名度的提高，在积极竞标中提高技术生产率，改变对非出口商品结构，使其更加多元化，同时为非洲国家增加收入引进技术，以提升非洲国家贸易能力等等。由此可见，中国对非援助，从经济因素来看对双方都有积极的作用。[③]

中国政府也将援助作为一揽子手段中的一部分，帮助中国企业扩大出口市场和海外经营范围。通过以援助促贸易、以援助促投资，中国加紧实施"走出去"战略，打造一批"国际一流品牌"，并将在全球领域具有竞争力的企业作为中国对外商务外交的代理机构。[④] 中国对非洲的援助对贸易与投资的回馈明显，极大地加强中非互信，促进中非在经贸等方面的合作，使非洲成为中国企业"走出去"的重要选择地。在 2005 年中国是非洲的第三大贸易伙伴，而到 2009 年中国则迅速成为非洲的第一大贸易伙伴，这一飞快地发展很好地说明了援助对中非经贸的促进作用。[⑤]

（4）能源与资源因素。能源与资源因素属于经济因素，但是由于这一因素在中

---

① 阎婧：《中国对非援助视角下的中非关系》，载《学理论》2013 年第 7 期。
② 赵长峰、薛亚梅：《新形势下中国对非援助探析》，载《社会主义研究》2010 年第 1 期。
③ 武晓芳：《中国对非援助及其贸易效应研究》，天津财经大学硕士论文，2011 年。
④ ［南非］马丁·戴维斯：《中国对非洲的援助政策及评价》，载《世界经济与政治》2008 年第 9 期。
⑤ 阎婧：《中国对非援助视角下的中非关系》，载《学理论》2013 年第 7 期。

国对非援助的评价中被反复提及并且争议较大，所以本文根据其重要性将其单独提出。部分西方学者认为，中国无条件援助非洲的主要目的是能源的争夺。例如马丁·戴维斯在《中国对非洲的援助政策及评价》一文中提到：近年来，中国在非洲的战略利益是要确保能源及资源的供应。为了应对即将出现的产品涨价以及可能出现的长期供应缺乏，中国政府鼓励其企业获取多种有用资源。中国政府的援助政策在帮助这些中国企业（主要是国有企业）与外国企业竞争获取资源方面，起到很重要的作用。

但是，国内的学者并不认为能源是援助的原因之一，他们认为大国对非洲能源的竞争是质疑产生的本质根源。中非能源合作所引起的争议反映出在全球能源安全形势严峻的情况下，非洲已成为大国争夺的重要目标，而中国在该地区的能源开发与合作不可避免地引起了西方大国的关注和戒备。与西方国家大规模地对非能源投资相比，中国的能源投资规模和投资历史都是无法企及的。中非合作开发能源的问题之所以成为焦点问题，关键在于中国在非洲影响力的全面上升，以及中非合作的稳步发展，这些成就挑战了既有的国际秩序和利益格局。①

2. 影响对非援助的国际因素

（1）非洲国家的援助需求。中国的对非援助致力于帮助非洲国家发展经济，提高人们的生活水平，这就要与非洲本身的援助需求相结合。除基础设施的硬件建设之外，中国对非洲提供的大量资金、技术和人才并帮助非洲实施其经济增长计划。这些"软援助"，能增强非洲的自主发展能力，"授之以鱼不如授之以渔"的援助对非洲的影响是积极的。

但是，近些年来非洲国家的诉求发生了新的变化，可概括为以下五点：首先要求增加援助资金规模。非洲国家的经济建设基本上是从零开始，因此发展的资金压力大，而同时中国的经济发展迅速，使不少非洲国家产生了依赖心理。其次要求扩大援助资金使用途径和领域。除了传统的成套项目和培训等方式，一些非洲国家还提出希望能够安排一些跨国甚至是跨区域的合作项目。再次要求增强项目实施的主动性。一些非洲国家的法律法规对我援助项目内部封闭管理的实施模式颇有微词，不断提出要介入项目设立、实施和监督的全过程。

另外，要求提供差异化的援助内容。非洲国家在发展的过程中，逐渐出现了分化。由于所处发展阶段不同，在有些非洲国家依然关注于基础设施时，有的国家主动要求增加更多的人力资源培训，还有不少非洲国家要求增加贸易和投资等多种形式的经济合作，最后还要求全面学习中国的发展经验。不少非洲国家惊叹于我国改革开放三十多年来取得巨大的成就，尤其是此次金融危机之后，一些非洲国家在表达对中国经济体制的羡慕之余，对中国的政治模式也产生了兴趣。②

（2）西方国家对中国的竞争。进入 21 世纪之后，西方国家"再度发现了非洲"，试图推进发展援助合作削弱我国对非援助的主动性。西方国家普遍认为，中国目前的

---

① 张海冰：《关于中国对非洲援助能源导向的观点分析》，载《世界经济研究》2007 年第 10 期。
② 许志瑜：《中国对非援助面临的新形势及对策建议》，载《国际商务财会》2011 年第 2 期。

对外援助规模还不大，但随着国力日益增强，中国的对外援助规模将呈强劲增长的态势，加之中非平等真诚的合作方式为非洲国家更乐于接受，中国在非洲的影响力会不断加强。在 2007 年年底的"欧非峰会"上，西方国家感到他们在非洲的利益与价值观明显受到挑战，中国已成为西方国家对外关系，包括对外援助的利益相关者，但由于援助的原则、理念与体制上存在的差异，他们普遍迫切希望详细了解我国援外的政策与做法，引导我国加入其协调机制，通过合作与对话改变我国援外政策，最终促使中国与其行动步调趋向一致。①

对中国的竞争表现为舆论上的指责。虽然存在大量积极的评价，如中国在国际社会中表现的大国形象，坚持中非平等互利的伙伴关系，不附加任何条件地改善当地人民生活质量，为不发达地区带去先进的技术等等。但是，西方媒体利用宣传上的优势，直接指责中国的对非援助。在其引导下，非洲当地一些非政府组织（NGO）也认为中国援建基础设施主要是为了运走非洲的资源。在其影响下，中国国内舆论也出现了一些对中国援非的批评，如认为中国自身就是发展中国家，援助非洲是不值得的。

这种竞争有时也以合作的面目出现。西方国家主动想与我国就对非援助开展合作，因为就中欧而言，双方在实现"非洲千年发展目标"、安全与民生方面与中国是有相似的共同利益的。西方国家试图通过发展合作的"新方式"，凭借其主导的国际援助体系、强势话语权，强调"发展的共同责任"，通过政策协调、制度规范和项目合作等手段，迫使我国承担额外的国际责任，达到规范和制约我国的援外战略和行为的目的。

西方国家加大了对中非合作的研究与工作力度：政府部门利用多双边高层互访时机推动与我国建立援非政策对话机制，举办三方对话会议加强沟通；西方国家援助机构或基金会主要通过与我国政府主管部门直接对话，与非官方机构合作举办研讨会，设立专门课题研究中国对非援助，组织与中国研究机构的技术对话会等方式推广其理念并探讨合作；联合国等多边机构成立了专门工作小组研究中国的对非合作，还有许多研究机构的访问学者专门研究中非合作。②

（3）新兴经济体对中国的竞争。随着国家实力的增长，新兴经济体开始寻求与其国家实力相称的国际影响力，非洲国家成为重要的争夺对象。新兴经济体争夺非洲的主要做法，不是依赖于政治宣传，而是主要依赖于经济援助，这使得新兴发展中大国日益成为对非援助的潜在力量。在看到我国借举办中非合作论坛对非援助发展中非关系的做法后，一些新兴国家纷纷效仿，如 2008 年印度举办了首届印度——非洲论坛，2009 年委内瑞拉举办了第二届南美——非洲峰会，2010 年尼日利亚举办了首届非洲——南美洲合作论坛峰会等等。2006 年韩国举办了以"迈向 21 世纪亚洲和非洲的共同繁荣"为主题的韩非论坛，围绕"寻求非洲潜力与韩非经济合作关系"、"与非洲国家共享韩国经济发展经验"、"增进韩国与非洲间相互了解"三个方面，会后通过了《关于韩非论坛的首尔宣言》。[①]

这种竞争积极一面，其他新兴国家介入援非工作，能够部分转移和分散西方国家对我的关注，能够缓解我国在援非外交中受到的来自发达国家及其媒体舆论的压力，也可以扩大对非援助的融资渠道，尝试多方合作的新形式。但也有其消极的一面，其他新兴经济体的这种援助可能会对我国援非甚至整体的对非战略产生影响，并有可能引发潜在的利益冲突。就非洲国家而言，他们在接受援助方面的可选择性增加了，可以与更多的国家建立友好关系，促进非洲自身的发展。

五、基于坦赞铁路案例的对非援助政策改进建议

基于对坦赞铁路案例的调研，课题组认为强化技术转移、重视长期运营和适应援助发展趋势是对非援助中格外需要关注的问题。为此，课题组提出对非援助政策的以下改进建议。

（一）让技术转移更有效率和保障

中国对非洲的技术传播能够加深中非友谊，为中国树立一个良好的朋友形象，是应该继续做下去的。为使技术转移更有效率和保障，课题组提出以下建议：

第一，为使援助工作有效推进，必须有科学的统筹规划，使援助调查、决策、实施、管理、评估与问责形成一个严谨而系统的工作。项目实施前要进行详细的考察和实地调研，了解当地法规、市场状况以及风俗习惯。评估项目的可行性，做好预算和项目规划，合理安排项目进度和技术转移进度，保证项目的顺利实施和技术培训人员的充足。

第二，坚持"援助＋合作"的发展模式，中国并不回避经济利益，互利和互助是中国对非援助的一个基本宗旨。对中国而言，非洲不是"徒弟"，而是结伴而行的"伙伴"。技术转移不是中方的单方面输出，而是和非洲的交流，互相学习优秀的经验，在交流中发展技术。中国不仅重视直接的物质和资金援助，更重视通过经济合作的方式帮助非洲受援国找到发展之路，实现自立的可持续的发展。

第三，充分了解非洲国家的意愿，在非洲国家的要求基础上派出他们需要的专家，转移他们需要的技术。在国内做好对中国专家的思想工作，鼓励专家去帮助非洲。对援非专家，要提高他们的待遇，对他们进行补偿，让他们能够安心地为非洲培养人才。对于来中学习的非洲人员，中方要保证他们能接受到他们希望学到的知识，并且以他们能接受的方式和进度进行教学。

---

① 马晶：《韩国举办首届"韩非论坛"》，载《新京报》2006年11月7日版。

第四，完善技术转移方式，充分考虑非洲朋友的意识形态和观念，制定符合他们学习规律的技术传授方式。

第五，建立第三方技术转移监督机制，对援非专家能力进行评估，定期对技术转移进度进行考察，并做好后续反馈意见收集。

第六，加强在非媒体力度，做好宣传工作，让非洲人民更加愿意接受中国真诚的帮助。将中国对非的技术转移进行报道，改善非洲民众对中国援助的看法，让中非友谊弥久坚固。

（二）重视长期项目的长期运营

中国需要重视非洲项目的长期运营。作为中国来说，任何事情都有始有终，在目前对售后服务日渐重视的大环境下，也只有重视长期项目的长期运营才体现出我们在援助上的真诚态度。

1. 原则不应成为阻碍

中国对外援助遵循的一个尤为重要的原则就是，不能凭借自己对于其他国家的援助就参与管理，进而干涉他国内政。这是与西方国家对非援助的重大区别。以往西方国家对于非洲的援助某种程度上是一种殖民式的援助。西方国家一是不愿意把自己的真正的技术都交给非洲人，二是想通过援助来干预他国内政以扩大自己在世界范围内的影响，三是想通过这种方式得到非洲丰富的资源以谋求自己国家的发展需要。中国和他们不一样，中国要做非洲人民真正的朋友。中国是真心帮助非洲的，而且并不要求非洲为此付出高昂的代价。中非在贸易上中国一直处于优势地位，因此中国也想通过援助来弥补这方面和非洲贸易的平衡。但是，不干扰内政的过度强调，某种程度上放任了非洲人不好好管理坦赞铁路的行为。中国建完就走，只留下一条铁路，这样并不是最有效果有效率的，看似撇清了干涉内政的关系，却使得自己的技术人员的辛苦和投资产生大量浪费。

2. 应重视项目的长期运营

坦赞铁路的例案例表明，建设固然重要，之后的长期管理也不可轻视。关于坦赞铁路的修复，由于坦赞的政府都曾表示过很希望中国能够帮助他们修缮坦赞铁路，所以根据中国在外交上的一贯态度，不可能在自己的朋友需要帮助的时候撒手不管。因此，项目的长期运营应当纳入长期援助的目标。具体而言，以下五点运营中教训是需要得到借鉴的。第一，以前那种一切以政治为重，无论何种困难都要突破来帮助非洲援建的援助理念已经不再适合时代的发展。援助也要讲求方法和效果，要根据被援助国家的需要。援助的目的就是改善当地民众的生活。第二，后期如果管理不善则之前的努力无法发挥其应有的作用，所以援助的眼光要长远，后期的管理制度一定要完善。第三，援建的同时公共外交工作要做好，要使得辛苦的付出得到相应的理解和感激，而不是因为援助沟通不顺利造成国家形象的损坏。第四，援建可以尝试一些新的方式方法，往合作的方向发展。第五，援建的家庭工作要做好。国内的相应的项目要得到世界的认可，才有可能让别人相信我们给他们援建的是靠谱的有质量的产品。中国的高铁因为国内的事故，当总理去各国推销的时候遇到了别人的质疑，这就警示我们，一定要给自己的产品树立品牌形象。项目本身要筹备好，技术要过硬才能不给别人留话柄，同时管理者和执行者的挑选也不可马虎。

（三）适应新时期的援助趋势

对于长期项目而言，必然要面临经济发展时期和援助取向的变化，这就要求长期援助项目要适时调整，以适应新时期的援助趋势。

1. 充分发挥对非援助的作用

随着我国国力不断增强，非洲国家普遍希望我国提供更多援助。但从我国自身看，虽然改革开放以来经济实力得到了显著增强，但我国仍是一个发展中国家。因此援外资金的规模不能无限制的膨胀，只能在规模适度增长的条件下，注重规划，不断提高资金的使用效率。所以要合理调整对外援助的方式结构。在传统援助方式的基础上，充分对非洲地区的具体形式做调研分析的工作，积极推进援外方式创新，合理安排无偿援助、无息贷款和优惠贷款的规模和比例，更多投入于援助任务重的国家和有关领域。要充分发挥对外援助的带动效应，通过实施不同的援助项目，在帮助受援国发展的同时，也加强这些国家对中国企业、产品和技术的了解，树立良好的国家形象，推动双边经贸合作，带动我国企业和产品的"走出去"。①

2. 注重中国媒体在外国的影响力

中国由于较少对援助非洲项目进行宣传，国际社会可能因为信息不充分而对中国援非项目产生质疑与误会。而且由于国际舆论格局仍"西强我弱"，我国必须从构建和谐世界与中国和平崛起的战略出发，高度重视国际舆论及其潜在影响，加大在受援国国内的宣传，让国际社会更加客观地了解中国对非援助的工作。这样不仅利于我国援外事业营造好的国内外舆论环境，还可以促进中非友好关系的发展。②

3. 规范在非企业的行为

企业的行为要适应我国对非援助的目标与宣传。中国的对非援助对于非洲的发展有积极的作用，但在对非援助的实施过程中也存在着不足。特别是在对非援助中，中方环保意识的缺乏引起了部分非洲人民的不满和反抗。由于中方对非的援助一贯讲究实效、速度，因此可能会出现为了达到速度和效益，而忽视了援助过程中的环境保护问题，比如出现乱砍滥伐的行为、破坏生态的现象等。这给非洲的环境造成了一定的破坏，使得非洲部分地区的民众对中方的援助表示不满，影响对非援助的目标与宣传。面对这一问题，中国在对非援助过程中应该要提高环保意识，建立援助过程中的环保评价机制。③

---

① 许志瑜：《中国对非援助面临的新形势及对策建议》，载《国际商务财会》2011年第2期。
② 王晨燕：《西方国家对非援助新特征与国际协调》，载《国际经济合作》2008年第7期。
③ 阎婧：《中国对非援助视角下的中非关系》，载《学理论》2013年第7期。

企业要更加注重在非项目的完成质量。质量直接关系到援助的实际效果，关系到一个国家的声誉，更关系到我国与受援国的友好合作，对援外项目可以通过提高企业准入门槛，引入竞争和退出机制，从而使得企业能够遵守当地法律法规，尊重当地的风俗习惯，与当地人民和睦相处，注意生态环境保护。

4. 尝试多方合作，扩展对非援助的层次和渠道

20 世纪 70 年代中国援建的坦赞铁路曾散发无限的活力，而今天却破败萧条。从这一案例可以看出，援助项目如果想切实带动非洲的经济，单靠一国的能力是远远不够的。坦赞铁路的缺陷之一就在于仅仅沟通了坦桑尼亚和赞比亚两国间的石油运输，却忽略了沿途的区域发展。如果在援非项目中尝试多方合作，虽然会面临责任不明晰的可能性，但对于促进非洲的发展来说，也是值得考虑的。

第一，对非援助需要与企业合作。需要积极引导当地中资企业增强社会责任感，鼓励和支持中资企业对受援国投资，帮助其发展民族工业、增加政府税收、缓解就业压力和改善人民生活，增强受援国自身"造血功能"。

第二，对非援助需要与当地民间组织的合作。在当今形势下，世界各国都对于"软实力"更加重视，民间外交的重要性不可忽视。进一步扩大教育、科技、文化、旅游等领域交往合作，同时密切政党、地方、民间团体、学术机构、新闻媒体之间联系，注重加强人文交流，增强相互之间的理解，并巩固中非友好关系。

第三，对非援助需要与其他援助国、组织的合作。例如加强与世界银行、国际货币基金组织、联合国发展合作论坛等交流，扩大援助规模，推动对非援助的发展。随着经济全球化的深入发展，国家之间的相互交往越来越密切，各种交流合作越来越频繁，对非援助也需要国家间交流。我国的对非援助在实践中逐步形成了自己的传统、特点和优势，但与发达国家相比，在经验等方面也有一些不足。通过参与国际交流合作，可以研究、借鉴、汲取其他国家或国际组织的成功经验和失败教训，同时也通过适当的交流合作，减轻国际压力，扭转舆论上的被动处境，并通过扩大融资途径来分散在援建过程中可能承担的风险，借助多国的力量以更好地帮助非洲建设。

5. 在目标的选择上更加关注非洲人民的需求

推进经济发展，实现政治稳定是当代非洲各国普遍追求的目标。在此过程中，国际社会持续而有效的援助对于非洲的发展始终具有特殊作用。应该说，无论是西方的"民主援非"，还是中国的"民生援非"，只要切合非洲的实际，都有可能成为帮助非洲实现发展的手段和方式。

从根本上说，非洲的发展道路最终只能由非洲人民自己来选择，援助无论如何完善都不能也无法替代非洲国家的自主选择与自主努力。从长远来看，援助方案在非洲要取得成效，它终究必须基于非洲社会的本土实际，它必须经由非洲人民自己的努力而转化成一种本土性发展与内源性发展的动力。[①] 非洲任何成功和可持续的发展只能

---

① 胡美、刘鸿武：《意识形态先行还是民生改善优先？——冷战后西方"民主援非"与中国"民生援非"政策之比较》，载《世界经济与政治》2009 年第 10 期。

是"内源的"而非"外推的"。对此,一些非洲国家领导人已经有日益清晰的认识,并"已经开始在本土的制度而非舶来的制度中寻求解决本国纷繁复杂问题的方法了"。① 中国应该帮助非洲增强自己的发展能力,鼓励非洲国家发掘自己的内在资源,增加非洲国家自主发展的平台,而不是代替或取消非洲国家的自主发展权利、机会与责任。②

参考文献

[1]《周恩来总理同恩克鲁玛总统会谈记录:周恩来总理访问非洲:与八国有关经济援助和贸易方面的会谈摘》,外交部档案馆,档号:203 – 00496 – 01。

[2] 艾法姆:《中国对非洲的援助——中国对尼日利亚基础设施建设援助案例分析》,吉林大学博士论文,2011 年。

[3] 蔡玲明:《对援助非洲的若干思考》,载《国际经济合作》1994 年第 10 期。

[4] 陈默:《中国援助的非洲模式及其对非洲发展影响的研究》,上海外国语大学博士论文,2014 年。

[5] 陈素娥:《中国援赞的历史反思与现实审视》,中南大学硕士论文,2012 年。

[6] 国务院新闻办公室:《中国的对外援助(2014)白皮书》,商务部网站。

[7] 何先锋:《中国对非援助的历史演进及其特点》,载《改革与开放》2011 年第 7 期。

[8] 贺文萍:《中国援助非洲:发展特点、作用及面临的挑战》,载《西亚非洲》2010 年第 1 期。

[9] 胡美、刘鸿武:《意识形态先行还是民生改善优先?——冷战后西方"民主援非"与中国"民生援非"政策之比较》,载《世界经济与政治》2009 年第 10 期。

[10] 胡志超:《坦赞铁路的过去、现在和未来》,载《铁道经济研究》2000 年第 2 期。

[11] 海明威:《记者重走我国援建的坦赞铁路:年久失修常晚点》,载《瞭望东方周刊》2010 年第 8 期。

[12] 华北通讯社:《坦桑尼亚与赞比亚庆祝铁路竣工》,载《人民日报》1975 年 10 月 24 日版。

[13] 黄梅波、郎建燕:《中国的对非援助及其面临的挑战》,载《国际经济合作》2010 年第 6 期。

[14] 霍华德·威亚尔达:《非西方发展理论——地区模式与全球趋势》,载《公共管理评论》2007 年第 1 期。

[15] 姜磊、王海军:《中国与西方国家对外援助比较分析——基于附加政治条件的研究》,载《理论与改革》2010 年第 6 期。

[16] 李安山:《论中非合作的原则与面临的困境》,载《上海师范大学学报(哲学社会科学版)》2011 年第 6 期。

[17] 李安山:《全球化视野中的非洲:发展、援助与合作——兼谈中非合作中的几个问题》,载《西亚非洲》2007 年第 7 期。

[18] 李小云、武晋:《中国对非援助的实践经验与面临的挑战》,载《中国农业大学学报(社会科学版)》2009 年第 4 期。

---

① 霍华德·威亚尔达:《非西方发展理论——地区模式与全球趋势》,载《公共管理评论》2007 年第 1 期。

② 刘鸿武、张永宏、王涛:《基于本土知识的非洲发展战略选择——非洲本土知识研究论纲(上)》,载《西亚非洲》2008 年第 1 期。

［19］ 李岩：《坦赞铁路隧道现状及加固修复技术探讨》，载《石家庄铁道大学学报（自然科学版）》2013 年 S2 期。

［20］ 刘鸿武、罗建波：《中非发展合作：理论、战略与政策研究》，中国社会科学出版社 2011 年版。

［21］ 刘鸿武、张永宏、王涛：《基于本土知识的非洲发展战略选择——非洲本土知识研究论纲（上）》，载《西亚非洲》2008 年第 1 期。

［22］ 吕友清：《中国对非援助的历史回顾——论为什么要对非援助》，21 世纪网，2012 年 4 月 5 日。

［23］ 马晶：《韩国举办首届"韩非论坛"》，载《新京报》2006 年 11 月 7 日版。

［24］ 毛小菁：《中国对非援助之路》，载《经济》2011 年第 10 期。

［25］ 蒙洁梅，全克林译：《赶在时间的前面：坦赞铁路修建期间的施工和现代化问题》，载《冷战国际史研究》第 9 辑。

［26］ 沙伯力、严海蓉：《"中国在非洲"：全球体系的困境》，载《中国经济》2010 年第 1 期。

［27］ 沈喜彭：《中国援建坦赞铁路：决策、实施与影响》，华东师范大学博士论文，2009 年。

［28］ 王晨燕：《西方国家对非援助新特征与国际协调》，载《国际经济合作》2008 年第 7 期。

［29］ 王胜文：《中国援助非洲基础设施建设的经验与展望》，载《国际经济合作》2012 年第 12 期。

［30］ 魏雪梅：《中国援助非洲与提升中国软实力》，载《国际关系学院学报》2011 年第 1 期。

［31］ 武晓芳：《中国对非援助及其贸易效应研究》，天津财经大学硕士论文，2011 年。

［32］ 谢铿：《中欧对非援助——在分歧中求合作》，复旦大学硕士论文，2012 年。

［33］ 许志瑜：《中国对非援助面临的新形势及对策建议》，载《国际商务财会》2011 年第 2 期。

［34］ 薛琳：《对改革开放前中国援助非洲的战略反思》，载《当代世界社会主义问题》2013 年第 1 期。

［35］ 阎婧：《中国对非援助视角下的中非关系》，载《学理论》2013 年第 7 期。

［36］ 张海冰：《中国对非洲援助的"战略平衡"问题》，载《西亚非洲》2012 年第 3 期。

［37］ 张海冰：《关于中国对非洲援助能源导向的观点分析》，载《世界经济研究》2007 年第 10 期。

［38］ 张铁册：《友谊之路：援建坦赞铁路纪实》，中国对外经济贸易出版社 1999 年版。

［39］ 赵长峰、薛亚梅：《新形势下中国对非援助探析》，载《社会主义研究》2010 年第 1 期。

［40］ 中共中央文献研究室：《毛泽东文集（第 8 卷）》，人民出版社 1999 年版。

［41］ 中国驻赞比亚大使馆电报：《卡翁达对于建设坦赞铁路的态度》，1965 年 8 月 17 日，中国外交部档案馆，108 - 00649 - 02。

［42］ 中华人民共和国驻赞比亚共和国大使馆经济商务参赞处：《中国与赞比亚双边经济合作概况》，商务部网站。

［43］ ［南非］马丁·戴维斯：《中国对非洲的援助政策及评价》，载《世界经济与政治》2008 年第 9 期。

［44］ Deborah Brautigam, Chinese Aid and African Development: Exporting Green Revolution, London: Macmillan, 1998.

案例八

中国清洁发展机制国际合作

指导教师：闫世刚

项目组成员：李金韬　时浩凯　邓颖莹　陈洁敏

摘要：清洁发展机制是《京都议定书》中引入的灵活履约机制之一，中国通过项目合作可以获得发达国家减排温室气体的技术和资金，从而促进其经济发展和环境保护，实现可持续发展目标。我国政府积极采取有效措施，大力推进 CDM，目前已取得一定成效。本项目通过以中国清洁发展机制基金（CDMFUND）、阳泉煤业集团进行案例研究，提出在清洁发展机制合作领域，仍存在对清洁发展机制认识不足，国际合作过程中存在一定技术转移风险，国际合作效应评估机制仍不健全等问题，并提出促进我国清洁发展机制国际合作的对策和建议。

清洁发展机制（Clean Development Mechanism，CDM），是《京都议定书》中引入的灵活履约机制之一。其核心内容是允许发达国家与发展中国家进行项目级的减排量抵消额的转让与获得，在发展中国家实施温室气体减排的项目。目前，我国二氧化碳排放总量已位居世界第一，甲烷、氧化亚氮等温室气体的排放量也居世界前列。从人均来看，目前我国人均二氧化碳排放量低于世界平均水平，到 2025 年可能达到世界平均水平；从排放强度来看，由于技术和设备相对陈旧落后，能源消费强度大，我国单位国内生产总值的温室气体排放量也比较高。

鉴于开展 CDM 有利于我国从发达国家获得减排温室气体的技术和资金，促进低碳经济发展，实现经济发展方式转变，我国政府积极采取有效措施，大力推进 CDM，目前已取得了一定成效。然而在清洁发展机制合作领域，目前仍然存在对清洁发展机制认识不足，国际合作过程中存在一定技术转移风险，国际合作效应评估机制仍不健全等问题，这些问题的存在影响我国清洁发展机制下国际合作的成效。2014 年，承担外交学院大学生创新项目的团队成员，对中国清洁发展机制基金（CDMFUND）和阳泉煤业集团就"清洁发展机制国际合作"课题展开调研。通过调研深入了解中国清洁发展机制（CDM）国际合作现状，分析我国清洁发展机制国际合作存在的问题，并通过以中国清洁发展机制基金（CDMFUND）、阳泉煤业集团为代表的案例研究，提出促进我国清洁发展机制国际合作的建议。

一、我国清洁发展机制的国际合作调研背景分析

近百年来，全球气候正经历一次以变暖为主要特征的显著变化，全球变暖问题已成为各国政府和科学界关心的重大问题。大量证据表明，过去50年所观察到的全球变暖是由于温室气体浓度增加所致。在此背景下，《联合国气候变化框架公约》成为国际社会第一个为全面控制二氧化碳等温室气体排放，应对全球气候变化问题上进行国际合作的一个基本框架。在《联合国气候变化公约》框架下，清洁发展机制成为发达国家和发展中国家应对气候变化、开展全球合作的重要平台。

（一）清洁发展机制的背景及内涵

1992年6月，联合国环境与发展大会（地球峰会）在巴西里约热内卢召开，大会提交并签署了《联合国气候变化框架公约》。1994年3月《联合国气候变化框架公约》正式生效，公约确定的"最终目标"是把大气中的温室气体浓度稳定在一个安全水平。这个安全阈值，尽管公约没有予以量化界定，必须在某个时限内及时实现，并足够低到能够让生态系统自然适应全球气候变化，以及使经济发展能够以可持续的方式继续下去。为了达到这一目标，所有的国家都有一个一般性义务：应对气候变化、采取措施适应气候变化影响，以及提交执行框架公约的国家行动报告。框架公约将全球各国分成两组：附件Ⅰ成员国，即那些对气候变化负有最大历史责任的工业化国家；非附件Ⅰ成员国，主要由发展中国家构成。公约根据公平原则以及"共同但有区别的责任"原则要求附件Ⅰ国家首先采取行动，在2000年年底以前将温室气体排放量降低到本国1990年的排放水平。附件Ⅰ国家还必须定期提交"国家信息通报"，在报告中详细阐述本国的气候变化政策和规划，以及本国的温室气体排放清单年度报告。

1997年12月正式通过《京都议定书》，《京都议定书》为38个工业化国家，其中包括11个中东欧国家，规定了具有法律约束力的限排义务。即这38个工业化国家在2008~2012年的承诺期内，把他们的温室气体排放量从1990年排放水平平均大约降低5.2%。限排的目标覆盖六种主要的温室气体：二氧化碳、甲烷、氧化亚氮、氢氟碳化物（HFCs）、全氟化碳（PFCs）以及六氟化碳（SF6）。京都议定书还允许这些国家自由组合选取这六种温室气体构成其国家减排策略，包括一些土地利用变化和森林活动项目，诸如森林采伐和再造林等排放或者从大气中吸收二氧化碳的活动。

2011年11月来自世界约200个国家和机构的代表参会德班气候大会，会议通过决议，要求《议定书》附件Ⅰ缔约方（主要由发达国家构成）从2013年起执行第二承诺期，并在2012年5月1日前提交各自的量化减排承诺。会议决定正式启动"绿

色气候基金"，成立基金管理框架。2010 年坎昆气候变化大会确定创建这一基金，承诺到 2020 年发达国家每年向发展中国家提供至少 1 000 亿美元，帮助后者适应气候变化。同时，大会也照顾到欧盟的主张，即成立"德班增强行动平台特设工作组"，负责 2020 年后减排温室气体的具体安排。

（二）清洁发展机制的主要内容

《京都议定书》建立了三个合作机制，合作机制的设计目的在于帮助工业化国家（附件 I 国家）通过在其他国家而不是本国以较低的成本获得减排量，从而降低附件 I 国家实现其排放目标的成本。[①]

国际排放贸易：允许附件 I 国家之间相互转让它们的部分"容许的排放量"（"排放配额单位"）。

联合履行机制：允许附件 I 国家从其在其他工业化国家的投资项目产生的减排量中获取减排信用，实际结果相当于工业化之间转让了同等量的"减排单位"。

清洁发展机制：允许附件 I 国家的投资者从其在发展中国家实施的、并有利于发展中国家可持续发展的减排项目中获取"经核证的减排量"（CERs）。

这些合作机制给予了附件 I 国家及其私人经济实体在世界上任何地方——只要减排成本最低——实施温室气体减排项目的选择机会，这些产生的减排量可以用于抵减投资方国家的温室气体减排义务。这些合作机制借助于减排项目的全球配置机理能够刺激国际投资，并为全世界各个国家实现"更清洁"的经济发展提供了重要的实施手段。尤其是清洁发展机制（Clean Development Mechanism，CDM），作为《京都议定书》中引入的灵活履约机制之一，其目的在于通过促进工业化国家的政府机构，以及商业组织对发展中国家的环境友好投资从而帮助发展中国家实现可持续发展。

清洁发展机制的主要内容是指发达国家通过提供资金和技术的方式，与发展中国家开展项目级的合作，在发展中国家进行既符合可持续发展政策要求，又产生温室气体减排效果的项目投资，由此获取投资项目所产生的减排额度，称为"经核证的减排量（CERs）"，作为其履行减排义务的组成部分。同时，CDM 项目活动为项目东道主的发展中国家的可持续发展做出贡献，是一种基于项目的"双赢"合作机制。它一方面可以为发达国家提供更多的灵活性，降低履约总成本；另一方面可以为东道方提供额外的资金和先进技术。

通过清洁发展机制渠道筹集的资金必须有助于发展中国家实现它们的经济、社会、环境和可持续发展目标，诸如更清洁的空气和水资源，改善土地利用方式，促进农村发展、就业以及消除贫困等伴随的社会效益，更多的情况是降低发展中国家对化

---

① 刘兰翠、吴刚：《我国 CDM 项目的现状与思考》，载《能源与环境》2007 年第 3 期。

石燃料的进口依存度。除了能促进对发展中国家的绿色投资优先权之外，清洁发展机制还为人类在气候变化、经济发展和地方性环境问题的解决上同时取得进展提供了新机遇。对于那些当务之急必须解决更急迫的经济和社会发展要求的发展中国家而言，对清洁发展机制在这些效益方面的预期为发展中国家积极参与 CDM 项目提供了强大的动力。

二、中国清洁发展机制国际合作进展

中国于 1992 年正式签署了《联合国气候变化框架公约》，此后一直在认真履行并积极促进《京都议定书》的生效，2002 年 8 月批准具有参与清洁发展机制的合法资格。中国强调清洁发展机制项目，必须同时满足帮助发展中国家实现可持续发展和减少温室气体排放的要求，产生的经核证减排量只能是附件 I 缔约方国内减捧量的补充，并且 CDM 的基准线应建立在项目水平上，倡导 CDM 项目在附件 I 和非附件 I 双边之间进行。2004 年 7 月我国政府颁布了《清洁发展机制项目运行管理暂行办法》，2011 年进一步制定《清洁发展机制项目运行管理办法》，以推进清洁发展机制项目在中国的有序开展，促进清洁发展机制市场的健康发展。

清洁发展机制是一种双赢机制，中国通过项目合作可以获得发达国家减排温室气体的技术和资金，从而促进其经济发展和环境保护，实现可持续发展目标。发达国家通过这种合作，可以以远低于其国内所需的成本实现承诺的温室气体减排指标，节约大量资金，并且可以通过这种方式将低碳经济技术、产品甚至理念输入发展中国家。鉴于开展 CDM 有利于我国从发达国家获得减排温室气体的技术和资金，促进低碳经济发展，实现经济发展方式转变，我国政府积极采取有效措施，大力推进 CDM，目前已取得了良好成效。

（一）国际合作项目增速加快

从 CDM 市场形成至今，中国、印度、巴西和韩国作为 CDM 市场的主要供应国，一直占据全球 CDM 市场份额的 80% 以上。中国和印度在这四大国家中领先。截至 2014 年 11 月 30 日，中国在 CDM – EB（联合国清洁发展机制执行理事会）注册成功的项目达到 3 806 项（如表 1 所示），居于世界第一位，已有 1 429 个项目获得 CDM – EB 签发的 CERs，其中已获批的新能源和可再生能源项目数为 1 162 个，占签发总数的 81. 32%。据预测，中国到 2020 年年底的年均 CERs 将达 156 663 222 吨。以 CDM 为平台的国际合作不仅帮助中国引进了大量资金，提升了企业开发新能源的能力，而且已经在一定程度上缓和了中国减少温室气体排放与发展经济之间的矛盾，从而也有助于缓解在减排问题上中国与美欧等西方国家的矛盾。

表1　　　　　　　　　　　中国 CDM 项目按减排类型的分布情况

减排类型	EB 注册项目数	EB 签发项目数
新能源和可再生能源	3 172	1 162
节能和提高能效	256	117
甲烷回收利用	237	83
N2O 分解消除	43	19
燃料替代	28	21
HFC – 23 分解	11	11
垃圾焚烧发电	34	7
造林和再造林	4	2
其他	21	7
合计	3 806	1 429

资料来源：根据中国清洁机制网 CDM 项目数据库的相关数据整理，http：//cdm. ccchina. gov. cn/web/index. asp，2014 年 11 月 30 日登录。

（二）国际合作方式呈现多样化

基于清洁发展机制下国际合作项目数量快速增长的同时，合作的商务模式也日益增多，呈现多样化。[①]

我国清洁发展机制下国际合作的商务模式主要包括以下几类：其一是多边基金，主要来自于世界银行。为减少温室气体排放，世界银行建立了 12 个碳基金，包括 4 个特别基金、6 个国别基金以及两个面向 2012 年之后的新基金，资金总额超过 25 亿美元。特别基金包括原型碳基金（PCF）、社区发展碳基金（CDCF）、生物碳基金（Bio F）和伞形碳基金（UCF）。国别基金则包括荷兰清洁发展机制基金（NCDMF）、荷兰欧洲碳基金（NECF）、西班牙碳基金（SCF）、意大利碳基金（ICF）、丹麦碳基金（DCF）、欧洲碳基金（CFE）。面向 2012 年之后两个新的碳基金分别是林业碳伙伴基金（FCPF）和碳伙伴基金（CPF）。其二是政府购买计划，包括荷兰政府 CER 购买计划、芬兰 CDM/JI 先驱项目、苏黎世国际气候投资 CDM 计划、奥地利 JI/CDM 购买计划和意大利 CDM 基金。其三是商业和发展银行。如荷兰农业合作银行、日本国际协力银行、日本发展银行、德国复兴信贷银行集团等。我国政府批准的湖南益阳修山水电项目 CER 的购买方就是德国复兴信贷银行。其四是中间商，包括专门营运 CDM 项目的上市公司、私人公司等。参与我国 CDM 项目的买家中有很多中间商，主要集中在英国、日本和奥地利，而英国是目前我国 CDM 市场上主要买家，英国很多企业将 CDM 作为投资机会，纷纷进入我国市场，如英国碳排放贸易有限公司、益可环境集团、伦敦气候变化资本集团等。

---

① 蓝虹：《中国清洁发展机制的发展、面临问题及解决对策》，载《经济问题探索》2012 年第 4 期。

（三）国际合作质量提升，服务机构多样化

我国基于清洁合作机制项目不仅在规模上保持着既有的扩张速度，而且在深度方面不断突破。2007年，我国和丹麦联合研究课题组经过一年多的努力，于2008年7月成功开发了CDM的新模式——PCDM，并选定周口户用沼气项目作为试点。PCDM是把为执行相关政策或者为达到某一目标而采取的一系列减排措施作为一项规划方案，整体注册形成一个CDM项目，在这一规划方案下项目产生的减排量在经过核证后可以签发相应的CERs。PCDM模式有效地克服了CDM的缺点，提高了项目开发的效率和效益。2008年1月，我国第一个黄金标准（GS）CDM项目——福建六鳌二期45MW风电项目通过联合国CDM项目的监管机构（EB）的审核，同年2月在GS委员会注册成功，标志着我国清洁发展机制下国际合作项目高质量开发开始。[①]

目前，我国有中环联合认证中心、中国质量认证中心、中国船级社认证公司等多家机构股获得联合国监督CDM项目实施的机构（EB）颁发的资质，成为国际CDM项目指定经营实体（DOE）。中国建材检验认证集团股份有限公司于2014年通过了联合国气候变化框架公约组织CDM项目授权委员会评审小组的现场评审，为确保获得CDM指定经营实体（DOE）的资质奠定了良好基础。这些机构在掌握国内法律法规、国内行业技术、项目管理以及与项目各方，特别是国外买家沟通等方面具有一定的优势，他们获得DOE资格后，将会有力地推动国内CDM合作项目更好更快的发展。

三、中国清洁发展机制基金调研

2007年，中国清洁发展机制基金（CDMFUND）及其管理中心由国务院批准成立的，按照社会性基金模式管理的政策性基金，其宗旨是支持国家应对气候变化工作，发挥种子资金的撬动作用，动员社会资金参与和支持应对气候变化事业，促进社会可持续发展。为了加强对清洁基金的管理，经国务院批准，2010年9月，国家发展和改革委员会、财政部、外交部、科学技术部、环境保护部、农业部和中国气象局等七部委联合颁布《中国清洁发展机制基金管理办法》。作为发展中国家首支国家层面专门应对气候变化的基金，CDMFUND把中国参加联合国《京都议定书》下清洁发展机制合作，从项目层面升级和放大到国家层面，是气候变化国际合作中令人瞩目的创新性成果。

（一）CDMFUND的运营策略和模式

CDMFUND无论在制度建设还是业务开展中，明确政府与市场的关系，注重制度

---

① 沈娅莉：《我国清洁发展机制相关问题研究》，载《经济问题探索》2011年第9期。

化、程序化建设，建立了科学的决策制衡机制和完整规范、透明高效的业务操作和绩效评价流程。自建立以来，CDMFUND 遵循契约平等、全面规范、公开透明、风险分担、利益共享、多方共赢等方针，通过优惠贷款、股权投资、风险分担等方式，广泛动员社会资金，为支持国家应对气候变化工作提供可持续的资金支持。

CDMFUND 是国家应对气候变化的一个创新资金机制，通过基金的使用，体现为国家应对气候变化的一个行动机制，为实施国家可持续发展战略和应对气候变化的政策。特别是落实《中国应对气候变化国家方案》，做出积极努力。基金的使用采取赠款、优惠贷款和其他工具相结合的方式。具体用途包括：（1）支持国家应对气候变化的能力建设；（2）国家提高应对气候变化的公众意识；（3）推动国家开展与减缓气候变化相关的、包括清洁发展机制项目在内的活动；（4）推进国家开展适应气候变化的相关活动；（5）为基金的保值增值进行资金使用：服务于基金宗旨的其他业务活动。

中国清洁发展机制基金的业务活动分为 4 个业务领域，包括能力建设和公众意识提高业务、减缓气候变化业务、适应气候变化业务领域和服务，以及基金可持续业务运行的金融活动业务领域。基金共涵盖 7 项业务规划，即加强能力建设、促进公众意识提高、促进能效提高和节能、促进可再生能源的开发和利用、促进其他具有显著的减缓气候变化效益的活动、促进对气候变化的适应，以及基金投资业务中的金融活动。

中国清洁发展机制基金的主要资金来源于基金代表国家在 CDM 项目国际合作中收取的国家收益，与此同时，基金积极发展与各方面的资金合作。广泛筹集资金，并在此基础上积极推动政府投入、国际援助与合作资金和社会资金在国家应对气候变化行动中参与和协同。CDMFUND 清洁基金采取了多样化的融资渠道，联手国际国内金融机构，探索创新融资方式。清洁基金的资金来源主要包括以下五个部分：

（1）CDM 项目转让温室气体减排量所获得收入中属于国家所有的部分；

（2）世界银行、亚洲开发银行等国际金融组织的赠款和其他合作资金；

（3）开展基金业务取得的营运收入；

（4）国内外机构、组织和个人捐赠；

（5）国务院批准的其他来源。

其中，CDM 项目转让温室气体减排量所获得收入中，属于国家所有的部分是清洁基金在过去五年间的主要资金来源。财政部下设的 CDMFUND 使用创新性的手段来使用资金、支持绿色低碳，比如优惠贷款政策，是给予开发 CDM 项目的企业以比市场优惠的贷款，而并不采用预算拨款的方式。

（二）CDMFUND 对于清洁发展机制国际合作项目支持途径

发展清洁机制下的国际合作，既有利于支持国家应对气候变化的行动，也有利于全球应对气候变化的共同努力。因此，支持 CDM 项目的开发和实施，是 CDMFUND

的一项优先业务工作。CDMFUND 主要采取三种途径支持 CDM 项目的开发和实施：

第一，作为国际合作桥梁和平台，CDMFUND 组织 CDM 项目减排量买家和卖家开展国际合作，降低交易风险，促进实现 CDM 项目减排量的有序交易。

第二，重点支持清洁发展机制国际合作项目的开展。CDMFUND 把 CDM 国际合作项目优先支持对象，以优惠贷款和其他方式的有偿资金使用等多种工具支持 CDM 国际合作项目的开发和实施，促进 CDM 国际合作项目的大规模开发。基金对 CDM 项目开发和实施的主要支持方式是提供技术援助和融资。技术援助指组织提供 CDM 项目开发和实施所需要的咨询服务，例如，CDM 项目识别、CDM 项目文件编写、CDM 项目所依托的建设项目的设计、CDM 项目实施中的减排量监测跟踪服务等。融资指对 CDM 项目所依托的建设项目，提供一定的建设资金支持。

第三，提升清洁发展机制国际合作项目的能力建设和公众意识提高。CDMFUND 积极推动国内管理机构对 CDM 国际合作项目的管理能力，加强国内技术和咨询机构、企业界和金融界等的对 CDM 国际合作项目的参与能力，开发中国具有较大减排潜力的特定类型 CDM 项目的方法学，促进国内企业对 CDM 国际规则的理解和应用。另外，CDMFUND 积极向国际买家推荐中国潜在的 CDM 项目，为企业和国际买家（特别是主要的碳基金）的合作提供必要的政策指导和技术指导等方面的帮助。CDM-FUND 联合专业机构对国内企业进行培训和研讨，提高国内企业参与 CDM 国际合作项目谈判能力，对国际碳市场发展进行跟踪分析，为国内企业开发 CDM 项目以及利用未来可能出现的新合作机遇，提供必要和及时的国际政策指导。

（三）CDMFUND 推动清洁发展机制国际合作的成效

2007～2014 年，经过了将近 7 年的探索，清洁发展机制基金积极发展多边合作和双边合作，注重开展与国际组织、外国政府机构、私营部门以及非政府机构的合作，合作内容涉及政策研究、能力建设、项目投融资等方面，在全球气候融资、国际清洁发展机制合作等方面积累的许多宝贵的经验。同时，清洁基金的业务与机构能力建设一直得到世界银行和亚洲开发银行的大力支持和认可，联合国机构也希望推广清洁基金的运行模式。

2013 年度，清洁基金安排 2.1 亿元资金，用于支持 126 个国外赠款项目；截至 2013 年年底，清洁基金累计安排约 7.1 亿元资金，用于支持 364 个国际赠款项目，项目内容涉及国家与地方应对气候变化战略和政策研究、温室气体统计核算体系建设、碳市场机制研究、技术与标准开发、行业与地方能力建设、社会公众宣传等方面。在 CDMFUND 的积极推动下，在 2013 年，我国共有 862 个新 CDM 项目注册成功，897 个项目 1 167 批次 CERs 获得签发，合计 1.62 亿吨二氧化碳当量。截至 2013 年 12 月 31 日，我国累计有 3 777 个 CDM 项目注册成功，1 368 个项目 3 867 批次 CERs 获得签发，累计 8.65 亿吨二氧化碳当量。

清洁基金继续推进与国际机构的合作交流，在创新融资、知识合作、能力建设等方面探索务实合作机会。第一，加强与国际金融机构的合作。CDMFUND 与世界银行和国际金融公司进行多次互访和会谈，借鉴国际气候融资先进经验，探讨适合清洁基金的创新融资模式，寻求联合投融资机会，共同推进双方在知识共享、项目投资和能力建设领域的合作。顺利推进 CHUEE 江苏项目实施和经验推广，启动 CHUEE 山东项目筹备。第二，积极推进与亚洲开发银行的合作。CDMFUND 与亚行探讨 "以融资租赁模式推广我国城市清洁能源公交发展" 项目合作事宜。并完成技术援助项目 "政府市场合作推动创新性气候融资的可行性研究"，成功申请新一期的创新性气候融资技援项目。第三，继续发展同其他国际机构的合作。CDMFUND 与中国应对气候变化战略与国际合作中心、气候组织合作开展中国气候融资研究项目。与美国哥伦比亚大学开展 "顶石项目"（Capstone program）下的政府市场合作创新气候融资机制案例研究。与德意志银行、中国欧盟商会、德国国际合作机构、瑞典环境部等进行广泛接触，探讨合作。

　　在这些显著的成效背后，清洁基金克服了许多困难与挑战。2014 年 7 月，CDM-FUND 的傅主任说道："由于非公共资金很多是国际性的，也就是说发展中国家可能也需要交钱，这就不符合发展中国家的要求了。" 当发展中国家与发达国家的利益发生冲突时，如何妥善解决其中的矛盾，这对清洁基金来说是一个巨大的考验。傅主任指出，如何将国际合作顺利地进行下去，这不仅仅是需要与其他国家政府进行谈判这么简单，还需要各方面的协调和配合，从更复杂的实际情况入手进行多层次的合作。多边资金，如世界银行的投资，双边资金，比如发达国家对发展中国家的支持，还有公共资金撬动的私人资金，还有跨国公司的资金支持等，这些在 CDM 机制的发展中都是不可或缺的。

（四）CDMFUND 推动清洁发展机制国际合作面临挑战

　　受国际气候谈判进展缓慢、《京都议定书》第一承诺期结束、欧盟对工业废气类CERs 的限令实施以及全球性金融危机等因素影响，国际碳市场需求急剧减少、供应过剩以及碳价持续低迷。在这一形势下，我国 CDM 项目实施难、交易难的问题更加普遍和严重，造成 CDM 国家收入的产生量锐减，也让 CDMFUND 工作面临许多困难。

　　1. 国际气候谈判陷入僵局

　　在 2012 年《京都议定书》第一承诺期到期后，以美国为首发达国家试图推翻或者绕开《联合国气候变化框架公约》以及基于该框架公约所取得的各项谈判成果，努力淡化发达国家与发展中国家的区别，力图分化和瓦解发展中国家的谈判联盟（在发展中国家阵营内部，主要存在五个集团：小岛国联盟；自愿承诺国家；强调发展空间的国家；能源输出国；期待清洁发展机制的国家），迫使中国等发展中国家承担强制减排的国际法律责任；在减缓和适应气候变化所需要的资金、技术和能力建设方面，公约附件 I 国家总是 "雷声大，雨点小"，始终未能依约向发展中国家落实其在框架公约及其后续国际气候谈判中已经做出的承诺。

2. 碳金融市场陷入低谷

自从2008年美国次贷危机和欧债危机连续爆发以来，碳金融作为金融衍生品，也随之进入低迷状态。碳金融二级市场在2008年初达到27欧元/吨的高价后，之后一路下跌，2012年年初跌破1欧元/吨，2012年年底跌至0.2欧元/吨的低位。多哈联合国气候谈判后，这种低迷状态不仅没有改善，仍在继续探底。目前，有些项目的CDM全部收益已经低于项目开发成本，更不用说尚未获得任何CDM收益的项目。CDM收益低于开发成本的趋势，将直接降低项目业主开发CDM的积极性，可能放弃正在开发的CDM项目，或者取消开发计划。

在国际碳市场上，能够购买CDM碳减排量的买家只有承担减排义务的发达国家的企业。有些买家购买减排量是为了抵消自己的减排义务，以降低减排成本；但是大部分买家是中间商，这些买家从一级市场买入减排量，再在二级市场卖出，例如一些国际投行、资产公司分别扮演了"CDM买家"的角色。在碳价格不断上升的时候，大量买家涌入市场；在碳价格下跌的情况下，大量买家开始拖延注册和核查程序、延迟履行合同义务、逃避付款，甚至宣布破产来退出碳市场。随着买家需求减弱、买家以各种方式违约、买家退出市场，买家的种种表现使CDM项目开发严重受挫。

在2005~2008年年底这段时间，许多国际买家进入中国市场，大量收购CDM的减排量，尤其是将目标锁定开发质量相对较高、风险相对较小的风电CDM项目，并且以8欧元/吨~14欧元/吨的固定价格签订了碳交易合同。进入2011年，当二级碳市场的价格已经跌破8欧元的时候，买家对新签发的减排量不再表现出支付意愿，要么逼迫中国CDM业主签订补充合同，将定价修改为浮动价格；要么违约，甚至宣布退出碳市场。目前，大量持有风电CDM减排量的业主得不到买家支付，开始陆续诉诸法律。而中国CDM项目业主与国际买家签订的多是英文合同，依照英国法律执行，仲裁机构也大多选在境外，因此，在法律支援上受到很大限制，诉讼获胜的概率小，诉讼费用也会相当高，这些因素将可能给中国CDM项目的国际合作带来不利影响。

四、阳泉煤业集团CDM国际合作调研

山西省阳泉煤业（集团）有限责任公司，为山西省五大煤炭集团之一，是全国最大的无烟煤生产基地。经过六十余年的发展，现已成为一个以煤炭和煤化工为主导产业，铝电、建筑建材地产、装备制造、贸易服务四大辅助产业强势发展的煤基多元化企业集团。2013年《财富》世界500强中，阳煤集团以营业收入285.787亿美元，位列第407位。

阳煤集团CDM项目的实施，不仅可以带来可观的收益，更具有不可估价的环保效益，避免了大量不可再生资源的浪费，而且大大减少了氮氧化物和二氧化硫等污染物的排放，很大程度上改善了当地的空气质量，促进了社会和经济的可持续发展。自

参与国际清洁发展机制（CDM）以来，阳煤集团瓦斯气开发利用快速上升，利用率由过去的 10% 上升到现在的 30%，年利用瓦斯气达到 3 亿立方米，实现碳减排 200 万吨，通过国际碳交易获取收益近 1.7 亿元。与此同时，煤矸石发电项目、矿井水的回收再用项目也成为众多煤炭企业发展探索的目标。阳煤集团煤层气发电 CDM 项目在第二监测期的减排量获得 CERs（经核证的减排量）签发，签发量为 441 073 吨（二氧化碳当量的温室气体）。瓦斯综合利用 CDM 项目的经济效益，随着 CERs 的相继签发，已经逐步显现。

（一）阳煤集团 CDM 国际合作历程

2006 年，山西阳泉煤业集团与欧洲碳基金和英国 CAMCO 国际碳资产信息咨询有限公司共同进行 CDM 项目合作，申报了 80 万吨瓦斯在氧化铝焙烧炉利用项目和 9 万千瓦瓦斯发电项目。两个申报项目分别于 2007 年 4 月和 5 月在 EB（联合国 CDM 执行理事会）成功注册，在全球煤层气项目注册顺序中排名第三位和第四位，并相继获得 CERs（经核证的减排量）签发。煤层气发电一期工程于 2007 年 6 月正式投产，装机容量为 29MW，日摧毁甲烷 40 万立方米，年摧毁甲烷 1.4 亿立方米，每年可实现减排 80 万吨。2009 年，该集团的两个 CDM 项目实现二氧化碳减排量 80.8 万吨，全年全部减排交易收益 6 602 万元。

阳泉煤业集团 CDM 项目管理部门孙经理曾全程参与企业 CDM 项目的整个流程，谈及 CDM 项目的申请，他提出："阳煤集团是在 2007 年的时候注册的首个瓦斯发电项目，后来还陆续申请通过了神堂嘴煤层气发电站的煤层气发电项目，目前我们（年产量）也在全球煤层气企业排第三位，算是全国企业范围 CDM 项目做得最早，也最成功的企业了。"提及整个 CDM 项目的申请，孙经理指出要申请 CDM 项目需要先写 PDD（项目开发文件），然后送报 DOE 审定核查后才可以。"项目业主 CDM 收益是从获得 CERs 签发开始的，这也是 CDM 项目获得收益周期很长的根本原因。"专家向调研人员介绍说。在得到 CERs 签发之前，一个 CDM 项目其实有一个相当复杂的孕程。一个典型 CDM 项目的开发分两大步：项目开发和实施。项目开发包括项目设计、参与国的批准、项目审定、项目注册，项目实施则包括项目本身的工程建设、项目监测、项目核查核证及最终签发交易。

CDM 项目在联合国成功注册后，会有指定经营实体负责其减排量周期性审查和确定的过程。根据核查的监测数据、计算程序和方法，可以计算 CDM 项目的减排量。瓦斯综合利用项目 90% 的减排量来自甲烷的销毁，销毁 1 吨纯甲烷的减排量是 21 吨二氧化碳，因此瓦斯综合利用 CDM 项目的 CERs 一般都比较大，相应的得到签发以后的收益也比较高。但由于 CDM 项目开发涉及专业的方法学、经济、法律等问题，而且国际上的官方语言都是英语，目前国内企业申报 CDM 项目通常和国外专业的 CDM 咨询机构进行合作，在合作过程中企业业主提供相关资料以及资料的标准化工作，而 CDM 项目开发过程中的主要工作由咨询机构来完成，这就要求企业必须和咨询机构紧密合作，形成协同工作的战略伙伴。

（二）CDM 项目国际合作发展的制约因素

调研人员根据对阳煤集团实地调研和从专家访谈搜集到的资料，整理了 CDM 项目的制约因素，主要包括 CDM 国际规则复杂、项目准备成本高，CDM 项目适用的方法学少、合作费用高昂以及对 CDM 认知度仍有待提升，合作战略仍有待提升等三个方面。

1. CDM 国际规则复杂，项目准备成本高

CDM 项目的申请，不仅要履行国内、国际两套程序，而且还要辗转经过数个机构。一个项目从申请到批准，即便顺利也需要 3～6 个月。CDM 项目的收益，是从得到 CERs 签发开始的。据阳煤集团孙经理介绍，一个 CDM 项目从准备到得到签发，大约需要两到三年的时间。并且从项目开发、设计 PDD、国内批准、EB 注册到项目实施的过程中，存在一定的风险，包括技术、行业、财务、市场、不可抗力等。此外，也并不是所有在国内获准的项目都能在 EB 成功注册。比如，阳泉煤业的有关专家就向调研人员介绍，在 EB 第 51 次会议上，包括内蒙古辉腾梁风电场二期项目在内的 11 个中国项目被拒绝注册，其中有 10 个为风电项目，这也是今年 EB 拒绝中国项目数量最多的一次。截至 2010 年 3 月，EB 已经拒绝了中国 50 个项目。由此可以看出 CDM 项目国际合作中周期过长这一点为项目增加不少不确定因素，尤其是内蒙古辉腾梁风电场二期项目等一系列项目申请失败的惨痛教训，使得许多企业望而却步。

2. CDM 项目适用的方法学少，合作费用高昂

一个好的 CDM 项目必须要有方法学方可批准。对于寻找 CDM 项目的人员来说如何开发出适合项目的基准线具有很大的难度。目前经联合国 CDM 项目执行董事批准的方法学还不多。提高能效和煤层气开发利用等是中国开展 CDM 项目的优先领域，但目前方法学很少或没能得到通过，直接影响了中国在该领域的项目开发。目前，仅有能源效率、开发利用新能源和可再生能源、甲烷回收和利用等是我国合作较多的 CDM 项目，合作空间和领域有待进一步拓宽。

根据阳泉煤业的 CDM 项目有关负责人介绍，CDM 项目申请费用在几十万元到上百万元，跟项目类型和减排量大小有关系。以阳泉煤业集团这样的瓦斯综合利用项目为例，这类项目普遍减排量都比较大，其费用一般也会更高些。主要包括项目审定费 40 万元左右、注册费 10 万元左右和首次核查核证费 30 万元，此外还有一些别的聘请咨询公司的费用等。许多企业因为无法预知自己申报的项目能否顺利通过一系列审核，在不理解的人看来，这就像一场赌博，因此他们不愿投入前期高昂的申请成本。并且近年来申请成本还有持续走高的趋势，而申请程序却并未简化，而是越来越复杂，申请难度也随着加大。

3. 对 CDM 认知度仍有待提升，合作战略仍有待加强

节能减排作为全球的公共产品应得到各国政府的政策支持，但中国将发展国内经济作为政策的主要支持点，而忽视了对 CDM 等环境友好型项目的政策支持。特别是

地方政府相关部门对 CDM 的认知度不够高，宣传力度不够大。由于各地熟悉 CDM 项目开发的专家队伍尚未完全形成，开发能力明显不足，这与我国丰富的 CDM 项目资源极不相称。许多中国企业对 CDM 的了解近乎零，一些潜在项目业主对 CDM 缺乏全面的认识，对 CDM 所提供的额外发展机遇尚不了解，一些非常好的项目因此而流失。再加之政府缺乏必要的宣传，缺乏有效的队伍建设及完善的体制框架，自上而下的管理机构等有待进一步建设完善。

CDM 项目的方法学较为复杂，在应用中，基准线方案的选取、额外性的论证、减排量的计算、监测计划的制订等对双方合作提出了较高的要求。因此国际合作过程中，合作双方在战略导向、管理控制系统、公司目标等方面的相容程度会影响双方的合作进展。这些方面的不相容会意味着合作双方会存在很多冲突，而这些方面又不会在短期内得到改变，就会严重阻碍战略合作关系的建立。因此，合作双方组织和文化的相容性对战略合作关系的建立有重要影响。企业高层管理者的愿景对企业价值观的行程和合作导向的确定起着重要作用。如果合作双方高层管理者的愿景一致，或偏差不大，则高层管理者就会积极促进战略合作关系的建立，不断进行高层间建设性对话；反之，高层管理者就只满足传统的操作层面的合作关系。

（三）阳泉煤业 CDM 项目国际合作成功经验

毋庸置疑的是，阳泉煤业集团的在 CDM 项目上是取得了巨大成功的，也给国内其他企业做了很好的示范。据介绍，有很多企业慕名来到阳泉，向他们"取经"。仔细分析阳泉煤业的 CDM 盈利状况，主要有以下几点：

1. 充分把握 CDM 国际市场机遇

仔细分析阳泉煤业 CDM 项目申请到签发历程，不难发现其成功并非偶然。对市场需求敏锐的洞察力使得阳泉煤业在这次市场竞争中占得先机。对市场需求越早发现，越早把握，便越能占据有利形势，抢先获利。根据中国清洁发展机制网的统计数据显示，国内共有 83 个瓦斯综合利用 CDM 项目得到政府批准，其中 26 个已经在联合国成功注册，得到签发的共 9 个，已经得到签发的 9 个瓦斯综合利用 CDM 项目分别是：安徽淮南矿业集团潘三矿煤矿瓦斯的利用与销毁项目，山西阳泉煤业集团瓦斯在氧化铝焙烧炉利用项目，安徽淮北矿业集团海孜、芦岭煤矿瓦斯利用项目，山西阳城县煤矿瓦斯综合利用项目，山西煤炭运销集团阳泉分公司煤矿瓦斯利用项目，山西阳泉煤业集团 9 万千瓦瓦斯发电项目，河南郑州煤炭工业集团煤矿瓦斯综合利用项目，河南义马煤业集团煤矿瓦斯综合利用项目，山西焦煤集团杜儿坪煤矿瓦斯利用项目。

而阳煤集团是国内首家获得联合国成功注册并得到签发的企业，有着先发优势，并且也把握住了当时国际碳交易市场价格较高的有利条件，所以取得了成功。市场的需求是一个行业的发展方向，而正是对市场发展的良好把握使得阳泉煤业集团能够冠绝群雄。阳泉煤业的发展给众多行业都起到了模范的作用，要想更好的发展就必须把眼光放长远，积极分析与调研市场，这样才能引领风骚，成为时代的弄潮儿。

2. 加强合作的协同性

在 CDM 项目合作过程中，合作伙伴能建立一种双赢的合作关系，双方的努力能形成一个合力，最终实现预期目标。这就要求在合作过程中，面对战略目标差异性带来的冲突，合作伙伴要经常地接触和沟通，寻求缩短或消除目标距离与冲突的途径。所以，阳泉煤业在选择合作伙伴时，通过对潜在合作伙伴合作动因、双方利益冲突协调方式、合作意愿等方面进行考察，以避免合作的失败。

优势互补也是寻找战略合作伙伴的另一个重要层面。处于建立成功战略合作的目的，合作公司必须具有 CDM 领域专业的管理经验和专业技能，而且这种专长和优势也应具有长期性和持久性。在大部分情况下，合作公司的优势应是自己的弱项，战略合作的目的就是希望通过不同企业的优势互补和整合而达到良好的效果。阳煤集团 CDM 项目管理人员向调研人员介绍道：因为是新事物，缺乏可以借鉴的经验，公司 CDM 项目合作初期遇到了很多困难。但他们不畏挑战，积极地克服困难。例如，在编写报表时严格按照合作伙伴的要求，做到细致且符合规范，他们认真负责的态度也使得各项工作进展的忙而不乱，有条不紊。编写报表看似简单，实则是一份工作量极其庞大，信息处理过程极其复杂的任务。没有严格认真地态度和合作的协同性，没有多次不厌其烦地修改检查，很难保证报表万无一失，没有纰漏。并且，负责人员也十分注重对自身工作能力的不断提高，边工作边总结，从实践中学习并改善实践方法。

3. 加强国外先进技术吸收与引进

CDM 项目出来了带给公司相当可观的经济收入外，还为公司的业务能力在潜移默化中带来了极大的提升。首先，CDM 项目的运行在相当大的程度上提升了公司的管理水平。众所周知，CDM 项目对数据的要求相当严格，不能有一丝一毫的马虎，一旦某个数据有误，必须从头查起。这就要求了工作人员有过硬的专业本领和细致认真的态度以及持久的耐心。并且，CDM 项目还极大地提升了公司的整体技术水平。由于大量引进了国外的先进技术以及获得了一些发达国家的技术支持。例如调研人员在阳泉集团 CDM 有关专家人员的带领下我们来到了位于阳泉市郊区平坦镇神堂嘴村，对位于该村的阳泉煤业（集团）有限责任公司煤层气开发利用分公司的神堂嘴煤层气发电站展开了实地考察。该发电站引进了国外先进的煤层气发电制造设备，其品牌包括美国卡特彼勒，德国道依茨和奥地利颜巴赫公司，使得阳泉煤业的整体科技水平也得到了提升。同时，CDM 项目也让阳泉煤业扩大了自身的影响力，树立起了品牌威信。成为业内众多同行争相学习的对象。CDM 行业的成功，也引来了国内其他许多公司的艳羡，他们纷纷派出学习小组来到阳泉取经。这在无形之中也让阳泉煤业的企业形象得到大大提升。

（四）阳泉煤业 CDM 项目的前景

尽管国内 CDM 市场呈现一片欣欣向荣的景象，但实际上中国 CDM 领域离成熟阶段还有着相当大的距离。因而好景不长，经历了在 CDM 市场上短暂的风光之后，中国的 CDM 企业很快走上了下坡路。事实上，中国的碳排放交易跟西方的碳交易水平一直存在很大差距，中国企业在谈判中始终很难占到便宜。据世界银行测算，目前发达国家通过 CDM 购买温室气体排放额度的需求为 2 亿～4 亿吨，价格为 15 欧元/吨～20 欧元/吨，最高时甚至达到 25 欧元/吨。但是由于我国碳金融体系不够完善，信息的透明度不够，碳交易的市场和标准都在国外，使得中国企业在谈判中处于弱势地位，虽然中国是最大的减排市场提供者，但是碳交易定价权并不掌握在中国企业手中。没有碳市定价权，就几乎不可能把握主动权，因而最终成交价格与国际上直接配额交易的价格相去甚远，远远低于合理价位。最困难时，中国企业在出售二氧化碳减排量时，价格差只是当时国际市场交易价的 1/2。

2009 年，为了打破中国 CERs 贱卖和定价权被国际买家掌握的困局，国家发改委为 CERs 制定了最低交易价格 8 欧元/吨，而此前中国 CERs 交易价格曾在 4 欧元/吨至 5 欧元/吨。与此同时，国家出台了一系列政策鼓励措施，主要内容有瓦斯电厂不参与市场竞价，不承担电网调峰任务；瓦斯电厂上网电价比照生物质能发电项目上网电价执行，即每千瓦时补贴 0.25 元；瓦斯电厂自发自用部分实行每千瓦时补贴 0.20 元的优惠政策。但这些政策远远没有得到落实，对瓦斯发电企业的财务平衡影响很大，相应的风险令许多煤矿不愿意投资瓦斯发电项目。尽管有政府的支持，但 CDM 市场是一个涉及多国利益的复杂市场，国内外某些市场和政策环境，还是影响了瓦斯综合利用 CDM 项目的发展。

此外，尽管 CDM 发展势头强劲，但一个不可否认的问题是，对技术要求不高的风电、沼气等资源依赖型 CDM 项目遍地开花，而工业改造型项目在中国仅仅开始涉足，各项指标所占总数比率都低于 5%。同时由于各部门间各持己见、利益难以协调等原因，瓦斯发电企业和电网公司的谈判很难成功，瓦斯发电上网难度很大。如山西省吕梁市某瓦斯电厂和电网公司就并网协议谈了近一年，而申请物价局关于上网电价批复的过程也很艰难。由于这些关键性因素的不确定性，致使该项目一直不能进行 PDD 公示和安排 DOE 进行现场审定，CDM 项目开发迟迟没有进展。因此，国内瓦斯减排市场还需要进一步引导。

CDM 在过去的一个阶段运作非常成功。世界上非常多的国家都曾为之埋单，足见该项目的市场之广阔。但未来如何让更多的国家埋单，如何引导 CDM 产业更良性的发展，需要一个更为公平的机制。如何让更多的行业参与到这个交易中，让小额的减排也参与到这个交易中，很多事项都需要重新设计。CDM 在未来做出调整是势在必行的，但调整的方向，依然众说纷纭。以欧盟为首的一方希望如《京都议定书》一样，让 CDM 发生根本性变化，将一部分发展中国家也纳入减排义务中成为 CDM 买家，让更多的国家为二氧化碳埋单；但以中国为首的一方则希望整个 CDM 框架不发生原则性变化，只是作一些程序和规则的调整；而新近有了减排任务的美国是否会加入 CDM 壮大买家队伍，使得 CDM 的未来显得更为扑朔迷离。几年以后 CDM 能否依旧存在，尚未可知。但如果资源浪费、能效低下的状况继续长时间存在下去，中国不仅会成为 CERs 的净买方，而且自身的长远发展也将遭受极为不利的影响。因为上述种种原因，阳泉煤业 CDM 项目负责人和有关专家不无惋惜地说道，如今阳泉煤业的 CDM 项目"黄金时代"已经过去了。中国的 CDM 项目的明天会是怎样，仍然充满着未知数。

五、中国清洁发展机制国际合作面临的挑战

基于案例调研分析的结果，可以总结出在我国在清洁发展机制国际合作方面，所面临的主要挑战，包括对国际气候谈判的博弈、清洁发展机制认识不足，国际合作过程中的技术转移风险，国际合作效应评估机制不健全以及国际合作交易成本较高等问题。

（一）国际气候谈判的博弈

国际气候谈判进程本质上是国际政治经济体制的一种延伸，涉及一系列的责任、权益划分。参加政治博弈的博弈方，简单来说是"东西南北"。"东西"是以大西洋两岸，美国和欧盟之间的矛盾为核心为代表。"南北"就是发达国家和发展中国家之间的矛盾。在发达国家里大概现在有 3 个小的集团。

尽管多哈谈判达成 2013 年起执行《京都议定书》第二承诺期，以 8 年为期限达成了一致，它使得发达国家和发展中国家有区别地来承担责任这样一种体制得以存续；在资金问题上，决议重申发达国家须为发展中国家应对气候变化提供资金支持，并在 2020 年前实现"绿色气候基金"每年入款 1 000 亿美元的目标。但是发达国家在减排目标、减排责任的认同方面水平太低。根据它们历史的排放量、累积的排放量，它们对气候变暖应负担的责任，以及它们现在的能力，它们的表现是不尽如人意的。日本、加拿大、新西兰等国仍没接受第二承诺期的减排目标。特别是在在资金问题上，发达国家从整体上看还远没有兑现承诺，根据哥本哈根大会和坎昆大会的决议所设立的"绿色气候基金"仍是空壳，目前发达国家承诺的资金总量仅为数十亿美元，至 2020 年能否达到每年 1 000 亿美元的目标还是悬疑。在最后达成的这个妥协中，含混地说到 2015 今后的三年，发达国家给予的资金数量不会低于从 2010～2012 年这三年的水平。这不仅是杯水车薪，还有点"画饼充饥"。

从国际政治经济学的角度，还可以分析经济问题背后的政治博弈。随着中国国家力量的逐步增强，世界主要发达国家逐渐拒绝承认中国的发展中国家地位，而坚持认为中国已经是发达国家，不应该在享受发展中国家的待遇，也并不想让中国在类似于碳交易这样的巨大市场中获益最多。究其背后的根因，还是国际反华力量忌惮中国庞大的经济实力和迅猛的发展势头，试图遏制中国过快的发展。

（二）对清洁发展机制的认识不足

清洁发展机制（CDM）是随着国际碳交易市场的兴起而进入我国的，因而在我国的传播时间短，导致国内许多企业和金融机构尚未充分认识到其中蕴藏的巨大商机，对 CDM 项目的开发、交易规则、操作模式等尚不熟悉。①

在我国，目前关注 CDM 项目碳排放权交易的机构除了少数商业银行以外，其他金融机构和投资者几乎尚未涉及。国内的企业对 CDM 也存在很多疑问，其中最主要的就是 CDM 能够来的收益和所承担的风险。由于国际上对 CDM 的研究还不够深入，虽然早已明确了发达国家可以通过 CDM 项目获得 CERs，发达国家企业必然要参与其中，但支持发展中国家可持续发展只是一个很模糊的概念，到底会给中国企业带来什么影响，目前还缺乏全面、深入的研究。

（三）国际合作技术转移风险

我国清洁发展机制国际合作主要通过两个途径来实现，其一是通过欧美发达国家对中国的直接投资，其二则为欧美发达国家对中国的技术转移。但是在这两方面都存在一定的风险，主要表现为接受技术转移的技术层次过低、技术转移速度过慢。

在现行的清洁发展机制框架下，从成本效益方面考虑，欧美发达国家一般多采取技术转移的方式来换得减排量。一般而言，欧美发达国家从其自身发展的角度来看，是不会用更多的研发费用产生的减排科技用于中国的生产，即欧美发达国家在技术转移的时候以"现有能力替代"（Replacement of Existing Capacity）而非"超过现有能力"的观念为指导。实践中一般都是由跨国公司进行投资，其清洁发展机制项目的运行方式基本是该公司向专门的生产企业采购减排设备，然后转移到合作的中国一起进行清洁发展机制项目的开发。在这种条件下，清洁发展机制项目的合作者不是该减排技术的拥有者，那么中国一般只能得到技术的载体，即减排设备以及相关的设备的适用、维护等方面的技巧，而不是为其带来核心的技术。

欧美发达国家在与中国企业进行清洁发展机制项目合作时，往往会对技术转移进行约束，拖延技术转移时机，为其自身获得更多的收益。另外，对于中国企业而言，获得较先进技术后即使在项目中未对技术转移进行约束，也未必进行技术转移。一方面，进行技术转移要有相应的成本，另一方面，中国企业可能会借用发达国家的先进技术比其他发展中国家获得更多的先发优势。在这种态势下会限制技术转移的速度，延误最佳的转移时机。

（四）国际合作效应评估机制不健全

清洁发展机制国际合作本着自愿的原则进行，这就要求双方合作的经济收益应该

---

① 蓝虹：《中国清洁发展机制的发展、面临问题及解决对策》，载《经济问题探索》2012 年第 4 期。

是平等的，合理的分享合作下所得的全部收益。但清洁发展机制实践经验表明，欧美发达国家与中国合作的收益分配对于中国而言存在不明确的现象，这就不能保证收益分配的公平性。

清洁发展机制等灵活机制的制定本质就是为了减轻发达国家的减排成本，因此发达国家在与中国的合作中占据主导地位，同时也是清洁发展机制下收益的直接获得者。另外，发达国家在进行资金和技术转移的同时对其自身也有间接的作用，能够促进其自身技术的创新和再出口。清洁发展机制的收益和间接成本的估计都是在一定的条件下及一定经济范围的系统框架内进行。但是中国尚未建立完善的环境和经济评价体系，很少知道清洁发展机制项目可能产生的间接影响。另外，由于清洁发展机制由投资国、东道国和第三方组成。第三方对投资国和东道国的信息非对称也可能导致清洁发展机制低效率。

（五）国际合作交易成本较高

清洁发展机制国际合作项目需要经历较为复杂的审批程序，较长开发周期，因而存在项目建设和交付、融资风险较高等风险因素，导致较大交易成本。[①]

清洁发展机制国际合作项目通过合格性审查后，需要指定运营机构（DOE）将向监管机构（EB）提交 CDM 项目的注册申请，项目监管机构（EB）冗繁的注册、审核程序也会延长项目的审批时间。而且在项目运行阶段，还存在着监测或核实碳减排量的风险。这些因素导致 CDM 项目建设中存在诸多风险，影响其收入的稳定性，造成融资风险上升，从而使金融机构等对 CDM 项目提供金融服务的积极性不高。另外，由于合作项目技术发展不稳定，以及政策意图变化，项目认定标准和程序一直都处于变化中；而且 CDM 项目交易通常要涉及两个以上的国家（包括认证碳减排单位的国家和具体项目所在的国家），因而除需要符合认证要求外，还需要满足合作项目东道国的政策和法律规定，这就进一步使 CDM 项目的交付问题变得更为复杂。

一般而言，只有基于清洁发展机制的国际合作项目成果 CER 交付后，才能获得相应的现金流，因而合作项目业主在项目实施的前期缺乏稳定的现金流作为借款资金的保证，导致融资的风险比较大。同时，合作项目所获得的现金流大小取决于 CDM 项目业主的 CER 议价能力。由于我国项目业主在项目成果 CER 的议价方面能力较弱，导致 CDM 项目成果 CER 所能够获得的现金流较小，也将导致融资风险较大。第三是与传统能源项目相比，项目的投资周期长、审批程序复杂、影响因素多，导致项目自身的运行风险较大，这也会传染给金融机构等融资主体，导致融资风险较大。

---

① 刘兰翠、吴刚：《我国 CDM 项目的现状与思考》，载《能源与环境》2007 年第 3 期。

六、清洁发展机制国际合作发展的对策与建议

清洁发展机制国际合作的开展，需要发挥政府部门、中介服务组织、企业等多方面主体的合力作用，不同的建设主体应该统筹协调、群策群力、明确职责、合理分工、相互协作，共同促进国际合作的深入发展。

（一）政府积极引导协调，优化政策环境

政府充分发挥宏观调控的作用，要按照"统一规划，突出重点，强化优势，培育特色，上下联动，形成合力"的总体要求，在法律政策、战略取向和市场秩序等方面发挥积极作用，推动清洁发展机制国际合作持续健康发展。

第一，发挥政府部门的引导协调作用，优化清洁发展机制国际合作的环境，加强清洁发展机制国际合作的规范化、制度化和法治化建设，建立健全国际合作项目资质系统，明确项目参与方、咨询等中介机构的资质标准，以有效维护合作项目利益相关方的利益，健全国际合作发展和建设的法律法规和体制机制。

第二，出台优惠政策，加大财政支持力度。政府部门充分利用我国的清洁发展机制基金，大力鼓励生物质能发电、能效提高项目等对实现我国可持续发展目标具有重大意义的国际项目。加大政策扶持力度，特别是税收优惠力度等政策，积极引导金融机构、社会资本向上述项目提供资金，增强其市场化融资能力。各级地方政府也要结合本地区经济发展规划和区域运行特点，指导当地企业选择适合自身实际的国际合作项目，并加大政策支持力度。

（二）大力加强国内健全碳排放权交易市场建设

碳排放权是一种重要且有限的环境资源，而且也是促进一国经济社会发展的战略资源。我国政府要认真研究国际碳排放权市场发展规律，积极借鉴其成功经验，建立健全我国的碳排放权市场运行机制，加快制定适合我国国情的碳排放权交易规则、程序、标准等，充分发挥碳排放权市场碳排放权价格的发现功能，提高我国清洁能源国际合作项目企业在国际碳排放权市场上的议价能力，有效维护 CDM 项目各参与方的利益，积极促进从事 CDM 项目的企业与相关金融机构进入 CDM 市场，为实现 CDM 项目和市场的大发展创造良好的市场环境。

碳排放权市场本身的特点，决定了市场建设和金融功能完全可以同时实现，并且相互促进。地方政府可通过发行低碳债券的方式，获得外部资金用来支持低碳项目，并将由此产生的减排额作为政府碳储备；应鼓励商业银行加大对节能项目的信贷支持，可创新性地开展碳排放权配额抵质押担保方式，并积极探索基于碳排放权的资产证券化；探索将碳排放权作为一种期货商品，引入期货交易；吸引国内外私募基金进

入碳排放权交易市场，放宽外资进出市场的限制。

碳减排作为企业的一项社会责任，理应纳入社会信用体系。建议以人民银行征信系统为平台，由企业碳减排履约监管部门负责采集企业履约记录，并纳入人民银行征信系统。对于未能完成减排目标、又没有通过碳排放权交易市场购买排放配额的企业，金融机构应停止对其进行信贷支持；对开展自愿减排的企业，则将此记录作为企业良好社会形象的体现，对其开发的节能减排项目或其他一般性贷款，均可以优先提供信贷支持。

（三）加大 CDM 项目宣传力度

目前，知晓和理解 CDM 项目经济价值的企业和业主仍然比较有限，由于不知道 CDM 为何物，因而失去许多机会，造成 CDM 资源的浪费。许多有可能欲利用 CDM 项目合作方式与中国合作的国外企业和机构一时难以锁定目标。因此，在推进节能减排和利用 CDM 项目合作方面，有效途径之一是加强与欧美日等发展国家之间的信息交流，对我国有关节能减排项目现状、希望引进的技术以及能够提国际经济合作的技术等进行沟通，促进双方民间企业的交流与合作。从目前来看，CDM 项目合作大多数虽由企业来完成。但作为一种国际机制，应该在政府的引导下进行，正确引导 CDM 项目的合作开发。因此，政府应加大 CDM 项目的宣传推介力度，加强对 CDM 运行规则、操作程序及《联合国气候变化框架公约》、《京都议定书》等相关文件的学习和宣传，学会运用国际惯例和规则开展涉外经济活动和项目推介，加强对企业和业主的技术培训和指导工作。还可以定期开办讨论研究会，吸收相关政府部门、企业、专家等参加，介绍经验、讨论课题。对 CDM 项目开发提出可行的建议。

（四）加强服务体系建设，健全项目评估机制

清洁发展机制国际合作的发展不仅需要政府创造良好的发展环境，更需要服务体系的建设主体依托市场机制，发挥服务组织在清洁发展机制国际合作建设中的重要作用。

第一，发挥中介服务机构的作用。中介服务机构承担着优化资源配置，为新能源国际合作提供技术支持、应用推广服务、知识产权服务、人才培训服务和合作交流等专业服务。要积极借鉴国际 CDM 项目的专业化中介机构和市场发展的经验，促进我国 CDM 项目的专业化中介机构和市场的良性发展，特别是引导和鼓励金融机构与民间机构参与进入，充分发挥其在促进清洁发展机制国际合作项目发展中的专业咨询优势、融资优势。

第二，健全项目评估机制。我国政府要组织有关机构对已经实施的清洁发展机制国际合作项目做好全面的评估工作，尤其要重点评估项目在实施过程中存在的问题，提出改进的重点内容和相关措施，为今后实施同类型项目提供借鉴经验，以提高项目的实施效率，降低项目成本。从评估内容看，应注重对项目的综合评价，从企业微观效益和社会宏观效益，以及短期和长期经济社会效益等方面，加强对项目的资金使用效率、政策效应等进行分析，提出发展的中长期规划，避免盲目建设，提高社会资源

利用效率。

（五）完善投融资渠道，加强企业人才建设

积极增加财政对清洁发展机制国际合作的投入力度，建立多元化、多层次、多渠道投融资机制，改进资金投入和管理方式。第一，设立清洁发展机制国际合作发展引导基金，以政府财政资金带动企业和社会投资的方式，引导民间资金参与新能源国际合作的开展，从而形成"政府资金为引导，社会资本为主体"的资金支持框架。第二，鼓励金融机构试点开展清洁发展机制国际合作建设专项资金贷款工作，支持信用担保机构对新能源产业贷款提供信用担保。

清洁发展机制国际合作的开展，人才是关键。对从事开发项目的人员具有较高的素质要求，这就要求参与项目的企业要注意加强人才储备，除在日常工作中加强培训，提高现有人员素质外，还要加大力度吸引相关的高级人才，更重要的是要建立健全激励机制，增强凝聚力和吸引力，留住高素质人才，因此有必要加强新能源人才队伍建设，提升清洁发展机制国际合作的技术服务能力。第一，整合现有培训机构，充分利用北京市高校院所和社会培训机构的师资力量、教学设施等优势资源，加强对产业人员的培训，提升技术管理水平和服务能力。第二，积极探索人才培养方式，形成多种形式相结合的人才教育模式，形成产学研用联动的人才建设机制。

参考文献

[1] Jacobsson, S. , et al. EU renewable energy support policy: faith or facts? Energy Policy, Vol. 37, No. 6, June 2009, pp. 2143 – 2146.

[2] Laird, P. N. and Stefes, C, The diverging paths of German and United States policies for renewable energy: Sources of difference. Energy Policy, Vol. 37, No. 7, July 2009, pp. 2619 – 2629.

[3] Lund, P. D. Effects of energy policies on industry expansion in renewable energy. Renewable Energy, Vol. 34, No. 1, January 2009, pp. 53 – 64.

[4] Ockwell, D G. et al. Key policy considerations for facilitating low carbon technology transfer to developing countries. Energy Policy, Vol. 36, No. 11, August 2008, pp. 2143 – 2146.

[5] Zhao, Z. et al. International cooperation on renewable energy development in China – A critical analysis. Renewable Energy, Vol. 36, No. 3, March 2011, pp. 1105 – 1110.

[6] 陈刚：《京都议定书与国际气候合作》，新华出版社 2008 年版。

[7] 高静：《美国新能源政策分析及我国的应对策略》，载《世界经济与政治论坛》2010 年第 6 期。

[8] 孔祥永：《论奥巴马政府的新能源政策》，载《世界经济与政治论坛》2011 年第 5 期。

[9] 李扬：《中美清洁能源合作：基础、机制与问题》，载《现代国际关系》2011 年第 1 期。

[10] 史丹：《发达国家新能源产业发展的新态势》，载《红旗文稿》2010 年第 4 期。

[11] 王发明等：《基于新兴技术的我国能源产业政策研究》，载《经济问题探索》2010 年第 7 期。

[12] 袁炜、成金华：《中国清洁能源发展现状和管理机制研究》，载《理论月刊》2008 年第 12 期。

[13] 郑方能、封颖：《确立清洁能源国际科技合作国家战略的思考与建议》载《中国软科学》2011 年第 4 期。

案例九

中国力增 IMF 份额和
影响力的外交努力

指导教师：刘曙光
项目组成员：周城钰　何　曦　乐　天　吴仲彬

摘要： 伴随着国际格局的多极化趋势，改革国际货币基金组织的呼声日益高涨。本文从 IMF 份额与投票权入手，分析中国务实性与灵活性高度结合的竞争策略，并研究美国经济外交政策的成功运作的启示。从 IMF 官员结构、任职状况为切入点分析中国在 IMF 高管任命改革中的表现，提出其象征意义大于实际意义，以及能否获得美国支持至关重要。最后本文讨论了应如何有策略地争取将人民币纳入 SDR 货币篮子。

中国在经历了长期的经济快速发展、经济实力大大提高之后，对世界的影响力也愈益增大。近些年，中国在国际金融领域，特别是国际货币基金组织（IMF）中的话语权有所增加，但与中国在世界经济中的地位相比仍很不相称。2008 年金融危机的爆发和此后许多发达国家面临的严重财政危机，重创了主要西方国家的经济，削弱了它们的金融地位和影响力，同时为中国等大型新兴经济体提供了谋求更高国际金融地位的机遇。IMF 作为协调世界各国货币金融利益的中枢，也日益成为新兴大国和守成大国金融博弈的主要平台。

对于发达国家来说，经济复苏乏力，它们面对全新的复杂形势感到力不从心，因而希望新兴国家，尤其是中国承担更多稳定国际货币体系责任，但同时，又不愿意完全放弃已经享有多年的既成规则制定者之优势。中国多次为 IMF 提供补充资金，为提高基金组织的金融救援能力做出了重大贡献。然而中国在 IMF 中的份额和投票权比例远远低于中国在世界经济、国际贸易和外汇储备总量中的综合比例，中国在 IMF 官员中所占的比例也很小，人民币也未被纳入 SDR 货币篮子。中国政府提出了对份额和投票权改革的诉求，并为此做出了长期不懈的努力。中国政府通过与基金组织领导层、美国政府及其相关机构和官员、其他发达国家政府、新兴大国政府特别是金砖国家政府的多渠道磋商和反复谈判，在增加份额和投票权以及调整 IMF 董事及高官构成方面取得了一些成效，但离诉求目标还有不小差距。本文将对中国政府在上述案例中的外交努力进行较为详尽的阐述和分析。

一、IMF 改革与中国的立场

IMF 全称 International Monetary Fund，即国际货币基金组织。它根据布雷顿森林会议签订的《国际货币基金协定》，于 1945 年在华盛顿成立，与世界银行并列为世界两大金融机构。其组织结构相对完备，最高权力机构为理事会，由各成员国派正、副理事各一名组成，一般由各国的财政部部长或中央银行行长担任，各国理事单独行使本国的投票权，各国投票权的大小由其所缴基金份额的多少决定。日常工作由执行董事会负责，执董会由 24 名执行董事组成，行使理事会委托的一切权力，其中 8 名由基金份额较大的 8 个国家，即美国、中国、日本、德国、法国、英国、俄罗斯、沙特阿拉伯任命，其余 16 名执行董事由其他成员国分别组成 16 个选区选举产生。执行董事每两年选举一次，总裁由执行董事会推选，负责基金组织的业务工作，任期 5 年。

IMF 自成立以来，在促进国际金融与货币合作、平衡各国国际收支以及维护国际汇率秩序方面发挥了不可替代的作用。然而，作为布雷顿森林体系的架构之一，它意在维护西方发达国家对国际金融体系的统治地位和对全球经济的控制力。这主要体现在基金份额和投票权的分配不合理，尤其是美国拥有 15% 以上的份额，致使其在重大决策上拥有一票否决权。另外，基金的组织机构很大程度上受美国及欧盟控制，总裁及副总裁级高管多来自欧美，少有来自发展中国家的代表。

20 世纪六七十年代，美国在世界力量格局中的相对权力出现衰落，学界关于国际货币制度改革的探讨也由此拉开序幕。拉美金融危机以及亚洲金融危机的爆发，进一步引发了学界关于改革 IMF 的争论。2008 年席卷全球的金融风暴及其此后引发的多国主权债务危机，再一次引发了国际社会要求 IMF 改革的强烈呼声。2010 年 11 月 12 日，二十国集团（G20）首尔峰会通过《首尔峰会宣言》，确认了此前在 G20 财长和央行行长会上通过的 IMF 份额改革方案，根据这一方案，"金砖四国"（中国、印度、俄罗斯和巴西）在 IMF 中所占的份额得以大幅度提升。[①] IMF 的改革不仅有调整基金组织自身架构及改变份额设置不合理的原因，更有需要新兴市场注入资金来维持基金运行，并刺激全球经济发展的考虑。也正因如此，基金组织改革在 2008 年经济危机之后逐渐成为全球性的重要议程，并成为各国领导人在多次 G20 峰会上的核心讨论内容。

近些年，国际货币基金组织对中国的需求与日俱增。中国作为发展中国家的代表和世界第二大经济体，从长远来看，自然应在主要国际金融组织中发挥更大的作用，

① 宗伟、王金强："权力结构变迁下的 IMF 改革——基于制度改革的分析路径"，载《亚太经济》2012 年第 1 期。

做出更大的贡献，IMF 离不开中国的深度参与和支持。与此同时，中国需要国际货币基金组织给中国和其他新兴市场国家提供权益保障。在事关人民币汇率稳定、人民币国际化以及自贸区建设等切身利益问题上，中国需要在 IMF 改革中发出自己的声音，争取合理的利益。

按照 2010 年 12 月批准的改革方案，中国的份额将从 3.996% 大幅上升至 6.390%，投票权将从 3.806% 升至 6.068%，超越德国、法国和英国，跃升为仅次于美国和日本的 IMF 第三大份额国。然而美国作为当今世界经济体系的领导者，对于提高中国在国际经济组织中的地位有着矛盾的心态。一方面，自从 2008 年全球经济危机之后，美国对以其一国之力应对世界经济普遍低迷的状况感到力不从心，希望以中国为代表的新兴市场国家为其分担压力，在国际经济组织中承担更为重要的角色。另一方面，美国不希望中国地位过高，挑战它的领导地位。因此，中国提高 IMF 中所占份额的问题很大程度上是中美间的双边问题，需要两国达成一定的共识。尽管早在 2010 年包括美国代表在内的 IMF 执董会就已经批准了份额与治理改革方案，不过由于其国会中部分共和党议员出于 IMF 的改革方案将花费纳税人的大量税款，而且将其财产置于风险之下[1]等冠冕堂皇的理由，以及对削弱美国对 IMF 资金控制力的现实忧虑，一再阻挠国会对该法案的批准，致使美国政府一拖再拖，始终没有通过该方案。由此可以看出，美国国内对 IMF 的改革方案是存在较大分歧的，这背后能揭示出美国对法案所反应的新兴市场地位上升的复杂态度。

由于美国国会批准受阻等问题，份额改革距离最终落实仍然是遥遥无期。从表面上看，目前中国在 IMF 中所占的份额和投票权与中国当下的经济地位不相匹配，很多人认为中国当前最紧迫、最必要的任务是尽力扩大自己的份额、并协助发展中国家在高管任命以及 SDR 改革上获得更多的发言权，因为份额大小、高管数量等作为衡量在 IMF 组织中发言权大小和控制力强弱的硬性指标，和控制世界经济的能力直接挂钩。然而，经过我们的调查和文献研究，以及在人民银行的实地访谈，发现发言权和控制力并不是"硬性指标"的数量扩展这么简单。

中国政府对 IMF 改革一直抱持积极谨慎的态度。中国政府在 G20 峰会、G20 央行行长和财长会议、国际货币基金组织与世界银行年会等各种多边场合，明确表明自己争取更多份额和投票权以便提高国际金融地位的诉求和立场。与此同时，中国政府也十分重视与主要国家的双边金融外交，争取各有关国家支持中国的立场。中国政府还非常注重联合广大发展中国家，尤其是金砖国家，共同争取提高在基金组织中的份额与投票权。

另外，中国政府也清醒地认识到，增加份额和获得更多权益的同时，承担的国际责任也会相应增加。因此，中国央行行长周小川曾经明确表示：中国不急于推动 IMF投票权改革，也不设定相应的时间表，"因为我们知道像 IMF 这样的国际组织具有十

---

① 摘自美国财政部公共事务助理 Natalie Wyeth Earnest，2014 年 3 月 14 日于美国财政部网站上发表的文章 *Myth vs. Fact：Why IMF Quota and Governance Reforms are Urgently Needed.*

分复杂的机制，只能通过渐进的方式来实施改革。"①

　　下文将从份额调整、高管变动和 SDR 改革三个方面来阐述和分析中国争取提高在国际货币基金组织中的地位和影响力的外交努力。

二、中国增加 IMF 份额与投票权的外交努力

　　在理性分析 IMF 份额和投票权改革对中国的意义之前，有必要明确基金组织份额和投票权这两个类似但不同概念的内涵及其意义。

（一）IMF 中的份额与投票权

　　（1）份额：《国际货币基金组织协定》规定，各成员方向 IMF 认缴的股本为该成员的份额。基金组织每个成员获分配的份额大致取决于该国的经济规模、经济开放度、波动性及外汇储备水平等因素，从而反映所谓的一个国家的相对经济地位。份额在一国与基金组织的关系中发挥重要的作用。份额决定以下事项：成员方应向基金组织缴纳多少款项；成员方有资格从基金组织获得多少资金援助；成员方在特别提款权分配额中所占比例；成员国除"基本票"之外的投票权。② 基金组织每隔 5 年进行一次投票权份额总检查，以对份额调整的必要性做出判断。

　　（2）投票权：IMF 的决策机制包括协商一致和投票表决。协商一致表决并非是一致同意的表现，通常是在非正式会议上进行，被发达国家所主导，因而此种决策机制对发展中国家来说不起实质性的作用。IMF 决策中真正起到实质性作用的是以多数票原则为基础的投票表决。IMF 的议事规则执行加权投票表决制。加权投票权与各国所缴份额成正比，重大事项要由 85% 以上的投票权来决定。根据《基金组织协定》，每个成员可获分配 250 张基本票，此外按其份额每 10 万特别提款权增加一票。一方面，鉴于基金组织的职能是金融机构，因此人们认识到，成员国的投票权应反映该国对基金组织的捐款数额。另一方面，人们也认识到，鉴于基金组织是通过多边条约组建的政府间机构，因此应当根据国际法充分注意国家间的平等。基本票的作用就是增加份额低于全体成员平均水平的成员方（其中许多是低收入国家）的相对投票权。③ 多数票制度包括 51% 的简单多数、70% 的特别多数和 85% 的特别多数三种。

　　在明确了 IMF 中份额和投票权的概念之后，不难理解份额和投票权改革是历次 IMF 改革中的重中之重，也是各国角力 IMF、争夺话语权的主要目标（见表 1）。

---

① 宋焱：《中国对 IMF 改革显现耐心》，载《金融时报》2006 年 4 月 29 日第 1 版。
② 国际货币基金组织 2008 年年报，http：//www. imf. org/external/chinese/pubs/ft/ar/2008/pdf/ar08_chi. pdf。2014 年 8 月 20 日登录。
③ 国际货币基金组织 2008 年年报，http：//www. imf. org/external/chinese/pubs/ft/ar/2008/pdf/ar08_chi. pdf

表1　　　　　　　2008 年之后 IMF 治理结构改革中涉及份额与投票权的内容

时间	改革方案	最终结果
2008 年 4 月	1. 提高份额公式的透明度； 2. 第二轮份额特别增加； 3. 每五年的总检查； 4. 增加低收入国家的发言权	2011 年 3 月，在获得了修订《基金组织协定》所需的代表 85% 以上基金组织总投票权的 117 个成员的批准后，执董会于 2008 年批准的份额和发言权改革开始生效
2010 年 10 月	1. 份额增加一倍至约 4 768 亿特别提款权（合 7 729 亿美元） 2. 超过 6% 的份额比重将转移到有活力的新兴市场和发展中国家，从代表性过高的国家转向代表性不足的国家，同时保护最贫困成员的份额比重和投票权； 3. 2010 年改革将使执董会完全由选举产生，欧洲总体上减少两个代表席位	改革生效所必需的法律要求至今尚未达到。份额增加须满足两个条件方可生效：（1）关于执董会改革的拟议修订案必须生效，这要求占基金组织投票权 85% 的 3/5 的成员国接受修订案；（2）至少有占 2010 年 11 月 5 日总份额 70% 的成员国同意份额增加

资料来源：根据国际货币基金组织 2008 年、2011 年年报整理。

　　围绕着 IMF 的治理结构改革，国内学术界和政界一直在热烈地讨论。学者们对 2010 年 10 月的 IMF 份额改革和执行董事会改革方案普遍持积极态度，这使得他们对于中国在 IMF 机制内的前途抱有相当乐观的展望，并热切盼望着中国的份额和投票权能够进一步提升，以达到与发达国家和发展中国家的份额相对平衡的目标。

　　如表 1 所示，若是仅从国家集团的维度来看，IMF 改革似乎是新兴国家和发展中国家的重大胜利。新兴国家和发展中国家近几年取得的经济成就得到了西方发达国家的承认，发达国家不得不正视在国际货币体系、国际金融秩序中发挥越来越大作用、扮演越来越重要角色的新兴国家的诉求。然而，份额和投票权的增加对每个单独的国家而言，实际意义似乎没有想象的那么重要（见表 2）。

表2　　　　　　　　　　IMF 份额前十名变化情况

名次	新加坡年会前		第二轮调整后		2010 年方案生效后预期	
1	美国	17.38	美国	17.67	美国	17.43
2	日本	6.23	日本	6.56	日本	6.47
3	德国	6.09	德国	6.11	中国	6.39
4	法国	5.02	法国	4.50	德国	5.59
5	英国	5.02	英国	4.50	法国	4.23
6	意大利	3.30	中国	4.00	英国	4.23
7	沙特	3.27	意大利	3.31	意大利	3.16
8	加拿大	2.98	沙特	2.67	印度	2.75
9	中国	2.98	加拿大	2.67	俄罗斯	2.71
10	俄罗斯	2.78	俄罗斯	2.49	巴西	2.32

资料来源：国际货币基金组织 2010 年年报。

尽管在历次改革中，新兴国家和发展中国家的份额得到不断补充，但是与其迅速增长的经济总量相比，新兴国家和发展中国家的代表性依然不足。发达国家在 IMF 拥有的份额过大，而新兴市场和发展中国家所占份额则太小。即便是在 2010 年的改革方案生效后（实际至今仍未生效）拥有最多份额的前五个国家依次为美国（17.43%），日本（6.47%），德国（5.59%），法国（4.23%），英国（4.23%），总计超出 35%。然而，"金砖四国"——中国（6.39%）、俄罗斯（2.71%）、印度（2.75%）、巴西（2.32%）的份额加在一起也不足 15%。

更值得注意的是，从国家集团的层面判断 IMF 投票权的代表性强弱是非常不合实际的分析方式。而事实上，这些国家集团常常不是铁板一块。以学界热议的"金砖五国"为例，事实上它的组织非常松散，国家间先天的巨大差异决定了在具体实践层面的操作上很难步调一致。如此庞大的阵营也许可以在大方向上如"争取发展中国家更大的话语权"这样宏大的口号上异口同声，但一旦碰到具体的议题，便会为了各自的国家利益而各说各话。具体来讲，在 IMF 份额和治理结构改革的语境下，被广泛视为同为新兴国家而成为中国所谓"盟友"的印度和拉美诸国，在政治沟通和经济联系上却更依赖于美国。反观欧美，虽然时常竞争，但总体上来讲，他们毕竟是作为一个相互勾连已久的国际贸易体系，经济的一体化导致政治上趋同，加之长久间往来交流形成的文化认同，辅之以军事同盟（北大西洋公约以及各种双边安保条约）关系做支撑，在大的议题上，欧美之间的共同利益更多，合作多于竞争。显然，欧美相对稳固的联盟关系较之发展中国家相对松散的组织结构，在 IMF 的话语权之争上，相互间差异巨大的发展中国家，即便在份额上各自有了略微提升，发挥作为的空间却仍然受到限制。

（二）85% 以上特别多数投票权规定

非常关键的一点是，IMF 的决策方式和结构并未发生根本性的变化，由于依然握有超过 15% 的投票权，如前文所述，对于特别重要事项需要 85% 的投票权支持，所以美国依然具有对 IMF 的事实上的单边否决权。

表 2 的数据表明，如果两次改革生效，美国的份额将从 17.38% 微升到 17.43%。甚至由于美国国内的立法程序，国会迟迟没有批准通过 IMF 的第二轮改革方案，所以实际上，现在执行生效的仅有第一轮改革，因此，美国目前实际上的份额是 17.67%。

由于美国国会未能批准第二轮 IMF 改革方案，使得美国实际上的份额与投票权维持在一个相对高的位置，因而难免在学界尤其是更多从国际关系角度出发的学者间引发了"阴谋论"的讨论。但是通过调研，结合对侧重于从经济角度出发理解政治行为的中国人民银行相关官员的访谈，我们却更倾向于相信这更单纯是美国国内政治的结果，这也普遍反映了银行等实际工作机构人员的观点。他们普遍认为，一个高效运作的 IMF 对美国比其他任何国家都有利。

IMF 作为"二战"后建立起来的布雷顿森林体系的重要一环，对于稳定国际货币秩序和国际金融结构、促进国际贸易发展发挥了很大作用，这给它带来了很大的合法性。而合法性源于合理性，合理性源于代表性。随着近几十年来新兴国家和发展中国家的快速崛起，基金组织份额分配格局与世界经济版图格局的差异越来越大。在世界经济增长中贡献巨大的国家不能在基金组织中发挥与之相应的作用，这既削弱了 IMF 的权威性和合法性，也使之在解决具体问题的能力上大受影响。正如一些学者所指出"IMF 的改革是权力结构变迁下制度自身有效性和合法性的内在需求，也是各国利益权衡与博弈的结果。二者的相互作用导致制度在很大程度上仅仅是一种渐进调整而不是制度替代与革新"，[①] 弥合 IMF 中份额分布与现实经济实力对比之间的割裂，使之维持高效运转，而美国居中通过对否决权的绝对控制从而得以坚守底线（任何有关份额改革的提案都不得改变基金组织最大债权国的否决权地位。这是基金组织改革的底线），在分担维护国际货币秩序稳定责任的同时，维持自己的优势地位；在继续享有长期以来规则制定者的红利，通过对 IMF 的改革使规则能继续被接受推行，是高度切合美国现实利益的。总之，一个有代表性与合法性、能够高效运转的 IMF 才是美国乐于看到的。

（三）中国推动 IMF 份额和投票权改革的收益与成本

中国从 IMF 的两次改革中有所获益，第二轮调整后的份额从 2.98% 升至 4%。2010 年方案生效后将大幅升至 6.39%，投票权也得到了大幅补充。这固然是对中国经济成就与愈来愈强的影响力的承认，但还是应该冷静、理性地看待中国在改革中得到的"分红"。

不少人只看到中国份额上升带来的更大话语权，却忽略了中国国际责任和压力的显著上升。原 IMF 总裁卡恩曾经表示："如果我们希望多边主义与全球合作，如果我们想要大国意识到他们的责任而不仅仅是旁观者，真正理解他们在这个体系中的角色：一方面，话语权、权利与影响力必不可少，但与此同时，也要有责任。我们有必要让他们在 IMF 中拥有正确的代表性，这才是我为何如此强烈地希望调整前十大主要国家，包括这次晋升为第三位的中国。"[②]

份额的提升带来投票权的提升，可是每一份份额都意味着对 IMF 的出资。中国份额和投票权的上升有益处，但是所承担的责任和压力将会有明显增加。份额的增加意味着中国在 IMF 中需要承担的义务也相应增加。由于中国巨量的外汇储备，根据 IMF 的规定，中国不但不能享受该组织的优惠低息贷款，还必须在必要时对国际收支发生困难的其他成员国提供帮助，这又对中国防范金融风险和保障海外财产安全的能

---

① 宗伟、王金强：《权力结构变迁下的 IMF 改革——基于制度改革的分析路径》，载《亚太经济》2012 年第 1 期。

② 凤凰网：《中国将从 IMF 获更多贷款　货币政策面临更大压力》，http://finance.ifeng.com/news/hqcj/20101108/2839272.shtml，2014 年 10 月 9 日登录。

力提出了挑战。

比起中国的国际责任，美国更关心的显然是通过改革来推动中国在有关人民币汇率问题上的政策变化。美国财政部副部长亚当斯（Timothy Adams）就曾经表示，扩大中国在 IMF 的作用将使美国可以有底气对中国说，"你既然在 IMF 获得了更大的发言权，在遵守 IMF 的规则、惯例和传统上就应该承担更大的责任和义务"。[①] 事实上，在 2007 年，IMF 通过了《对成员国政策的双边监督协定》，对如何监督成员国的汇率政策进行了更严格的规定。IMF 已经成为美国施压中国政策转变的平台和工具之一。

另外，由于中国份额和投票权的上升，中国与 IMF 的合作关系也越来越密切。一些发达国家质疑中国已非发展中国家、要求中国承担更多责任义务的呼声也越来越高。不光是发达国家，一些发展中国家对中国能否继续作为新兴大国继续为发展中国家代言产生了疑虑。因此，要想继续获得第三世界国家的广泛支持，作为最大的发展中国家，中国必须利用好自己投票权排行第三的地位，为广大发展中国家争取合理权益，推动发展中国家和发达国家平等分享全球经济的发展成果。另外，作为全球少数几个关乎系统稳定性的经济体之一，中国也要注重与发达国家更好地进行战略协调，为维持世界经济的稳定发展繁荣承担更多的国际义务和责任。

总的来讲，在后续的 IMF 改革和其他国际货币金融秩序的重构过程中，中国应更加"聪明"，既然更具代表性的 IMF 也是美国所期望看到的，中美之间合作的空间便很大。团结好发展中国家，同时和一些发达国家协商、沟通，在复杂微妙的中美关系、美欧关系、发展中国家和发达国家间合作兼竞争中巧妙地找到一个平衡点，中国便能游刃有余地在施加影响力的过程中积聚影响力，推动建立一个合理的多极治理的 IMF 乃至全球货币金融体系。值得欣喜的是，这种战略构想已经不再只停留在蓝图上，而已经体现在中美金融外交实践中，中美两国在匹兹堡峰会上曾有一段闪耀着外交智慧的合作。

（四）中国在份额博弈中的务实性与灵活性高度结合

务实性与灵活性高度结合突出体现在中国政府谈判代表在匹兹堡峰会上的"以退为进"。在第二次世界大战后形成的份额分配格局中，虽然美国作为单一国家持有的份额和投票权冠绝群雄，但是考虑到美国巨大经济体量在全球经济中所占的比重，不得不说美国的份额还在一个合理的范围之内。倒是一些曾经辉煌一时的欧洲小规模国家（如荷兰、比利时）的份额并未随着其国势式微而减少，相形之下，蓬勃发展的新兴国家和发展中国家日益强大的经济实力在 IMF 的份额和投票权中得不到体现。

这种经济实力与份额版图日益割裂的情况使发展中国家越来越不满，理亏的发达国家也不得不正视新兴国家要求公平的呼声。各国领导人在 G20 匹兹堡峰会上明确了向发展中国家转移更多份额和投票权的大方向后，磋商具体改革措施议程便提到了

---

① 新浪财经：《IMF 料将赋予发展中国家更多的投票权》，http：//finance. sina. com. cn/money/forex/ 20060831/ 1343896648. shtml，2014 年 10 月 9 日登录。

首尔峰会谈判桌上。当时，综合评估中国各项国际经济和金融指标，中国经济学家和央行负责 IMF 事务的谈判代表测算得出：对于中国来说，只有7%甚至更高的份额才是一个恰当合理的值。事实上中国作为一个经济快速增长的大国，份额长期停留在3.7%的低水准上，与中国早已今非昔比的经济实力严重不匹配。给中国更多的发言权被各方广泛认可。可是怎么给、给多少仍是一个争执不下的僵局。而中国急需在这次峰会上实现提高份额目标的同时，别的发展中国家也提出了提高份额的诉求，而份额的增减注定是一场零和博弈。在这场零和博弈中，被高估的欧洲国家承认现实，让出一部分份额，回到一个能恰当体现他们现实经济地位、与其经济实力相适应的份额和投票权水平。

在这一轮的谈判之中，在多边对话的同时，中国积极与各国进行双边谈判。由于推动 IMF 的份额朝更有代表性和时代性的方向改革符合中美双方的共同利益，因此中国很快在双边会谈中和美国达成共识，心照不宣地形成默契：说服欧洲国家让出适当份额的工作由美方完成，而中国则需要说服新兴国家和发展中国家接受依然被高估的欧洲国家让出的份额。相较于新兴发展中国家和其他更欠发达的国家对于增加份额产生的高期待，老牌欧洲发达国家并不愿意在份额上让步更多。几番交锋下来，互不相让，胶着的谈判陷入了僵局。

在当时这种利益对立方锱铢必较的情况下，眼看谈判马上又将无限期地拖延下去。中国率先做出妥协，决定"以退为进、小步快跑"，中国让出一个百分点，分配给新兴发展中国家，让他们接受欧洲诸国让出的来之不易的份额。这样一来，会议气氛逆转，僵持的局面明显改善。通过各种沟通途径，各方都做出适当让步和妥协，最终敲定发达国家配额从57%降低到52%，发展中国家的份额提高5个百分点，而中国从3.7%上升到6%。

需要明确的是，一个百分点对于中国来说并不是不重要或是可有可无的。改革 IMF 使之更能反映世界经济的新版图也是再名正言顺不过，但是，欧洲国家作为现有体制的既得利益者，想让他们一次性主动放弃过多份额也是不现实的，如果各国继续非理性的僵持、争执下去，最后非但达不成方案，还会给以后的谈判工作设置重重障碍，延缓 IMF 金融体制改革的进程，更遑论实现与经济实力相匹配的经济地位。可以说，中国通过牺牲一个百分点而推动谈判顺利进行的做法是大国气度的体现，既赢得了负责任大国的国际声望，使改革得以顺利开展，更巩固了自己作为新兴国家和发展中国家带头人的地位，打消了疑虑，赢得了尊重。巧妙地以退为进，在份额和投票权的数字游戏之外，中国赢得了更多更重要的东西。

（五）IMF 改革中美国经济外交政策成功运作的启示

正如前文所分析，高效运转的 IMF 的最大受益者是美国。而事实上，美国也称得上是 IMF 改革最大的受益者。美国之所以能够和中国在批准这次改革方案上达成一致，最主要的原因在于，美国的利益不仅没有受到根本动摇，而且还有额外收获。

改革之后，美国的份额同样有所增加，从 17.38% 上升到 17.43%，投票权从 17.02% 下降到 16.50%。尽管相对于中国，美国的份额变化幅度基本可以忽略不计，但由于特别重要事项需 85% 投票权的规定，美国仍然牢牢掌握着单边否决权。与此同时，美国的主要盟友日本所占份额同样从 6.23% 上升到 6.47%，英国虽然有所下降，但仍然保持着 4.23% 的份额。仅美、日、英三个国家就占据了份额总量的四分之一强。因此，尽管从表面上看，中国在这次改革中极大地提升了自己的地位，但美国的获益其实更大。

而要理解美国在 IMF 改革中所取得的外交成功，就必须清晰地认识美国的国家利益及其由之生发的与欧洲传统发达国家和新兴国家的复杂而微妙的关系。对于美国来说，维持它的霸权实力地位和霸权制度地位是两种最高的整体性的国家利益。① 由此相应的，既要遏制新兴国家，还要限制传统西方盟友对自己地位的挑战，美国维持这个霸主的地位不光需要强大的经济实力，灵活的外交策略也必不可少。

美国借新兴市场国家与欧盟鹬蚌相争，以削弱对自身霸权最具挑战性的欧盟的实力。尽管同属于西方阵营，但美国和欧盟却远非铁板一块。在地位削弱之后，欧盟在 IMF 仍然占有 30% 左右的份额，远超美国的 17%，虽然要所有欧盟国家以同一口径发声并不现实，但它依然是一股巨大的力量，况且按照传统 IMF 总裁是要在欧洲国家推举产生的。因此，欧盟而不是中国或其他新兴市场国家，才是美国掌控 IMF 的最大威胁。在份额改革的问题上给予中国一些便利，获得新兴国家的好感，还能在不削弱自身的情况下，平衡欧盟的影响力，这在本质上依然是拉着老三打老二的均势策略。

而在 IMF 总裁人选之争中，美国仍选择支持欧洲人以使拉加德而不是新兴国家的提名人出任总裁一职。这加深了欧洲与新兴国家之间的分歧和不快。在 IMF 改革过程中，美国八面玲珑，在新兴国家和欧洲之间居中调停。最终既保住了自己的单边否决权，又通过适当转移欧洲的份额给发展中国家而赢得了新兴市场国家的支持；欧洲虽然受到了轻微的削弱，但投票权依然保持在 30%，双方的竞争和冲突并没有破坏其结盟的政治和安全基础。可以说，美国不动声色地运用自身软硬实力，在 IMF 改革问题上取得了极大的成功。

三、中国在 IMF 高管任命改革中的表现

以美国为首的西方世界在 70 年前制定战后新的国际经济秩序的时候，自然不会想到中国在几十年后成功崛起为世界第二大经济体。而在 2009 年的金融危机和此后衍生出的欧债危机发生以后，中国在国际舞台上的话语权和地位都与日俱增，但与此

① 宋伟：《IMF 近期决策结构改革及其对中国的影响（2006 - 2012）》，载《国际经贸探索》2013 年第 6 期。

同时，中国在诸如 IMF 等大型国际金融机构中的在职人员数量和地位却远远未能赶上其经济腾飞的速度。在开始分析这一现象之前，有必要梳理一下 IMF 的官员组织结构。

（一）IMF 机构与官员结构

IMF 的决策机制主要是最高决策机构理事会和负责日常事务的执行董事会。基金组织的最高决策机构是理事会。理事会由每个成员国根据其各自决定的方式任命的一名理事和一名副理事组成。理事通常是成员国的财政部长或中央银行行长。理事会每年举行一次会议。理事会会议的法定人数为过半数理事，并持有不少于 2/3 的总投票权。尽管理事会将其大部分权力授予执董会，但它保留以下权力，即：批准增加份额、分配特别提款权、接受新成员国、强制取缔成员国资格，以及修订基金组织《协定》和《附则》等。① 执行董事会包括 24 名执行董事，其中美、英、德、法、日以及中国和沙特阿拉伯（作为单独选区）可以指派一名董事，其他选派董事则按地区轮流选举产生。值得注意的是，基金组织总裁由执董会任命并担任执董会主席。执董会负责管理基金组织的日常工作，为此行使理事会赋予它的所有权利。在对具体问题进行表决时，所需要的表决多数也不一样。根据《国际货币基金组织协定》，IMF 的表决多数分为简单多数（51%）、特别多数（70%）以及特别多数（85%）。比较重要的问题需要有特别多数，其中 18 项重大事务需要 85% 以上的多数票才能通过，而另外 21 项则需要 70% 的多票。例如，份额的调整、特别提款权的分配、接受一个新成员这类提案需要 85% 通过，而特别提款权的利率调整仅需要 70% 的投票权多数，通过某项贷款需要 50% 或 70% 的投票权多数。

除了理事会和执董会两大决策机构以外，目前理事会有两个代表全体成员国的委员会，它们分别是国际货币与金融委员会和发展委员会。② 国际货币与金融委员会是一个由 24 位基金组织理事（或是其副理事）组成的咨询机构，其成员均为政府部长或同级官员，所代表的国家或选区（国家组）与 24 位执董所代表的相同。国际货币与金融委员会就与理事会以下职能有关的事务向其提供建议和汇报工作：监督对国际货币和金融体系的管理和调整情况，在这方面审议全球流动性的变化和对发展中国家的资源转移；考虑执董会为修订《基金组织协定》提出的建议；处理可能威胁整个体系的动荡。该委员会没有决策权。国际货币与金融委员会通常每年举行两次会议，一次在 3、4 月份的春季会议期间举行，一次在 9、10 月份的年会期间举行。发展委员会（正式名称是世界银行和基金组织理事会关于向发展中国家转移实际资源的联合部长级委员会）是世界银行和基金组织的一个联合机构，由 24 位世界银行或基金

---

① 宋伟：《IMF 近期决策结构改革及其对中国的影响（2006 - 2012）》，载《国际经贸探索》2013 年第 6 期。

② 《国际货币基金组织 2013 年年报》，http://www.imf.org/external/chinese/pubs/ft/ar/2008/pdf/ar08_chi.pdf。

组织的理事或是其副理事组成。该委员会就重要发展问题和促进发展中国家的经济发展所需资金问题向基金组织和世界银行理事会提供咨询。同国际货币与金融委员会一样，发展委员会一般也每年举行两次会议。

（二）中国人在 IMF 机构中的任职情况及其变动

在当前的 IMF 执董会人员架构中，来自中国的朱民出任 IMF 的副总裁，而张涛和孙平则是 IMF 的执行董事与副董事。这从侧面证明了中国在 IMF 中的地位在不断地上升。很多中国人认为，朱民的顺利当选，意味着新兴国家在国际货币基金组织高层内发出合理声音的概率在进一步加大。也有人预计，作为副总裁的朱民将成为下一任 IMF 总裁的强有力竞争者。越来越多的人相信，在不远的未来，中国官员会更多地被输送到 IMF 组织中担任要职，成为美欧等发达国家之外的发展中国家的代表。

事实上，IMF 的确在推动其组织人员架构不断变革。在 2010 年的 IMF 份额与投票权的改革中，24 名成员组成的执董会商定并调整其运作方式，为增强有活力的新兴市场和发展中国家在基金组织日常决策过程中的代表性做准备。欧洲国家的执行董事将减少两名，且所有执行董事都将通过选举而非任命产生。执董会规模仍将保持在24 名执董。按照原计划，当 2012 年 10 月 IMF 改革方案最终生效以后，发展中国家尤其是新兴市场国家在 IMF 的发言权将大大上升，这对于国际货币基金组织的决策结构将会构成重要的影响。但是，由于美国国会部分共和党议员的阻挠，美国政府没有能按期批准这一改革方案，因此事实上直到 2014 年年中，IMF 的最新一轮改革并未完成。按照美国国会的议程安排，估计最快也要到 2015 年这一方案才能被其批准从而真正付诸实施。

对于中国来说，越来越多的人员架构上的革新在带来更多机遇的同时，也对中国官员的沟通协调能力和业务水平提出了更高的要求。中国官员能否胜任国际组织中的工作，是对来自中国的官员处理国际问题时的综合素质能力的一个挑战。朱民顺利出任 IMF 的副总裁，向国际社会传递了一个积极的信号，那就是中国的官员完全有能力处理好国际经济领域的问题。通常认为，IMF 雇员比例应该和国家投票权比重相近，但中国雇员人数远未达到投票额比例，能进入管理层的中国人屈指可数。这其中的原因是多方面的，比如文化上的差异让中国的官员很难融入欧美人的小圈子。"IMF 有无形的天花板，中国人在这些机构里没有自己的圈子，也进不去别人的小圈子。"一位曾在 IMF 任职的经济学家在接受《第一财经日报》记者的采访时说，[①]"直到现在，我都没法说清棒球和美式足球的区别，怎么和其他欧美同事沟通？"而相对于文化差异，缺乏政府主导的推动是更为重要的原因。日本、韩国等国也和中国文化类似，但日本政府和 IMF 有协议，日本财政部和日本央行都会输送管理级别的官员到 IMF 任职。而中国却没有这样的安排，交流仍停留在中低层级别。事实上，

---

① 新浪财经："IMF 中国雇员数远低于投票比例：没有自己的圈子" http://finance. sina. com. cn/world/20140917/014820311043. shtml

由于缺乏更广泛深入的交流，中国的经济学家和官员在与国际化水准接轨的进程中仍处于落后水平。IMF 的经济学家培训项目有一些初级职位的中国经济学者，但能进入管理层的中国人屈指可数。因而，2014 年何东出任 IMF 高层官员的消息就显得格外令人振奋。

2014 年 9 月 1 日，香港金融管理局（下称"金管局"）宣布，金管局助理总裁何东已提出辞呈，辞职 10 月 18 日生效。何东将重新加入 IMF，担任货币及资本市场局副局长一职。一名曾与何东有过多次交流沟通的中国央行官员表示何东"德能兼备，IMF 高层又多了一位中国人"。而何东仅仅是 IMF 众多雇员中跻身于管理层的第四位中国人。何东早年曾在世界银行和 IMF 任职，这次重返 IMF，其职位与十年前在 IMF 时相比连升了四级，他在香港金管局及香港金融研究中心的工作经验为他在 IMF 的高层管理职位奠定了良好的基础。

IMF 级别分为 A01～A15 和 B01～B05，A 为员工级别，B 为管理层，从 A15 到 B01 是职务上的一个坎。何东这次回 IMF 任职的级别是 B04，属高级管理人员。

IMF 部门的划分有两种方式。一是按照区域划分为五个部门，包括欧洲、美洲、亚太区、中东中亚和非洲；二是按照职能划分，分为货币及资本市场局、财政事务局、研究局和策略发展局四大部门。根据 IMF 人力资源部门资料，A01～A08 级别属于后勤支持员工，A09～A15 为经济学家等专业员工，B01～B04 则为管理级别员工。

B05 属于高级官员级别，如两年前成为 IMF 秘书长的林建海。IMF 副总裁朱民为执行董事，是在员工级别设置外的 MD 级别。因此，这次何东重返 IMF 跃升成为 B04 级别的高级管理官员，对于近年来开始向 IMF 输送高层官员的中国来说，具有特别的意义。

按照 IMF 章程，IMF 总部应设在最大股东国家，随着中国经济总量不断增加，将来 IMF 总部有可能迁往中国。但缺乏中国员工，令这一想法还停留在喊口号的阶段。何东重返 IMF 代表了相当一部分中国经济学家的心愿，不少从 IMF 出来的中国经济学家都想到 IMF 继续工作。作为官方机构，IMF 薪酬并不比投行高，但其具有特别的吸引力。

IMF 是一个精英聚集的公共机构，作为其经济学家，角度是从政策制定者的官方角度出发。这对疲于奔命、应对市场变化和客户要求的国际投行经济学家来说，研究深度和生活质量都有更大的提高。虽然与大型投行相比，IMF 高管的收入并不算高，但 IMF 有一些优厚的福利。例如 IMF 职员收入无须交税，IMF 为职员提供退休固定养老金，在孩子教育方面每年也有 5 万～6 万美元的津贴。

为何一部分中国经济学家选择离开 IMF？因为 IMF 也存在人员臃肿的问题，IMF 以停薪留职方式鼓励员工到私营机构去，但要再回到 IMF，基本上只能原职返聘，这和其私营机构工作经验有助于 IMF 工作的说法是矛盾的。

（三）中国在 IMF 高官位置的象征意义大于实际意义

中国对增加中国人在 IMF 管理层的人数问题不应操之过急。国际金融机构高级人才的培养和储备不是一蹴而就的，它应该是一个长期的过程，它应该伴随着中国经济市场化和国际化程度的提高而同步发展。

首先，有关 IMF 份额和执董会席位的变革并非中国在国际经济领域面临的主要矛盾。在世界经济整体框架中，IMF 能发挥的作用毕竟是有限的，中国争取其在 IMF 中的更高地位，更主要的是为了树立与自己实力相匹配的声望，象征意义似乎大于实际意义。同时，IMF 若想继续保有其在国际上的声望与作用，就不得不顺应时代的变化，分配给每一个国家和地区与其自身实力相符的地位。它作为一个在国际社会中既有权威又有说服力的机构组织，最终一定无法避开中国在经济上迅速崛起的事实所带来的变革压力。不妨设想一下，如果中国在世界经济中的贡献已经处于前两位，却仍然无法在一个国际金融机构中拥有与其实力相符的权利的话，那么这个国际金融机构的权威性就不得不受到质疑了，其本身解决国际金融问题的能力和有效性也会引发更多的疑问，这样的决策程序本身就缺乏合理性。因此，IMF 从其权威与名誉角度出发，也一定会尽量促成改革的推动与开展。这是中国争取在 IMF 中更高地位的客观基础。谈判的过程其实就是一个利益交换的过程，如果中国与美国在 IMF 改革中的利益一致的话，推动改革就会变得容易很多。美国作为 IMF 的最大股东，会主动处理好与各方面的关系，并积极采取措施推动各方进行磋商谈判；而中国应该做的就是表现出一种积极地参与姿态，但也不必操之过急。在 IMF 治理改革开始的 2006 年，中国人民银行行长周小川就指出，中国不急于推动 IMF 投票权的改革问题，也不设定相应的时间表。① "这不取决于我们，我们也不试图去预测或估计何时能完成这项改革。因为我们知道像 IMF 这样的国际组织具有十分复杂的机制，只能通过渐进的方式来实施改革。"

其次，中国在国际大舞台上的影响力和话语权可以在多个场合和领域中得以展现。中国作为一个逐渐崛起的大国，其对世界经济的影响力并不局限于 IMF 这个平台，其对 IMF 内部的影响力也不需要仅依靠份额的多少来体现。一个国家的综合实力和影响力的表现方式十分广泛。G20 峰会就是一个很好的例子。G20 峰会在 2008 年金融危机的出台，就是因为传统的 G7 格局已经失去了解决这类世界性问题的能力，而爆发在西方世界的金融危机成为一个窗口，得以让大家仔细审视本国的金融监管体系的漏洞，也对中国这样的新兴大国另眼相看。事实上，中国在此前的五年间已经渐渐开始提升自己在国际经济金融领域的地位了。据外交部相关人士透露，早在 2003 年的法国埃维昂八国集团首脑会议上，中国就与巴西、印度等 5 国一道收到了 G8 的邀请前去赴会，这是 8 + 5 对话的开端。当时俄、法等国就已经提出希望中国能够加入 G8，只不过美英等国以中国不算是民主国家等政治条件从中作梗而未能达成一致意见。中国在那一年虽说只是列席参与了峰会，但对当时刚刚加入 WTO 不久，经济正在复苏的中国来说也是意义非凡；此后的几年，中国经济的发展全世界有目共

---

① 宋焱：《中国对 IMF 改革显现耐心》，载《金融时报》2006 年 4 月 29 日第 1 版。

睹，只是每次让中国加入 G8 的提议摆上桌面之时，总是有一两个国家从中阻挠；而随着中国的贸易额逐年上升，越来越多的国家也开始以汇率问题为由挑起事端，让中国在贸易出口问题上遭遇了不少的麻烦。不过所有这些都没能阻挡得了中国在世界经济舞台上愈发强劲的发展势头和蒸蒸日上的国际地位。2008 年的金融危机是一个契机，中国由此在全球经济论坛增加了话语权。近几年来的八次 G20 峰会中，中国都扮演着非常重要的角色，在会议期间各大议题的讨论过程中，中国的态度都起到了举足轻重的作用，并作为发展中国家的代表在发声，由此基本形成了美中 G2 的格局。2011 年，国际货币基金组织总裁拉加德宣布提名来自中国的朱民担任副总裁，这从另一个角度凸显了崛起中的中国国际地位的提升，要知道，这是自 1944 年 IMF 成立以来，首次提出打破最高管理层"一正三副"的模式，增设第四名副总裁。不少国内的经济学家都认为，朱民获任将提升新兴国家的话语权。有学者表示，提名朱民担任 IMF 副总裁，不仅是基金组织对朱民个人的重视，更重要的是他背后代表实力不断增强的新兴市场国家。① 特别是中国改革开放 30 多年以来，国家实力不断增强，使得基金组织需要重视来自中国以及中国所代表的新兴市场国家的声音。而近两年，中国主导的金砖国家开发银行、亚洲基础设施投资银行都在国际金融领域引起巨大反响，相比于西方国家主导的经济组织，中国主导的经济组织对本国的意义和影响都更深远，发挥的作用也会更加巨大。这是一个改变秩序的机会，总部设在上海的金砖国家开发银行将会吸引人才回流，一些从 IMF 中流出的中国员工将得以在此施展拳脚，进一步提升中国的经济话语权。

（四）能否获得美国支持至关重要

从谈判策略的角度来讲，在这次 IMF 的改革中，中国社会舆论给出的暗示都是积极且急迫的，看起来这是中国要极力争取的利益点。IMF 的成功改革，其最大的受益人其实是美国，而不是中国。美国作为 IMF 中的实际最大股东，对于整个 IMF 的发展是最关切的，IMF 变革直接影响到美国的切身利益。但在这次 IMF 投票权改革的过程中，美国扮演的重要作用一直为中国国内舆论所忽视。IMF 的执董会席位一共有24 个，其中一半以上都归属欧洲国家掌控。而本次 IMF 份额投票权改革的核心问题就是要改变欧洲国家整体份额的高估与中国整体份额的低估。因此这次 IMF 份额与投票权的改革，首当其冲就要从欧洲被过分高估的份额与执董会席位下手。作为一个欧美国家主导的国际组织，中国人在执董会席位的改革话题上并没有多少发言权，而欧洲人肯定不会慷慨让贤，主动出让自己的利益，其他发展中国家就更无法推进这个议题了，因此，IMF 改革就绕不开美国在其中的重要作用。事实上，正是美国一手推动了执董会席位的重新分配，让欧洲从中出让了两个席位给发展中国家。IMF 的 24 个执董会席位并非个个同质，其中有 4 个席位是通过协议兑现的，每隔一段时间这份

---

① 金融界：朱民获提名 IMF 副总裁将"提升新兴国家话语权"，http://finance.jrj.com.cn/2011/07/13144810437037.shtml

协议就需要重新进行一次投票，通过之后这 4 个席位才能继续合法有效的存在下去。此前，这 4 个席位的主人是欧洲国家。面对美国削弱自己的要求，欧洲人是断然拒绝的，但是当美国人提出，如果欧洲拒不采纳新的改革方案的话，那么来年对这份协议进行投票时，美国人是不会批准其通过的。在美国的胡萝卜与大棒政策软硬兼施的夹击之下，欧洲最后只得就范，让出了属于自己控制的两个执董会席位给发展中国家。这一案例表明，如果没有美国在整个改革方案推动过程中的不懈努力并主动出面施压与斡旋，没人能够动摇欧洲国家的切身利益。因此，在未来争取推荐更多中国人出任 IMF 官员的努力中，一个重要的考虑就是争取美国的理解与支持。

四、中国争取将人民币纳入 SDR 货币篮子

在 IMF 改革的三个方面中，除了最重要也是最受瞩目的份额和话语权改革，以及高管组成的长期性改革，特别提款权（SDR）改革由于和人民币以及人民币背后中国的利益密切相关而引起广泛关注。此次改革，SDR 货币篮子中的货币数额有所调整，然而由于不符合 IMF 制定的货币标准，"人民币纳入 SDR" 面临着不小的困难。

（一）特别提款权的作用与定值

特别提款权（Special Drawing Right，SDR），又称为"纸黄金"，是国际货币基金组织（IMF）于 1969 年进行第一次国际货币基金协定修订时创立的用于进行国际支付的特殊手段。会员国发生国际收支逆差时，可用它向基金组织指定的其他会员国换取外汇，以偿付国际收支逆差或偿还基金组织贷款，还可与黄金、自由兑换货币一样充作国际储备。特别提款权以欧元、日元、英镑和美元组成的"一篮子"货币定值。IMF 执董会每五年或在基金组织认为情况变化有必要提前进行检查时对篮子构成进行检查，以确保它反映各种货币在世界贸易和金融体系中的相对重要性。

金融危机横扫全球，以美国和西方为主导的 IMF 受到广泛批评，IMF 在新形势下实行了基金份额、基金组织官员构成和 SDR 方面的改革。针对 SDR 改革主要有四种思路：增加官方 SDR 的规模并扩大其作为储备资产的用途；增加新的 SDR 资产；发挥 SDR 作为记账货币的作用；调整 SDR 的货币篮子以增加其吸引力。2010 年，IMF 根据新权重计算了 SDR 新定值篮子所含四种货币中每种货币的数额。从 2011 年起，特别提款权的价值是以下数额各种货币的价值之和：美元：0.660；欧元：0.423；英镑：0.111；日元：12.1。国际上对于将人民币纳入 SDR 货币篮子，近几年一直呼声不断。

IMF 选择特别提款权定值篮子所含货币有具体的标准：特别提款权所含的货币为基金组织成员国或包括基金组织成员国的货币联盟发行的四种货币：（1）这些成员或联盟的截至修订条款生效日期之前 12 个月的五年期出口货物和服务价值最大；

（2）其货币根据《基金组织协定》第三十条（f）款确定为可自由使用的货币。2011年1月，在讨论特别提款权定值检查时，执董们指出，虽然中国已成为世界第三大商品和服务出口国（按五年平均数计算），并已采取措施，促进其货币在国际范围内的使用，但是，中国人民币尚不符合可自由使用货币的标准，因此还不能纳入特别提款权篮子。[①]

（二）人民币纳入 SDR 的必然性

"人民币纳入 SDR" 一直是 IMF 改革中的一项热门话题。然而，不同于在 IMF 份额改革方面的积极姿态，对于人民币纳入 SDR 货币篮子的必要性和急迫性，学术界一直存在着不同的观点。

一些学者认为，入选 SDR 对人民币有重要意义，中方应该主动出击，积极推动人民币纳入 SDR 进程。一方面，在我国不断推进的人民币国际化进程中，成为 SDR 篮子中的货币对于人民币来说是比肩美元、欧元、日元等国际货币的重要标志。纳入 SDR 后，人民币将实现全球市场自由兑换，成为国际储备货币。这不仅能提高人民币在国际金融市场上的地位，我国作为世界大国的国际地位也会得到进一步的承认。另一方面，人民币纳入 SDR 也有利于国内宏观经济运行和金融市场稳定。有学者认为，在实现国内保值和完成多重任务方面，加入人民币的 SDR 所在资产组合不仅远胜于无 SDR 的资产组合，也优于含有原始 SDR 资产组合的表现。这说明将人民币纳入 SDR 货币篮子为我国提供了可以同时完成外汇储备管理多项任务的更好的资产选择。同时，由于有世界各国的支持，SDR 基本没有违约风险；一国用 SDR 兑换其他国际货币的过程是在 IMF 内完成的，因此并不会对本国外汇市场造成冲击，从而有更利于本国宏观经济的稳定。人民币加入 SDR 可以为我国外汇资产管理提供一种更好的投资工具。[②]

另一种观点则从 IMF 的立场出发，认为 IMF 以及其背后的西方社会更加被动，更急于将人民币拉入 SDR 货币篮子。考虑到中国经济不容忽视的现实地位和发展前景，蒙代尔认为人民币应被纳入 IMF 的 SDR 货币篮子，首先是因为中国是全球最大的出口国；其次，中国是全球第二大经济体；再者，人民币是全球不完全自由兑换货币中唯一预期将升值的一种。考虑到 SDR 稳定性，钱文锐和潘英丽认为，只要有很多货币钉住美元且人民币对美元汇率维持基本稳定，人民币加入 SDR 货币篮将减少其对很多货币的短期波动性。人民币加入 SDR 货币篮将有利于 SDR 定值的长期稳定性，因此，从长期稳定性的角度考虑，应该将人民币纳入 SDR 货币篮。[③] 阿吉斯·伯

---

① IMF 国际货币基金组织 2011 年年报：促进公平与平衡的经济增长。
② 赵冉冉：《人民币国际化背景下我国推动人民币加入 SDR 的动机及路径》，载《国际金融研究》2013 年第 3 期。
③ 钱文锐、潘英丽：《SDR 需要人民币：基于 SDR 定值稳定性的研究》，载《世界经济研究》2013 年第 1 期。

纳丝－奎拉和代米恩·坎佩尔同样认为人民币对于 SDR 的稳定至关重要，如果不能尽快加入 SDR，则将使 SDR 的价值出现断裂。他们假设在过去的 20 年中人民币加入 SDR 篮子当中，发现其权重将是相当有限的。但如果把时间推移到 2040 年，则人民币在 SDR 篮子中的权重将是第一或第二。可见，等待时间越久，则人民币加入事件本身将对 SDR 产生的冲击越大。另外，考虑到"完全自由可兑换"这一将人民币挡在 SDR 货币篮子之外的标准，阿吉斯·伯纳丝－奎拉和代米恩·坎佩尔认为这对人民币并不那么重要。IMF 要求 SDR 篮子中的货币具有完全的"流动性"，这种流动性可以区分为"直接的流动性"、"间接的流动性"。其中，直接流动性是指成员国可以用手中持有的 SDR 换到 SDR 篮子中的这种货币。而间接流动性则是使用这种货币作为国际间的清偿能力。由于 IMF 提供了成员间的协调机制，因此直接流动性并不是问题。对于间接流动性，第一，人民币币值稳定，且在市场中普遍存在升值预期，因此成员国会发现，他们比较容易就能把人民币用出去了；第二，成员国并不需要 SDR 篮子中的所有货币，通常情况下，他们只偏好其中的美元或欧元，而很少拿 SDR 去兑换成其他货币。所以，对人民币加入 SDR 篮子中的情况，原来的完全自由可兑换标准需要修改。[①] 因此，从多方面考虑，尽快将人民币纳入 SDR 货币篮子对于 IMF 是十分必要的。

热心于将人民币推入 SDR 货币篮子的不止专家学者，2011 年法国戛纳 G20 峰会召开前，正值担任二十国集团轮值主席国的法国就曾力挺人民币。IMF 前总裁卡恩希望人民币能被纳入 SDR 货币篮子，他个人非常赞成尽快将人民币纳入 SDR，但这意味着人民币即便不能完全自由兑换，也必须至少使被纳入 SDR 的那部分实现部分可自由兑换。法国财长弗朗索瓦·巴鲁安曾表示，中法两国将成立专项小组讨论将人民币纳入国际货币基金组织 SDR 的问题，并于下一届 G20 峰会前提交相关方案。法国前总统萨科齐表示曾将把推进国际货币体系改革作为任内目标的重中之重。法方与中方讨论了关于人民币可兑换性、如何制定路线图、人民币将逐步走向自由可兑换和国际化，希望人民币能符合中国的地位。虽然此举与想以此换来中国的支援不无干系，但也说明了受经济危机影响的西方社会对人民币的高度重视。

（三）人民币纳入 SDR 货币篮子不必急于求成

然而，除了中国积极推动和 IMF 尽快拉入人民币两种观点外，还存在另一种观点，即国际社会希望中国为将人民币加入 SDR 做出更多调整，加快人民币国际化步伐，使之更加符合国际门槛，比如开放资本项目下人民币可自由兑换。与之对比，中国显然希望自行掌握人民币国际化节奏，不急于为应对"自由兑换"的要求而改革。中国央行行长周小川认为改革重点不在国际货币体制上，尤其不会放在特别提款权问题上。对于人民币应加入 SDR，中国"确实有一定的压力"。中国还会继续进行金融

---

① 阿吉斯·伯纳丝－奎拉、代米恩·坎佩尔、徐奇渊：《应尽快让人民币加入 SDR》，载《国际经济评论》2012 年第 1 期。

部门改革，包括货币的改革，推动人民币可兑换的发展，并且可以推动人民币汇率机制更加灵活，这些"要一步一步渐进式做"。陈雨露认为，人民币加入 SDR 更多的是象征意义，象征着 G20 发达国家和发展中国家一种新的话语权平衡机制和标志。它的实际意义并不太大，因为 SDR 本身作为超主权货币在未来发挥很大作用的道路非常艰难。

在调查采访过程中，中国央行国际司的专家认同这种"不急于求成"态度。人民币纳入特别提款权应当说是我国经济发展、金融改革推进和人民币国际化道路中的一个自然过程。是否纳入，更多的是影响特别提款权的代表性和稳定性，进而影响 IMF 的运行和代表性，与人民币本身没有太大关系，也就是说对于我国自身影响并不大。在 IMF 改革中，真正应当诉求的是份额和话语权。

SDR 货币篮子的核心是货币代表性，如果能纳入 SDR，人民币能够获得国际认可，国际社会认同其储备货币的资质，但同时也意味着作为大国承担责任与义务。2011 年，IMF 提出了加入 SDR 需要人民币应具备的自身条件，相较于中方，事实上 IMF 以及其背后的西方社会更加被动，其相关利益更大，如果 SDR 货币篮子改革迟迟没有进展，人民币始终无法获得与中国经济力量相匹配的地位，受影响最大的将是 SDR 和西方社会。在不久的将来，IMF 和西方国家会比中国更急于将人民币纳入 SDR。因此，与急于改变自身以适应加入 SDR 相比，中国更应该以静制动，将重心放在加快人民币国际化的步伐。人民币国际化相对于人民币纳入 SDR 来说更具有深远意义。当前国际经济竞争的最高表现形式就是货币竞争，而人民币国际化的过程是人民币对其他货币的替代性增强的过程。人民币成为国际货币将导致越来越多的国家和地区在贸易结算和金融交易中使用人民币作为计价和支付手段，并由此需要持有更多的人民币作为外汇储备，在经济贸易和金融等方面减轻对美国等原有主要货币发行国的依赖。中国可以变被动为主动，利用对人民币的发行和调节权，施展对全球经济活动的影响，提高在完善全球经济秩序和国际货币制度磋商与协调中的发言权，减少现行国际货币体制对广大发展中国家的不利影响，使中国国际地位得到相当大的提高。[①]

当前，我国的人民币国际化迅速推进、步伐加快。进入 21 世纪以来，随着中国经济实力的提高，国际交往的扩大，人民币在一些国家或地区成为重要的支付货币和结算货币。2009 年以后，在加大跨境贸易的人民币结算和互换协议的安排下，人民币的国际使用范围进一步扩大，便利了双边贸易活动和投资活动，维护了区域金融稳定。[②] 2013 年，中国政府在人民币国际化的道路上又迈出新步伐：人民币双边互换取得新进展；结算、交易和储备职能不断加强。2013 年，中国人民银行共与七个国际/地区签订了货币互换协议，规模共计 11 555 亿元人民币，其中新签 7 520 亿元，续签 4 035 亿元（见表 1），是 2012 年（3 450 亿元）的 3 倍。据央行统计，全年银行累计办理跨境贸易人民币结算业务 4.63 万亿元，同比增长 57%。在外汇市场上，人民币

---

① 刘曙光：《人民币国际化：背景与路径》，载《银行家》2009 年第 5 期。
② 王国刚：《人民币国际化的冷思考》，载《国际金融研究》2014 年第 4 期。

的交易份额也不断上升，从 2010 年的 340 亿美元（排名第 17 位）跃居 2013 年的 1 200 亿美元（排名第 9 位），成为十大交易货币，占全球总规模的 2.2%。储备方面，2013 年，首个外国政府的离岸人民币债券在加拿大发行；澳大利亚和南非购买了中国主权债券，将人民币纳入其外汇储备；在中美对话和 G20 峰会上积极表达将人民币纳入特别提款权货币篮子组成的强烈意愿。[①]

　　然而，人民币国际化依旧是一个长期的战略，实现人民币的国际化还需要时间和努力。国际化的道路并非一帆风顺，摩擦和冲突不能避免。同时，承担国际货币的角色就意味着承担更多的责任，需要对各方利益做出协调，单纯从自身利益视角出发的货币国际化不仅不可取，而且也往往是不现实的。必须清醒地认识到，人民币国际化之路任重而道远。

五、结论

　　经过多年的努力，中国从 IMF 的两次改革中有所获益，2010 年方案生效后，中国的份额将大幅升至 6.39%，投票权也得到了大幅补充。但是应该冷静、理性地看待中国在改革中得到的"分红"。因为，份额的提升虽带来投票权的提升，但也意味着对 IMF 的出资增加，所承担的责任和压力也会明显增加。因此既要积极推动改革，但也不必操之过急。

　　中国在份额博弈中表现了务实性与灵活性高度结合。中国通过牺牲一个百分点份额而推动谈判顺利进行的做法是大国气度的体现，赢得了负责任大国的国际声望，并推动改革得以顺利开展，巩固了自己作为新兴国家和发展中国家带头人的地位，赢得了更多尊重。中国应该继续保持这种灵活的谈判风格。

　　在基金组织改革中，中国和美国保持立场协调一致是极为重要的。如果中美在 IMF 改革中利益和立场一致，推动改革就会容易很多。美国作为 IMF 的最大股东，会尽可能积极推动各方进行磋商谈判；而中国应该表示出一种积极地参与姿态，如果没有美国在整个改革方案推动过程中的不懈努力并主动出面施压与斡旋，很难撬动欧洲国家的切身利益。

　　中国积极争取 IMF 中更多高官位置值得肯定，但同时，加强国际化金融管理和谈判人才的培养则更为重要。中国应该尽快形成自己的国际金融高层管理梯队，精简谈判程序，瘦身谈判团队，形成精干高效的核心团队。

　　在争取人民币加入 SDR 进程中，中国应该以静制动，将重心放在加快人民币国际化的步伐上，人民币国际化相对于人民币纳入 SDR 来说更具有深远意义。不必过分急于改变自身金融制度和结构以加入 SDR。

---

　　① 　赵进军等主编：《中国经济外交年度报告 2014》，中国经济科学出版社 2014 年版。

参考文献

［1］阿吉斯·伯纳丝－奎拉、代米恩·坎佩尔、徐奇渊：《应尽快让人民币加入 SDR》，载《国际经济评论》2012 年第 1 期。

［2］黄志龙：《人民币应加入 SDR 货币篮子》，载《中国金融》2014 年第 13 期。

［3］刘婧琦：《中国参与 IMF 改革的可行性和参与方式》，载《商业时代》2009 年第 28 期。

［4］刘曙光：《人民币国际化：背景与路径》，载《银行家》2009 年第 5 期。

［5］马荣华：《人民币国际化进程对我国经济的影响》，载《国际金融研究》2009 年第 4 期。

［6］钱文锐、潘英丽：《SDR 需要人民币：基于 SDR 定值稳定性的研究》，载《世界经济研究》2013 年第 1 期。

［7］潘英丽、吴君：《体现国家核心利益的人民币国际化推进路径》，载《国际经济评论》2012 年第 3 期。

［8］宋伟：《IMF 近期决策结构改革及其对中国的影响（2006－2012）》，载《国际经贸探索》2013 年第 6 期。

［9］王信：《改革国际货币体系、进一步发挥 SDR 作用的前景分析》，载《外交评论》2011 年第 3 期。

［10］王国刚：《人民币国际化的冷思考》，载《国际金融研究》2014 年第 4 期。

［11］谢世清：《国际货币基金组织份额与投票权改革》，载《国际经济评论》2011 年第 2 期。

［12］赵冉冉：《人民币国际化背景下我国推动人民币加入 SDR 的动机及路径》载《国际金融研究》2013 年第 3 期。

［13］甄峰：《特别提款权定价与人民币的选择》，载《银行家》2011 年第 12 期。

［14］宗伟、王金强：《权力结构变迁下的 IMF 改革——基于制度改革的分析路径》，载《亚太经济》2012 年第 1 期。